スタートアップ・エコシステム／シリーズ第1巻

StartUp EcoSystem Series No.1

Startup Challenge for a New Era

新時代に向けたスタートアップのチャレンジ

失敗から学ぶ、チャレンジを支える担い手たち

IIRI
Innovation Intelligence Research Institute Inc.
株式会社イノベーション・インテリジェンス研究所

はじめに

幸田博人

ここ数年、日本においても、「ベンチャー企業」、「スタートアップ」、「ベンチャーキャピタル」、「起業家」、「アントレプレナーシップ」、「ディープテック系」などの用語は、すっかり定着しました。日本の「スタートアップエコシステム」を巡る状況は、様変わりです。しかしながら、米国では、GAFAMなどのプラットフォーマーが大きく伸び、最近では、オープンAIなどの生成AIが、まさに米国の成長を牽引しています。日本は、そうした新しいテクノロジーを、米国から輸入するスタイルになっている現実もあります。

この書籍は、「スタートアップエコシステム」を考えるシリーズの第1巻にあたります。日本では、起業はなぜ困難なのか、失敗した時の再チャレンジはあり得るのか、イノベーションがなぜ本格的に進まないのか、リスクマネー供給はなぜ十分には広がらないのかなど、そうしたことを、考えていくための本格的な題材を提供したいと思い、この書籍を準備しました。

（1）トライアル&エラーの蓄積を通じた「スタートアップエコシステム」の広がり

平成バブル崩壊後の「失われた30年」からの脱却を果たし、ようやく日本経済も正常化に向かいつつあります。しかし、その間に世界経済は急速に成長し、日本経済の相対的な位置づけは大きく後退した感があります。更に人口減少・少子高齢化が進むなかで、日本の持続的な成長を実現させることは極めて重い課題であり、そのための構造改革には多くの課題が残っています。それでは、長期の停滞期は全く無駄だったのかと言えば、そうではないと思います。日本型雇用制度や大企業を中心とした産業ピラミッドといった硬直的な構造は明らかに制度疲労を起こし、新たな取組が至る所に見られつつあります。そして、ようやく一連の成長戦略を通じて「成長と分配の好循環」が実現しはじめている面があります。長期にわたった低迷期のなかでも、新たな挑戦を続け、日本のレガシー制度を崩していく動きは進んでいたと思います。米国の資本市場でみられるGAFAMやユニコーンの誕生のような目立った動きではないですが、日本は着実に変わり始めていると思います。

日本人の起業に対する意識は、明らかに変わっています。ベンチャーエンタープライズセンター「ベンチャー白書２０２３」によると、ベンチャー経営者が初めて起業した年齢は、社会人経験を積んだ30代、40代が66・1%と大部分を占めますが、20代以下も22・9%

に上ります。大企業志向は依然として存在しますが、若い人でもスタートアップへの関心は高まっていることが窺えます。また、起業の動機についても、社会的な課題を解決したい、社会の役に立ちたいとする割合が76・1％と最も高く、経済的な成果を得たいという回答の29・9％を大きく上回る結果です。このような価値観の変化は、ビジネスの常識を変えて、新たな成長産業を生み出すことに繋がると思います。

今後も社会の閉塞感を打破するために、自らのアイディアや技術を生かしていく動きは更に強まるでしょう。そして、起業家の成功事例が積み上がるなかで、起業家への憧れが高まり、それが起業の動きを加速させていきます。テスラのイーロンマスク、日本でも孫正義氏、前澤友作氏の思想を継ぐイノベーターが登場する時代はすぐ近くまで来ていると思います。

政府も「スタートアップ5か年計画」を2022年11月に策定し、2027年度に投資額を現在の10倍の10兆円規模に拡大させるとともに、10万社のスタートアップを創出することを目指して大規模な支援を行っています。まさに今は創業ブームにあるといえるかもしれません。しかし、現実に目を転じてみると、起業しても成功するのは一握りであり、今は成功者となった人々もそれまでに多くの失敗の経験をしていることが多いと思います。日本が構造変革のために長い時間を費やしたように、起業家が成功を収めるためにも、苦労した体験が必要でした。そして、その時代にこそ真の意味で日本のみならず世界全体の構造を変えることに繋がる成功の秘訣があるのではないでしょうか。

（2）金融・資本市場の変化

「失われた30年」で金融・資本市場も大きく変化しました。日本では規制金利とメインバンク制をベースとした間接金融中心の構造から、市場を通じた多様な金融仲介システムに変化してきています。近年では機関投資家がシードマネーの供給者として重要な役割を担いはじめています。しかし、日本ではスタートアップにリスクマネーを供給する投資家は極めて限られる現実もあります。海外では潤沢なリスクマネーを供給する懐の深い市場が存在することが、多くのユニコーンの誕生につながっています。スタートアップ育成の観点からも金融・資本市場の深化が期待されるところです。

（3）本書の目的

本書では、スタートアップとしての成功のプロセスだけでなく、失敗の理由やそれをどのように乗り越えて成功に繋げたかという点に焦点を当てています。「スタートアップエコシステム」は失敗の経験を基盤として僅かな成功を生み出すためのネットワークです。一握りの成功者が壁に直面し、それをどのように乗り越えたのか、そしてその過程を通じて「エコシステム」がどのように形成されていくか、その課題は何かについて、インタビュー、対談、論考を通じて明らかにすることが本書の目的です。そうしたことに焦点をあてている書籍は、まだまだ少ないと思います。是非、貴重な視点が見てとれますので、ご覧ください。

（4）本書の構成

本論は2つのパートに分かれています。

まず、「Part1：スタートアップのチャレンジ」では、起業家の視点から「スタートアップエコシステム」の現状と課題を考えています。

第1章として、「失敗から「学ぶ」～スタートアップ経営者としてのチャレンジをあらためて考える～」と題して、阪根信一氏（トレーダム）、乃村一政氏（マイホム）、小泉泰郎氏（FiNC Technologies）、伊藤智明氏（横浜市立大学）が参加し、幸田博人がコーディネーターを務める形で開催された座談会の内容を収録しました。第一線の実務家が集まり、過去の失敗からの大逆転に至る苦労を率直に語る事例は多くありません。このような体験を蓄積していくことが「スタートアップエコシステム」の育成に不可欠であることは論をまたないところです。

第2章として、草鹿泰士氏（マーサージャパン）の「フィンテック・スタートアップ戦記」を収録しました。ここでも大企業での経営を活かしつつ、いくつもの起業とその後の成長を経験した裏にある苦労談が述べられています。特に企業初期における資金調達や成長期における組織作りの経験談は貴重な資料です。

次の「Part2：スタートアップエコシステムとVC」では、起業とファイナンスの関係をスコープにしています。日本ではリスクマネーの供給力が乏しく、スタートアップが十分に成長するためのファイナンス基盤がぜい弱であると指摘されます。また、ユニコーンが比較的少ないというスモールIPO問題も頻繁に取り上げられています。このような状況を踏まえると、VCによるリスクマネーの供給やガバナンスは「スタートアップエコシステム」の拡大への重要な論点です。

このような問題意識から第3章は、幸田博人が「「スタートアップエコシステム」育成の課題とボトルネック」を執筆しました。

次の第4章は、VCの視点からスタートアップ育成の論点を幸田博人との対談形式で明らかにしています。インタビュイーは、中嶋淳氏（アーキタイプベンチャーズ）、椿進氏（アジア・アフリカ・インベストメント&コンサルティング）、海老澤観氏（モバイル・インターネットキャピタル）、山本哲也氏・太田裕朗氏（早稲田大学ベンチャーズ）の4つのVCを対象としています。

本書は、イノベーション・インテリジェンス研究所が定期的に発行している「金融・資本市場リサーチ」（隔月刊の論考誌）に掲載されたものをベースに最近の動向を踏まえて加筆修正したものです。執筆時及び対談時から現在までの変化を受けて、その後の情報をアップデートするために幾つかの追加コメント等もあります。

本書出版にあたって、「スタートアップエコシステム」に関わっている様々な方々からのインプットは大変有用でした。御礼を申し上げます。また、構成などでリポートいただいた柴崎健氏には大変お世話になり、感謝しています。本書が、「スタートアップエコシステム」に関わる方々に何らのヒントを提供することができればと思います。加えて「スタートアップエコシステム」の成長、発展に寄与できればと思うところです。今後も継続して本「スタートアップエコシステム」書籍をシリーズ化して出版してまいります。是非、皆様のご意見などもいただければと存じます。

（２０２５年１月26日記）

注）各章は次の「金融・資本市場リサーチ」に掲載された原稿を基に加筆修正したもの。第1章「座談会：「失敗から「学ぶ」～スタートアップ経営者としてのチャレンジをあらためて考える～」」は第16号、第2章「フィンテック・スタートアップ戦記」は創刊号から第4号、第4章「ベンチャーキャピタルのトップに聞く」は第5、6、7、11号に初掲載された。

新時代に向けたスタートアップのチャレンジ

目次

Part 1
スタートアップのチャレンジ

座談会　失敗から学ぶ
～スタートアップ経営者としてのチャレンジをあらためて考える～

フィンテックスタートアップ戦記

Part 2 スタートアップ・エコシステムとVC

「スタートアップエコシステム」育成の課題とボトルネック

幸田博人――199

ベンチャーキャピタルのトップに聞く

創業経営者にとって魅力的なVCとは——227

アーキタイプベンチャーズ　代表取締役　中嶋　淳
インタビュアー　幸田博人

学問の活用を図るスタートアップを創設し、人類社会の進化に貢献する大学発ＶＣ——357

早稲田大学ベンチャーズ株式会社（WASEDA University Ventures, Inc.（ＷＵＶ））
共同代表／ジェネラル・パートナー　山本哲也・太田裕朗
インタビュアー　幸田博人

おわりに

幸田博人——403

Part 1

スタートアップのチャレンジ

Roundtable Discussion

失敗から「学ぶ」

～スタートアップ経営者としてのチャレンジをあらためて考える～

（座談会　収録日2024年9月13日）

トレーダム㈱代表取締役 co-CEO
阪　根　信　一 氏

㈱マイホム 代表取締役CEO
乃　村　一　政 氏

㈱FiNC Technologies 代表取締役 CEO兼CFO
小　泉　泰　郎 氏

横浜市立大学 国際商学部 准教授
伊　藤　智　明 氏

コーディネーター
幸　田　博　人

（肩書は収録時）

参加者の紹介

トレーダム株式会社
代表取締役 Co-CEO

阪根信一氏

米国デラウェア大学 化学・生物化学科 理学博士／Ph.D.
米国大学院卒業後、I.S.T代表取締役社長、セブン・ドリーマーズ・ラボラトリーズ 代表取締役社長等を歴任。
航空宇宙分野からヘルスケア、AIロボットまで、幅広いテクノロジー分野を対象としたシリアルアントレプレナー。
ライフワークとして社会貢献にも尽力、特定非営利活動法人icetee 理事長。2021年よりトレーダム株式会社 代表取締役。

トレーダム株式会社

2015年1月共同代表浦島が会社設立。

2017年6月シストレクラウド、サービス開始。

2019年10月ITコンサルティング業務開始。

2021年2月阪根が経営参画、共同代表就任。

2022年10月2・35億円の資金調達。2022年11月トレーダムコミュニティ、サービス開始。

2023年5月トレーダム為替ソリューション、サービス開始。

2025年1月4・83億円の資金調達。

株式会社マイホム
代表取締役CEO

乃村一政氏

2006年11月住宅会社に入社。2010年7月 SOUSEI株式会社設立 代表取締役就任。2012年4月米シリコンバレーnest社からの日本市場調査依頼を受け、それを通して住宅用OS事業開始。2018年 8月株式会社SOUSEI Technology設立、代表取締役CEOに就任。2018年10月 SOUSEI株式会社から株式会社SOUSEI Technologyに、マイホームアプリknot事業HOME OS v-ex事業を事業譲渡。2021年1月住宅用OS事業不振により株式会社SOUSEI Technology倒産。
2021年2月ZOZO創業者の前澤友作氏が運営する前澤ファンドより、4、300社の中から10社に選ばれ出資を受ける。

株式会社マイホム

2021年2月株式会社マイホム設立。2021年5月マイホームアプリmyhmリリース。2021年7月マイホムmeetsリリース。2022年9月3億円の追加調達実施。2022年10月グッドデザイン賞受賞。2024年2月高性能規格住宅「PlusMe」発表及び全国FC事業スタート。2024年5月マイホム初の住宅ビルダー事業スタート（本社）。

株式会社FiNC Technologies
代表取締役 CEO兼CFO

小泉泰郎氏

東京大学経済学部経済学科卒。ダートマス大学エイモスタック経営大学院経営学修士取得。1986年日本興業銀行（現みずほ銀行）に入行。1999年にゴールドマン・サックス証券に入社し、資本市場本部共同本部長兼公共セクターインフラユーティリティーセクター本部長を務めた。その後、2015年7月付でFiNC（現FiNC Technologies）に入社し、取締役CFO兼CSOに就任。資金調達、M&A、組織のガバナンス強化など経営全般に従事。2023年6月にFiNC Technologies 代表取締役CEO兼CFOに就任し、現在に至る。

株式会社FiNC Technologies

2012年4月株式会社FiNC設立。2016年7月企業の人事・労務向けウェルネスデータ分析マネジメントツール「FiNCインサイト」を提供開始。2018年9月株式会社FiNC Technologiesに商号変更、約55億強の資金調達を実施。2022年5月日本郵政キャピタルとFiNC Technologiesが資本提携。2024年3月第三者割当増資による資金調達を実施。2024年4月ベネフィット・ワンと業務提携。

横浜市立大学 国際商学部
准教授

伊藤智明氏

横浜市立大学 国際商学部 准教授、同大学 共創イノベーションセンター スタートアップ推進部門 部門長、株式会社STUDIUS 代表取締役CCO。

2009年3月神戸大学大学院経営学研究科博士前期課程修了。2018年8月から2023年9月まで京都大学経営管理研究部 特定研究員、経営管理大学院 特定助教、特定講師を務める

2023年10月より現職。研究分野は経営学(アントレプレナーシップ、スタートアップ)。

コーディネーター

幸田博人氏

一橋大学経済学部卒業。1982年日本興業銀行入行、2009年みずほ証券執行役員、2011年同社常務執行役員、2016年同社代表取締役副社長等を歴任。

2018年7月より現職である(株)イノベーション・インテリジェンス研究所代表取締役社長、リーディング・スキル・テスト(株)代表取締役社長、京都大学経営管理大学院 特別教授、一橋大学大学院経営管理研究科 客員教授、SBI大学院大学経営管理研究科 教授、(株)産業革新投資機構 社外取締役ほかベンチャー企業、プライベートエクイティファンドなどの社外取締役を務める。

1．はじめに

幸田　本日の座談会、テーマは、『失敗から「学ぶ」～スタートアップ経営者としてのチャレンジをあらためて考える～』です。スタートアップ経営者の三人の方に参加いただいていますので、冒頭、自己紹介とご自身の起業の経緯、その後の状況などをお話いただければと思います。その上で、三人の方のお話を踏まえた上で、伊藤先生と私のほうから、皆さんとやりとりをさせていただきます。それでは、最初に阪根さんからお願いします。

2．起業の経緯とその後の状況（三人の方のご経験について）

阪根　現在トレーダム株式会社の共同代表を務めております阪根です。今の会社は、B to B、SaaSのフィンテック・スタートアップです。大手町のＦＩＮＯＬＡＢという、フィンテック集積地で事業を推進しています。私の経歴としては、アメリカデラウウエア大学で化学・生物化学科の大学院の博士課程を卒業して、その後、日本に帰国し、私の父が脱サラして創業した当時のベンチャー企業である化学系のメーカーに入って数年間、経営に携わりました。その会社では、入社して3年後から社長業を引き継いで、9年ほどその会社を経営しました。その後、起業に向けた準備ができたということで、2011年に私の前職でありますセブン・ドリーマーズ・ラボラトリーズを創業して、2019年までの約8年間、代表を務めました。その間、ピークの売上高は40億円弱ぐらいです。資金調達も100億円程度させてもらったのですが、残念ながら、その会社が最終的には資金ショートしまして、破産を申し立てることになりました。破産の申し立てをしてから、債権者の方には債権者集会におきまして謝罪をし、また株主、ステークホルダーの方々には、それぞれ訪問して謝罪をして状況を説明しました。

その後、半年かけて調査し、あらためて次にチャレンジを行っていく分野を決めました。当時、フィンテックまたはバイオサイエンスのどちらかの分野に絞りまして、そこから最終的に、フィンテックの領域で現会社に経営参画することにしました。

今の会社は、私が創業したのではなく、2015年に浦島伸一郎氏が創業したフィンテックのスタートアップです。元々は私自身でフィンテックのスタートアップを立ち上げるための事業計画を立てていたのですが、金融業界動向などについて教えてもらおうと思って浦島に相談に行ったところ、なんなら一緒にやってくれないかという話がありまして、そこで半年くらい協議をした結果、これまでのビジネスモデルを完全にピボットして一緒にやろうと決めました。経営参画して3年半ほどになりますが、その後、サービスと技術を2年余りかけて開発し、2023年5月にサービスローンチし、これまで資金としてはトータルで6億円ぐらい調達して、今に至るという流れです。

幸田　お話しできる範囲で結構ですが、当時セブンドリーマーズ社を創業されて8年間ぐらいとのことでしたけれども、事業が難しくなった要因は、ビジネスモデルの問題か、あるいはテクノロジーの関係、金融面、人材面、この辺りについて、エコシステム的に考えたときに、今から振り返ってみたとき、ご自身としての評価、論点について、補足いただければと思います。

阪根　最終的には企業として破綻していますので、失敗の原因は山のようにあると思っておりますので自分なりに、考察を深く行いました。良かった点が多くあったのと同時に、思ったようにいかなかった点も多かったです。うまくいかなかったほうのお話をさせていただくと、**最大の課題は、人のマネジメント**にあったと思います。あれだけの資金調達もできたということからも分かる通り、複数のプロダクトやその技術においてはかなり進化していましたが、その中で一番、ハードルが高かったプロダクトは、ランドロイドという洗濯物自動折りたたみAIロボットです。それ以外の事業の売り上げも30数億円を上げていたところで、ある程度、事業面、資金面でも、それなりに結果を出せていたと思いますけれども、結果的にはランドロイド事業でつまずいて、全てを巻き込んで吹っ飛ばしてしまったわけです。その事業がうまくいかなかった大きな理由としては、そこに定めたリーダーシップと人のマネジメントのところで、大きく失敗したと思っています。

二番目の問題は、複数の事業を同時に推進できると過信していたっていうところです。実際にうまくいっている事業も複数ありましたが、それだけの多くの事業をやると、利益を上げている事業でも当然トラブルは起こります。そこに経営リソースをすごく引っ張られて、本来、一番、勝負をかけなければいけなかったランドロイド事業に適切な経営幹部を含めた人材のリソースの配分が十分にできなかったことが問題でした。

三番目の問題は、**資金の最適な使い方**というところだと思います。ここはスタートアップなので、決してぜいたくをしていたわけでも無駄に資金を使っていたわけでもなくて、必要な経費に対して節約しながら使っていたのですけれども、株主に約束している納期をできる限り死守しようとするがゆえに、内部の技術課題や人の問題でうまくいかなかった部分を、外注を使ってキャッチアップしたり、人的リソース不足を補うために最高に素晴らしい人材でもないけれど、何とか人を入れて補おうとするところにお金を投じてしまったばかりに、無理が生じて、結果的には効率的な資金の使い方ができていなかったと考えています。

幸田　続いて、乃村さん、お願いします。

乃村　私は現在、株式会社マイホムの代表しております。弊社も共同代表制を採っておりまして、私自身は創業者でもあります。過去の失敗から、私に足りていないものを持っている人間に共同代表になってくれないかと声を掛けた側になります。先ほど、FINOLABさんの話がありましたが、共同代表の金箱遼氏は、マネーフォワードで長年やっていた者です。私が今やっております事業は、「住宅×IT」という分野になります。私が主に住宅セクターの人間となり、金箱氏がフィンテックというよりはITセクターのエンジニアでもありますので、IT担当という役割分担でやっております。弊社は2021年2月にできた会社で、ZOZOの創業者の前澤さんよりご出資をいただいて事業をやっております。

経歴的には、私はいびつな経歴ではあるのですが、もともと吉本興業で、18から25歳ぐらいまで漫才師をやっておりました。その後、4、5年ほど営業の仕事を行った後、住宅業界という、全然、経験はなかったのですが、非常に大きい業界であることは認知しておりましたので、その市場で戦ってみたいと思って住宅業界入りました。2年半ほどサラリーマンとしてお勤めさせていただいた後、自身の会社を立ち上げたのが2010年で、33歳のときになります。

そのときに、それこそ、今、一緒にやらせていただいている前澤さんですが、その当時は縁もゆかりもなかった方です。いわゆるＺＯＺＯタウンのような住宅会社をつくろうと、その当時は言っており、リアルの世界では誰も見たことがないし、目にしたこともないのだけれど、インターネットの世界ではすごく有名な住宅会社が出てくるのではないかと思い、全然、アナログだった住宅業界の中で、ＩＴに特化した住宅事業を始めました。

それはうまくいきまして、２年ぐらいでエリア・ナンバー・ワンになりました。そこでそのエリアの住宅顧客、家を造る人を喜ばせたいと思いました。住宅用ＯＳという考えから、一つの家に一つの頭脳デバイスを作ってそれをアップデートすること、またアプリケーションをインストールすることで、家自体の機能がアップデートすることができると、それこそ住宅革命ではないかと考えて、そこから、全然、未経験だったハードウエアや通信あたりの領域の勉強を重ねていきまして、２０１３年に住宅用ＯＳデバイスを開発して、リリースいたしました。

それは、ユニークさといいますか新奇さもあって、市場から評価をいただきまして、大型契約の内諾などをいただきました。ここから私の、いろいろな失敗といいますか、転落が始まるのですが、初めてのハードウエアの開発で、かなり資金がかかります。リソースについても、今までのものとは全く違うリソースをつくっていかなければいけないので、さまざまなトライをしていきます。後ほどお話しさせていただきますが、この当時、ＩｏＴの領域ですとか、エネルギーマネジメントのデバイスなどには、結構な補助金が出ていました。補助金を中心としたビジネス展開をやってしまったがために、補助金自体に頼るというビジネスモデルになりました。

結果、その後1回目の、このときは倒産ではないのですが、廃業をせざるを得ない状況を迎えました。その後、仕方がないということで住宅事業に戻りまして、自身の自宅を建てようというところに至るのですが、自身の自宅を建てる際に、いわゆる家造りアプリというか、家を造るならこのアプリみたいなものは、当然たくさんあるのだろうと思って探していたところ、全くありませんでした。自分の中でモックのようなものを作って、それを自社の顧客にも展開したところ非常に満足いただきまして、日本で家を造る人用のアプリを開発しようと、再起をかけて、２０１８年にＩｏＴデバイスの開発、いわゆる住宅用デバイスの開発とアプリ事業の2本柱で事業をスタートしました。

先ほどもお話ありましたけれども、**当初から二つの事業をするものではない**なと、今は痛感しております。私が２０１８年に再度始めたときは、Amazon Echoが日本にやってきたときと同時期になります。いわゆるＩｏＴ機運といいますか、ＩｏＴデバイスの機運がすごく高まっていたときでした。そういった背景はあったのですが、今はご存じのとおり、日本では、なかなかＩｏＴが普及しませんでした。一方で、そこにかけた投資コストは、非常に大きいものでした。そこで資金繰りに苦しみ、資金繰りを改善すべく、たまたま２０２０年に前澤さんが「前澤ファンド」といわれる、暮らしを良くし社会を前進させる企業10社に10億円ずつ出資しますというファンドを立ち上げられました。住宅セクターでは、われわれが４、３００社の中から10社に選ばれて、出資が決まりました。

しかし、投資実行までの手続きを行っている間に、われわれの資金がショートしていくというところで、内諾はいただいている状態ではあったのですが、倒産手続きを取らざるを得なくなりました。当然ながら倒産手続きを取ったのですが、先ほどと同じで、債権者集会、株主の皆さまにお詫びをしつつやっていったのですが、二つ事業をやっていたうちのＩｏＴは重くのしかかってはいましたが、アプリ事業はずっと伸びておりました。前澤さんに、くしくも時間切れでしたと報告しに行ったところ、アプリ事業だけで再起をかけないかとの話をもらいました。アプリについては、正直、入札になった際にご入札いただける会社さんも結構あったのですが、結果、最高入札額で前澤さんに落としていただきました。そこで、前澤さんより、上場をもう一度、目指さないかとお声掛けいただき、２０２１年2月に、新たに現在の株式会社マイホムをはじめました。

現在は、住宅分野において、このアプリを中心に、前回みたいに全然、畑違いな事業ではなくて、住宅に主軸を置いた事業展開をして、現在に至るというところです。

幸田　今、10年以上の経営者ご経験が積み上がる中で振り返ったときに、ビジネスモデル、企業としてのコントロールの範囲の問題、人材、そして金融面を総合的に見たときに、乃村さんが振り返って非常に重要なポイントだと考えている点について、補足をいただければと思います。

乃村　私も失敗をしたときに考察いたしました。もう一度チャレンジすることができたので、経営陣で数カ月ぐらいにわたり、なぜこういうことが起きたのか、どうすれば起きなかったのかを考察しました。もちろんたくさんの理由があるのですが、私自身が今一番、大きいポイントと思うのは、その当時、**ユニットエコノミクスという考え方が自分にはありませんでした**。勝ちの最小ユニットというのですか。最小ユニットをつくり、そこで初めて資金投下、拡張、横展開をしていくものです。まず小さく作って、一円でもいいので勝ちの型をつくる。それを拡張していくという考えがなくて、スタートの段階から、大きくトライしてしまったというところがありました。スタートアップという観点ではなくて、商売という観点でいうと、過去いくつかトライした中で、赤字を出したことがなかったので、その過信がすごくありました。恐らく**大きく調達して、大きく赤字をつくって、それで大きな成果を生み出していくところで、僕は、イノベーションの虜になっていた**ところが、あったかと思います。例えばエクイティでいうと、立ち上げ当初、まだモックもない状態で、プレバリュエーション30億円で、8億円調達できてしまったということも、経営判断を狂わせる大きな要因だったと思います。恐らくスタートアップの中でトレンドに乗るのは、一つの大事なポイントだと思いますが、トレンドに乗ると、大きく勘違いしてしまうようなエクイティ調達が実現できてしまうのも、懸念すべきポイントです。

第二のポイントは事業面です。当然ながら、補助金頼みの事業モデルだったり、マーケットは探すものではなく、つくり出すものだという思考も、博打のようなビジネスをつくってしまった敗因であると思います。

第三のポイントとしては、人材組織といいますか、会社内部で申し上げると、今われわれの社内では、自社のことをスタートアップとかベンチャー企業と言うのは駄目だ、ただの赤字の零細企業だと言いましょうと言っています。中小企業は、立ち上げた当初は、経営者の強みがそのまま企業の強みになることが多いと思います。私の本来の強みが営業力であるにもかかわらず、私自身がイノベーションのとりこになってしまって、泥臭い営業活動や強い営業チームの構築という、本来の強みを発揮できるチームづくりをしてこなかったところがあります。

第四のポイントとしては、エクイティ調達とも連動するのですが、外部ネットワークの観点でいうと、2018年は景気も良く、**あらゆる大企業が軒並みCVCを設立して、**

本業から外れたトライをしたがっている市場環境でした。いわゆるゼロ・イチのビジネスだったり、ロケット技術には、関心度が高くて、メディアインパクトさえあれば、外部ネットワークの拡大は容易な市場環境にありました。このため、「新奇さ」のようなところが巻き込み力に直結しており、外部ネットワークの構築も、さして苦労なくできたところがありました。この四つのポイントを、今は逆張りしている状態で、新奇性があるわけではなく、堅実につくっているようなところです。

幸田　トータルの概算で結構ですが、どのぐらいの規模で資金を調達されましたか。

乃村　その当時は、2年で18億円いかないぐらいです。

幸田　分かりました。引き続きまして、小泉さんにお願いしたいと思います。小泉さんは事業当初から本スタートアップに関わっている中で、紆余曲折もあり、今も取り組まれております。自己紹介含めて、その辺りをお願いできればと思います。

小泉　FiNC Technologiesの小泉でございます。私は興銀に13年おりまして、途中、留学や、興銀証券立ち上げてロンドンに行ったりしました。1999年に、ご縁があってゴールドマンサックスへ移りまして、２０１４年まで15年勤務した金融出身でございます。50歳で引退していたのですけども、興銀関係のつながりで、当時同社のＣＦＯだった乗松文夫さんに誘われて手伝うことになりました。当時は、社長の溝口勇児氏と乗松氏が共同で代表をやっていましたが、私が三人目の共同代表ということで、乗松氏がリレーションシップ営業とレピテーションコントロール、私がＣＦＯやＭ＆Ａ、溝口社長がプロダクトと分けてやっていました。

当社はトータルで私が３代目の社長です。乗松が引退して、ＣＴＯだった南野充則氏が共同代表になって、私と南野氏と溝口社長の体制が２年ぐらいあって、そのときに溝口社長と取締役会の意見も相違が出てきました。売り上げは７億円、15億円、30億円、40億円と４年で倍々ゲームで増えて行きましたが、赤字も10億円から40億円ぐらいに膨らんでいたので、**上場準備で黒字の蓋然性、ユニットエコノミクスのＬＴＶ、回収期間の辺りが「ざる」になっているのではないか**という議論が取締会でありました。Amazonはずっと赤字でも結構だったのですけれど、通常はどこかで回収する必要があります。ユーザーが増えるに従って回収するところの損益分岐点の見込みをつけて、そこにもっていくのだということです。

取締役会でも、私がお金を集め過ぎるということで、もう集めなくていいのではないかという議論が出たぐらいです。私どもは結局、溝口時代に150億円集めまして、溝口が退任してからも40億円集めてきました。ですから、お金の集め方もだいぶ変わりましたし、B to Cで9割のビジネスをB to Bに変えていきながら、40億円を調達したということです。私が社長になってからは、とにかく死なないでいこうということで、ちょうど、セブンドリーマーズさんが経営破綻して、次はどこだという話になったときに、FiNCも候補に上がったぐらい、当社の資金繰りが危ないときがありました。

失敗については、さきほどの経営者のお話、経営陣のお話、ビジネスモデルのお話、資金が集まり過ぎて赤字を掘ってしまったというお話などがいろいろありました。私はトライはするべきなので、失敗だと思っていないのです。とにかく人々は健康でなければいけません。お金持ちも健康を失ってしまったらおしまいですし、健康をより身近なものにして、今まで取れなかったデータを取ってお役に立てという発想自体は良かったと思っています。当時としては、かなり早かったということなのですが、当社としては、それをマネタイズするということについて、病気にならないと、なかなか人々がお金を払ってこないというときに、ターゲットを間違えたという反省はあります。結局、FacebookやLINEなどが、若い女性で流行っているということなので、われわれも若い女性たちから流行らそうとする最初のステップは良かったのですが、若い人の日本のマーケットを4分の1ぐらい取り込んだのですが、全然お金になりません。お金を持っている40代から60代の方にターゲットをシフトするのが遅れたのが、私どもの失敗と思っています。**プランニングと、獲得するのと、マネタイズのタイミングを間違えた**のかなと思っていまして、今は35歳以上の男女の個人と法人さまをターゲットにして、今、B to Bが8割ぐらいですので、失敗はしましたけれど、その失敗を糧に、今やり直しているというところです。

幸田　スタートアップを巡る環境は、ここ5年ぐらいで随分、様変わりになっているという気がします。今、いみじくもおっしゃったような、資金調達の規模をどう考えるかに関しては、資金ありきで最初に取り組んでいくことも、それなりに多いとは思います。しかし資金があり過ぎて緩んでしまうことの課題と、その一方で、経営がぎりぎりになると、どこからも資金が出てこないという難しさについてどのように考えていくのがいいと思われていますか。

小泉　シリアルアントレプレナーでもなければ、初めに資金がいつでも集まるという考え方を溝口社長が持ってしまったことは、最大のミスだと思います。私のゴールドマン時代のネットワークですとか、エクイティストーリーの作り方は上手だったので、溝口社長がやりたいことは、世界の潮流を見ましたら、あまり反対する人はいないです。未病のうちから健康に気を付けて、病気にならない行動をしようと言うこと自体は、原則、皆さん賛成してくださる。それに個人の資産家やエンジェル、それから私どもの場合、上場企業は30社にまで投資をしていただきましたので、ＶＣはほとんどいなかった。これはお金も時間もかかるし、チャレンジが大きいので協力するよということで、ＣＶＣも入ってもらいました。皆さん、基本、本体出資で出していただきました。私どもがお金を集め過ぎたという反省は別ですけれど、投資ホライズンという意味では、5年や10年で満期が来る投資家がほとんどいなかったということが、ありがたかったと思っています。これが1点目です。

2点目は、おっしゃるように、資金繰りが苦しくなってくると、来月キャッシュショートする会社には誰も投資しないものですが、私どもは二回ほど、来月、給料払えなくなるというところまで追い込まれたのですが、その二回ともサポーターが現れました。惜しいから頑張りなさい。その代わり、小泉がきちんとコミットして、おまえがやっている限りは、つぶさないだろうなということで、レスキューに応じていただく。もしくは、追加で既存の株主がサポートしてあげるということになりました。それから、新規の個人の投資家も、安いのであれば興味があるということで、バリエーションも下げましたけれども、そのようなキーファイナンスというか、レスキューファイナンスも2回ほどやっています。

3．失敗からのリカバリーと「学び」について

（1）個人における感情面について

幸田　三人のかたがたに、それぞれのご経験と、そのときに感じたことについて、今時点から振り返ってどうかということ、お話をいただきました。三人の話を聞いた上で、横浜市立大学でアントレプレナーシップ論をご担当されている伊藤先生から、感じた点、また論点について、それぞれの方にお聞きになられたい観点で、ご質問をお願いしたいと思います。

伊藤　横浜市立大学の国際商学部の伊藤智明と申します。アントレプレナーシップの中で失敗の研究もさせていただいておりまして、その中で、きょうの大きなテーマとしましては、失敗からの「学び」というのがあると思います。その失敗からの「学び」について、どういう論点でお聞かせいただきたいかといいますと、廃業、倒産といった危機的な状況の渦中に、どうやって経営者の方は、自分の感情面を含めて、特に感情の問題みたいなものを、どうやってマネジメントしているのかは、一つの論点です。まず「学び」をする以前に、リカバリーをしなければいけないところもあると思いますので、失敗の

渦中で、また、失敗直後から再挑戦するに至って、どういったことを考えられたのかというのが一つあると思います。

もう一つの論点としましては、法人としての失敗は、結果としては客観的にそう判断せざるを得ない面はあると思うのですが、起業家というか、アントレプレナー、起業家個人としては、失敗ではなく、個人的な側面としては法人の成功／失敗の基準とずれることがあると思います。起業家個人としての成功、失敗と、法人としての成功、失敗というのは多少、異なるものかなと思います。その辺りのお考えを聞かせていただきたいと思っております。

三つ目の論点としては、失敗が起業家の方々やスタートアップにとって、どういう位置付けなのか。もしくは、スタートアップのコミュニティにおいて、失敗というものがどのように捉えられると、もっとスタートアップのコミュニティ、スタートアップの生態系、エコシステムが成熟していくと考えられるのかについても、お伺いできればと思います。

幸田　伊藤先生から三つ論点をご提示いただきましたので、一つ一つ皆さんから、この点に関してお話をいただければと思います。最初に、**渦中に置かれたときの感情面のコントロール**というようなことだと思います。どういうふうに感じられ、どういうアクションをされたのか辺りについて、阪根さんから、まずお願いできればと思います。

阪根　本当に苦しかったときは、破産に至るまでの最後の1年間です。それまでも当然、先ほどの小泉さんの話と近いですけども、二回ほど、来月が大変だっていうところまで追い込まれたことがあって、それを乗り越えて、最後の1年も、きっと乗り越えられるはずだという思いで、社を挙げて頑張っていた状態です。労働状況も、われわれはハードウエアが仕上がってこないと次の調達には至らないという、タイマーが刻々と迫る中、僕は朝から夕方までは資金調達で奔走し、6時頃オフィスに帰って、朝4時までみんなと一緒にラボでランドロイドを開発するというような生活が1年間ほぼ続いたので、毎日2時間睡眠ぐらいで走り続けました。

そうすると当然、メンタルも体力的にも相当、苦しい状況にはなっていました。当時、それより前にいた問題のあった幹部メンバーたちは退任していなくなっていて、くしくも最後の1年間の5名の幹部メンバーは素晴らしいメンバーでした。この力強い幹部体制で、なんとかこの苦境を乗り越えようと一丸となって戦っていました。過酷な環境だったので、幹部メンバーも交互にばたばたと倒れていき、1週間ぐらいで元気になって戻ってくるような状況が続いていました。ただ、**僕は決して倒れちゃいかんという思いだけで、なぜか僕だけは最後まで立っていられました**。そのときのリーダーシップとしては、会社は苦しいけれども、全員が頑張ってくれないと前に進めないので、自分は当然、気丈にもしていましたし、みんなの鼓舞もしていた。ただ、状況だけは、正直、大変だということも、できるだけ社員にコミュニケーションを取る頻度を増やしながら話して、進んでいたような感じです。

破産した後は、その後1カ月間、破産管財人のお手伝いをさせてもらって、その間、株主に連絡することも許されず、「今は債権者だけを向いて走りなさい」という時期が続きました。1カ月たって、ようやくこれで一通り片がつきましたので、「あとは債権者集会だけ出てくださいさい。やっと、あなたを解放しますので、そこから株主に訪問されていいですよ」と言われた瞬間から、それまでの疲れが吹っ切れるように、3週間ぐらい高熱で立てなくなりました。その後メンタル的には、あまり自分では気付けなかったのですけど、相当やられていたようで、そこから精神的に70％程度復活し、自分で再チャレンジをスタートできると判断するに至るには、9カ月ぐらいかかったと思います。メンタル面で100％完全復活するには、結局3年ぐらいかかりましたので、体と心へのダメージは、知らず知らずに蓄積していたと思っています。

再チャレンジするにあたり、当時、若かったときとは違って、体力的にも知力的にも劣ってきていると感じますので、渦中の地獄の日々の中に、もう一度、身を投じるということに対しては、よほどの気力と体力が戻らない限りできないと考えました。そこから、まずは心の健康は回復するためにも体の健康を回復しようと、公園を走るなど負荷をかけて体力を回復させ続け、3年たって心も体も完全復活して、当時と同じ水準で戦えるようになったという状況です。

幸田　阪根さんは、最近、マスコミを含めていろいろなところでお話をされていると認識しております。過去を振り返ったお話を、意識的にされていると思いますけれども、この辺りはどういう心境でしょうか。

阪根　破産手続きが完了するまでは、私が前に出て語るべきではないと思いました。セブンドリーマーズは複数の子会社など多くの資産を持っていた会社で、規模も大きな破産でしたので、難航した交渉もあったようで、破産手続きが完了するまでに1年半程度かかったので、そこまでは外部に対しては一切話しをていません。その間、メディアから真相を語ってくれというリクエストが、多数来ていたのですけども、ずっとお断りしていました。

一方で、1年半たって破産処理が終わり、当然それ以外のステークホルダーに対しても訪問が終わっていたので、そこからは、どちらかというと、これだけのお金を預かって、溶かして、多くの方が経験できない経験もさせてもらってきたので、これを何とか、社会に還元というと、おこがましいですけれども、なかなか日本でこの規模の大破産があった後に、それを語る人も、あまりいなさそうなので、経験したことを、僕なりの視点で語ることで、少しでも、次にチャレンジしていく人たちにとって有益な情報になればなと思っています。チャレンジして失敗しても、こうやって生きていることができ、日本社会は素晴らしいと僕は思っていますので、**どうすれば再チャレンジできるのか、どういうところを抑えておかなければならないのか等を伝えていく責務があると**、勝手ながらに思っています。こちらから積極的に発信するというよりは、そのようなリクエストを受けた場合には、必ず断らずに受けて、お伝えしようと思っています。

幸田　それでは引き続いて、この感情面のコントロールについて、乃村さんからもお願いできればと思います。

乃村　阪根さんのお話の焼き回しみたいになりますが、私も倒産の1年前は、本来、割くべきところに時間を割けない状態で、事業にフルコミットしたいのですが、特にファイナンスについてで、これを言ってしまうと身もふたもないのですが、窮地に追い込まれているので、**新奇性の高い事業をしている会社は、どう頑張っても、蓋然性の説明は十分にできない**ので、蓋然性が説明できない以上、いかに、継続的にまだチャンスはあるのかというところを、投資家の皆さまやセカンダリーの皆さまにお話をしていけるかというところです。

私も今は、いろいろな起業家の若い方とお話をしていると、心底その未来を信じている方の言葉は、言外の言で伝わってくる部分があります。僕も最後の1年は、キャッシュフローの観点では非常に苦しかったですが、自分の中では、まだ僕がやろうと思っている未来を信じているかと自問自答を繰り返していました。もちろん会社の継続性の観点でいうと、大好きな仲間であったり、大好きな事業を継続できなくなる怖さはありますが、それ以上に、**自分を100％信じていたのが95％になり、90％になるなかで、そこの苦しさが一番、大きかった**気がします。

倒産した後の流れは、阪根様のお話のとおりです。われわれはそこまで大きくなかったのですが、とはいえ、投資家さまや債権者さまへの説明会等で引っ張りだこの状況が続きました。私のメンタルの回復で申し上げると、恥ずかしながら、2021年1月に破産決定の通知が出まして、前澤さんとは、入札は早い段階で行われるので、2月からやることになったのですが、そこから6月ぐらいまでは、ほぼ、うつ状態です。ポジティブで前向きですし、向上心も成長意欲も、同世代よりは、かなり高いほうだと思っていたのですけれども、とにかく破産をしてしまって、ご迷惑を掛けたこともありますが、とにかく自分を信じられなくなった。それまでは、どんなに周りが僕の事業は失敗するとか否定していても、何とも思わなかったのですが、ついに自分が自分を信じられなくなったことの決定通知が破産だったので、そこは非常に苦しかったです。

先ほどの話で70％ぐらいの復活は、２０２１年終わりにはできていましたが、当時のエネルギーとモチベーションに戻ることができたのは、２０２３年の12月でした。社員のメンバーみんなに、戻りましたという報告をしたくらいで、意思決定にも自信を持ち、強い決断をいろいろできるようになれたのは、その頃からでした。

今の日本の環境はあるのですが、今、**自分を振り返って思うことは、行動力のある無知が非常に危険な存在であるということです**。当然、死に物狂いで勉強したり、学びをしたりしてはいたのですけども、やはり行動力のある無知な人間がスタートアップを立ち上げると、自分の中で、それは必ずしも社会として良いことばかりではないなと思います。そういう意味では、立ち直らせてもらえた前澤さんには感謝していますし、今また、われわれの事業を支援してくださる環境が世の中にあること自体は非常にうれしく思います。一方で、よくアメリカのスタートアップ界隈でいわれるような、何度でもトライするチャンスがあるというのが、ヒャクゼロで、良いとは思わない。私は、恐らく２０２１年のあの失敗がなかったら、今の自分は形成されてないと思うので、そのときに受けたダメージや心理負担、うつになった半年ぐらいの期間、それが今の僕をつくったので、**立ち直るチャンスはあるべきですが、痛みをしっかり受ける期間というのも、**

あるべきだと今になって思います。

幸田　今おっしゃられた、うつになってから半年間ぐらいで回復して、社内で回復宣言をした辺りですけれども、これは、時間とともに一定程度、状況が変化する、あるいは癒えてくるようなところがあるとは思いますが、時間だけということでもないだろうと感じました。その辺りについては、どう考えているのでしょうか。

乃村　冒頭で申し上げた、ユニットエコノミクスというか、100円でもいいから、何かに取り組んだら黒字を出すことにコミットしようって思っていたというのが、あらゆる意思決定のシーンでトラウマのように返ってきて、自分の意思決定は正しいのかという不安です。今まで、そんなことで悩んだことはなかったのですが、倒産以来、自分の意思決定が本当に正しいのかと、毎回、意思決定の度に、こんなことで悩むのは嫌だとなったときに、自分を信じる糧を、もう一回、再構築しなくちゃいけないと考えました。そのためには、自分の意思決定が正しいと思い、小さなものでもいいから、それをたくさんつくって、やはり間違いじゃないと、**自分を信じる状態に戻すための、小さなトライと成功を積み上げる**ことを、やってきた2年半でした。

幸田　小泉さんからも、お願いできればと思います。

小泉　私の場合、株主、債権者や銀行には、もちろん感謝していますし、エクイティストーリーが間違っていれば間違っていたと説明しますが、**投資家はリターンを求めて投資している以上、お互い対等の立場だと思っています**。お金を出していただく側と、お金を出す側がお互いにメリットがあると思ってやっているのです。ですから精神的には、私は個人がタフなのか分からないですけれど、**どのような厳しい状況でもいつも笑っていました**。社長が笑ってないと、どんなに苦しくても盛ってないといけないっていうことです。

幸田　そういう意味では、当初の段階から環境が大きく変転を経る中で、粘り強く、そうはいいながらも、ある種の起業家として事業を引き受けて、ずっと頑張ってきた根源は、何でしょうか。

小泉　根源は、もともと健康という産業を考えた時に、日本人は長生きだということです。それから、日本人の食事は結構、大事です。食事と休養も大事ですけれど、日本人は、よく歩きますし、食事もおいしいですから、世界に通用する珍しい産業だなと思っています。ソニーやホンダが、戦後に海外に出ていって、グローバル企業となった先人がいるように、日本人の特性である、健康で長生きで食事もおいしくて、豊かな国民のサービスを世界の人に届けることは、生きてきた人生の中で、孫や子どもに、パパは最後、何したのと問われた時に、誇れる仕事だと思ったのです。

だから、興銀で産業を助ける、金融を手伝う。ゴールドマンでも、世界の金融で、いろいろな会社のM&Aを通じて、世の中を成長して良くすることに携わり、たまたまスタートアップに来て同じことをしているという気持ちがあります。しかも、何となく東西架け橋をつなぐ意味で、日本のいいところである、健康だったり、食事だったりを伝える手段が、デジタルでも、そうでなくてもいいですけれども、アプリでトライするという行為そのものは、すごくいいことだと思いました。それは、やり方を失敗したり、ターゲットを間違えたり、マネタイズに苦労したという部分はありますけど、根幹として誰もあんまり反対しないので、事業の応援団は多いかなと思っています。それで、死んだ後に、パパ最後、何したのとなったときに、恥ずかしくないかなと思っています。

(2) 個人と会社の違いについて

幸田 伊藤先生から、会社が危機的な状況になったり、あるいは破綻することと、個人の評価やありようというのは、本質的に違うという指摘がありました。この伊藤先生の二つ目の論点について、最初の皆さんのお話である程度は包含されていたと思いますが、こうした局面において、個人と会社が本来的に違うところや、アントレプレナーとしての個人を、どのように考えてどのように認識しているかについて、補足があれば、お願いできればと思います。阪根さん、お願いします。

阪根 個人と会社が行うべきことは本質的には同じかと思っています。例えば、失敗をどう捉えるかという観点でお話しすると、失敗を失敗として受け入れて、反省して伸ばしていくというのは、個人及び会社にとってどんなステージにおいても、とても重要なことであると思います。会社が破産してしまうことは、社会にとっても、いろんなご迷惑をお掛けして、よくないのですけれども、会社が生きている中でぎりぎり失敗して生き残るか、本当に飛んでしまうかというところには、自分の経験としては、本質的に大きな差はないかなと思います。要は、**最終的にどれだけ社会に貢献、還元できるのかというところに、いかにつなげていくかが重要なので、失敗して挑戦の歩みを止めてしまうと、それができないの**で、よくないです。けれども、失敗を生かし、個人としても会社としても命を賭けて努力し続けるという意味では、脈々と続いている挑戦の中にまだいるのかなと、個人的には捉えているところです。

幸田　乃村さんからも、一言お願いします。

乃村　まさに失敗はしたくはないのですが、生かすしかないというところが本音ですね。今、自分の心の置き所みたいなところでいうと、喜び、満足してくださった方の総量が、失敗してご迷惑掛けた方の総量を上回るしかないなというところです。51対49で喜びを生めたなというところです。事業に対してやっている工夫は、存分に失敗は生かされているとと今でも思っていますので、そういったモチベーションや、メンタルに関しては、51対49で喜ぶ人を増やしていく。最終的に私が死ぬときには、その状態で迎えたいなっていうところです。

幸田　小泉さんからは、先ほど金融においては、投資家もスタートアップサイドも基本的には対等であるというコメントでしたので、個人と会社という意味においては、そういう枠組みの中で考えていらっしゃるのだろうと思います。一言あれば、お願いいたします。

小泉　あとは、**感謝とか説明義務は、僕はスタートアップでは弱い**と思っています。もちろん皆さんに感謝していると思うのですけども、その感謝の度合は、本人がいくら感謝していても相手に伝わらなければ意味がないので、どういう形で感謝を伝えていくかが重要です。事業や業績でお返しする。それから、業績がうまくいかないときは、真剣に説明をして、こういうことにトライしているけれども、こういうことがうまくいってない。途中経過も、人間というのは、いきなり赤字が倍になりましたと聞かされるのと、こういうことをトライしながら、今ここら辺りが苦しんでいますということを知った上で赤字の報告を受けるのでは、状況が違うと思うのです。

ですから**コミュニケーションのほうは、お金を出した企業も、出していただいた企業のほうも、両方の努力が不足している**と思います。アメリカとかグローバルは、そのスピードが早いですし、そういう機会は、別に背広を着てオンラインZoomをやらなくても、バーで帰りに4時ぐらいから1時間話して、こんなことやっているといった、そういうようなコミュニケーションの質と頻度については、僕は徹底的に差があると思っていまして、そこが埋まっていく必要はあるかと思います。私どもは、上場してないのですけれど、3カ月に一回、株主説明会を開催しており、これは逃げずにやっています。それをやっていることは結構、重要かと思います。

(3) 失敗から何を「学ぶ」か　～「スタートアップエコシステム」の論点～

幸田　伊藤先生からの三つ目の論点になりますが、これは、マクロ的な「スタートアップエコシステム」として何を学ぶかでよろしいですか。付言するところがあれば、お話し下さい。

伊藤　失敗は割と、スティグマと言いますか、負の刻印というか負の烙印みたいな印象を、日本では世の中全体として持っているように感じています。しかしながら、必ずしもスタートアップのコミュニティでは、失敗がネガティブではないというと語弊があるかもしれないですけども、コントロール可能なものなのか、マネジメント可能なものとして、より前向きなものと捉えている方々もいるのではないでしょうか。起業家の方々が、どう自らの失敗やスタートアップの失敗、他の起業家やスタートアップの失敗を取り扱おうとしているかを知りたいです。

幸田　その辺りの「スタートアップエコシステム」環境に、皆さんの認識がどのような感じなのかを、皆さんからお話ください。阪根さん、その点どのような感じか、お願いできればと思います。

阪根　失敗といっても、企業の失敗の中では、倒産、破産というのは一番大きな失敗、つまりレベル10に該当すると思うのです。私も初めての経験でしたので、どんなことが起こるのかというのは、ある意味、恐怖でしかなかったですけれども、実際に起こってみたら、事業のいろんなことと同じで、起こったことに対して、ベストを尽くして誠意を持って全力で対応することしかないので、粛々とそれをやってきました。ひょっとしたら欧米に比べると、まだ負の要素に足を引っ張られるところは、若干あるのかもしれませんけれども、少なくとも私が経験した5年間におきましては、逃げずに誠実に前を向いて進む限りにおいては、この国には、破産、倒産というものを経験した経営者に対しても、十分に再チャレンジする道筋をつくれる土壌があります。それを応援してくれる株主の方々や、政府機関も含めて、いろいろなステークホルダーの方々が、きちんと支援してくれる環境がある時代になったのかもしれません。

そういった意味では、もっと若い方々は、失敗を恐れずチャレンジしていってよいと思います。きちっと、やることは正しくやらないといけないけれども、それさえやれば日本は再チャレンジができる土壌のある国であると、少なくとも伝えたいですし、私もそう思っています。

幸田　乃村さんからも、お願いできればと思います。

乃村　私も再チャレンジ組ではありますが、**再チャレンジするときに、その起業家、起業**

家の勝ち方があると思います。今回の失敗を通して、やっぱり学べたのは、自分に最適な勝ち方、戦い方、ビジネスの展開の仕方です。そこから、ぶらさないようにしないといけないというところは、一つあります。前回のチャレンジのときは、止直、自分の強みのある戦い方、勝ち方ではなく、スタートアップはこうあるべきであるとか、大きなチャンスをつくり出すには、こうあるべきというところに、寄り過ぎていました。そういう観点でいうと、さまざま起業家の考え方があっていいと思うのですが、僕が今、行き着いているところは、僕の基本は商売だと思っています。分かりやすい表現でいうと、デッドで調達できるビジネスをつくった上で、エクイティで調達するということです。回収原資を明確に生み出せるビジネスシナリオをつくった上で、エクイティで、飛躍のスピードを上げるという考え方で今やっています。

夢と期待と可能性で、投資の世界はバイオリズムがあるじゃないですか。4、5年に一回ぐらい加熱気味な投資の市場がやってきて、また今この2、3年のように、黒字を実際に出していない企業には企業価値が付かない状況になる。また2、3年したら、またブームが来ると思うのですが、そこにぶらされず、その起業家の親和性の高い勝ち方にフォーカスしていくことが、大事ではないかと思っています。

幸田　小泉さんからも一言、周囲の理解等を含めて、どうだったのかという辺りを補足いただけますか。

小泉　先ほども、コミュニケーションの量と質と申し上げましたけれど、人々が忙しい中で、例えば今お二人がおっしゃったように、破産とか倒産となると、理由はいろいろ、言いたいことも山ほど、お互いあると思うのですけれど、破産した企業の経営者がいうことで、そのイメージから払拭するのは、すごく時間がかかると思います。ですから、1年半は当然、終わるまでは、言いたくても言えないというのも大正解ですし、口をつぐむことも必要です。なかなか、そのイメージを復活させるのは、私も興銀のときに、国会証人に頭取が呼ばれたりして大変だった時期ありましたけども、そうすると、今まで良かった興銀のイメージがだいぶ変わって、それを取り返すのに5年から10年かかるのは、古今東西、変わらないと思います。

そのときに、**どれぐらい最後に信頼できる人間で誠実であるかということに尽きると思っていまして、そのコミュニケーションを逃げないというのが、キーだ**と思っています。やり方は、それぞれのパターンがあると思います。ただし、やっぱり逃げないこと。傷ついたブランドは傷ついたブランドで、それをしっかり受け止めるということであれば、人間は意外と、その後の行動を見ているようで見てない、見てないようで見ているということがあると思っています。1回目を失敗しても、誠実に一生懸命やっていれば、人々は、また認めてくれるのではないかなと思っています。その途中で、投げ出して嫌になって自暴自棄になったり、俺のことを分かってもらえないなんて言っていると、周りの人も離れていきます。後輩の方や似たような経験をされている方には、そのようなもったいないことはしないほうがいいということを伝えたいと思います。

4. 再チャレンジで変わる部分と変わらない部分

幸田　今、伊藤先生から、感情面のコントロールの話、個人と会社との違い、「スタートアップエコシステム」での失敗に関わる周りの理解という三つの論点について提示頂き、皆さんからいろいろな視点でお話をいただきました。

伊藤先生、今の三つの論点について、皆さんからのお話がいろいろ出ましたので、その点に関して、ご自身の印象やコメントについて、お話しいただければと思います。

伊藤　学術的には、アントレプレナーの失敗は、起業家に深い学習の機会を提供するといわれており、私も、そのような論文を書かせていただいたことがあります。確かに一面としては、そういう理解で合っていると思いますけれども、皆さんのお話を聞いていて思うこととしては、実は失敗を経験したからといってもそれほど変わらない部分もあると思いました。従来の研究の前提では、失敗から学習して起業家の根本的なあり方が大きく変わるとされている。それで失敗した起業家が、その失敗の経験から深い学習をして、経営者として新たなやり方にチェンジして、それによって成功するというロジックで、学術的には考えられているのですが、今のお話聞いていて思うのは、**変わらない部分というか、捨ててはいけない強みの部分であるとか、乃村さんの言葉でいうと勝ち方みたいなものを、次のチャレンジではぶらさないで、しかし、恐らく微調整する**というところです。

要するに、自分が変わるよりは、周囲にいる人々を変えたり、環境そのものが、スタートアップの起業家としての経験を積む中で、**実は失敗していないながら信用も積み重なっている**と思います。失敗していないながら、まだそれでもスタートアップのコミュニティでやり続けている。10年以上やり続けている、15年ぐらいやっているというところで、一つの法人はつぶれたかもしれないけど、その他でうまくいっているとか、いろんな要因があると思います。その中で、自分自身の経営者としての実績が積み重なっていくといった、細かなところを、私自身も考えていきたいと思いました。

幸田　確かに、変わる部分と変わらない部分とを、どうバランスよく取り組むかは、その後の課題の中で一つあるという感じがます。そのアカデミズム的な深い学習という意味で、それぞれの個人にとってのアジャストメントの重要性と難しさがあるなという感じはいたします。

それでは、もう一つだけ。これは、どちらかというと私のほうでの論点になりますけれども、今、皆さんがいろいろな形でのご経験を学びつつあるということで、生かしてきているところが論点にもなっております。この点について、それぞれ皆さんが新しいチャレンジ、再チャレンジをなされている中で、現在、どういう観点で、スタートアップの経営の中で取り組まれているのかについて、お話しいただければと思います。最初に、阪根さんからお願いできればと思います。

阪根　失敗から学んで次の挑戦へという文脈では、当然のことながら、これまでやってきた経験の中で、良かったところも、ものすごくたくさんあるので、そこは最大限生かしつつ、悪かったところもたくさんあるので、それは完全に直していくという、普通のプロセスをやるということだと思っています。スタートアップとして起業したときから、今もずっと変わらない個人的なビジョンとしては、**日本で生まれたスタートアップがグローバルに挑戦して、世界中の役に立つサービス、プロダクトを提供する、ここは全然ぶれていません。**

一つには、自分の憧れである本田宗一郎さんであり、ソニーの盛田昭夫さん、井深大さん、松下幸之助さん。こういった、戦後の小さな日本から、日本という国の立場をグローバルレベルに引き上げられた先輩がたがいました。それを追い掛ける、もしくは追い抜くような経営者がなかなか現れない中、そういったところの一部になれればいいなという思いが、ずっとありました。それを追求している旅だと思っているので、今はフィンテックの領域にはなりますけれども、選んでいるテーマ自体も、グローバルに戦えるテーマだと思っています。フィンテックで世界で成功しているスタートアップもそんなに多くはないので、まずはしっかりと日本で基礎を積み上げて、最終的には、夢とビジョンでもあるグローバルで戦い、そして勝って、そのサービスが世の中の人々のお役に立つものを、創り上げていきたいと思って粛々と頑張っているところでございます。

幸田　阪根さんは今回、再チャレンジの場としてフィンテックっていう領域を選ばれたというのは、今おっしゃったような、グローバルな視点を含めてベースのところは意識されていて、一方で、事業エリアとして、かなり違うわけですけれども、その辺りは、どのような評価をされていますか。

阪根　これは、割と昔から私の特徴であるところで、どんな分野においても、人々のニーズが合うところ、技術的にすごく難しくチャレンジングなところ、そして市場がものすごく大きいところで戦うというのは、社会人になったところから決めているものです。自分の中のこの三つのクライテリアには、分野を問わずというのが一つ入っているのですが、その背景としては、分野を固定して勝負することは、戦うフィールドを縛ってしまいチャンスを逃す、または柔軟性を損なう事に繋がります。ビジネスは常にニーズ次第だと思っているので、分野にはこだわらないようにしてきました。今回、再チャレンジするに当たって、宇宙、AIロボット、マテリアルサイエンス、化学と、非常に幅広い事業を、良くも悪くもやってきたので、私自身の経験により、分野の選択を失敗すると、同じ努力でも成功確率はすごく下がるし、分野を正しく選ぶと、同じ努力で大きく成功することができるという肌感が強くありました。したがって、破産して、株主の方々全社を回って、いよいよ次のチャレンジに向けて準備をするぞとなったときに、最初にやったのが、分野をしっかりと選ぼうということでした。ここに半年ぐらい時間をかけて、浅く広く最初はリサーチをして、最終的に、各分野のエキスパートに意見を頂きながら、深く絞っていったという経緯があります。

幸田　それでは乃村さんからも、今の論点をお願いできればと思います。

乃村　先ほどから申し上げたとおり、自分自身の強みの原点に返ることを、まずやっているのと、事業のところでいいますと、私はあまり器用ではなくて、好きなことしか頑張れないというのがあるので、恐らくは住宅セクターで生き続けるのかなというところです。昔から、これも変わってはいるのですが、疲弊している業界、疲弊している産業が非常に好きで、住宅業界は、非常に大きな市場規模です。それこそアパレルより1・5倍の市場規模があるにもかかわらず、プレーヤーの9割が精神的に滅入っている状態で、もう駄目だ、もう無理だというような状態です。かつ、新規参入してくるプレーヤーがほぼ皆無といっていいという、陸の孤島のような業界ですので、ここで骨をうずめて、住宅建築の新しいところをつくっていきたいと思います。

そこをやっていく上で、私自身が重要視しているポイントでいうと、**大きく変えた部分として、社会の流れに乗らないことです**。社会の流れというのは、例えば働き方改革、リモートワーク、こういったところに乗らないチームづくりをやっています。当然ながら、上場を見据えて事業やっていますので、労働基準法はしっかりと守っているのですが、それは守りつつ、われわれが何か新しいものを生み出すっていうところにおいて、まだ今はゼロからイチをつくろうとしている段階なので、採用する段階で必ず事前の合意を取りつつ、いわゆる社会で流れている働き方改革、リモートワーク、こういうのは弊社ではそれほどは重視していません。これは、なかなか20代の方にはご理解いただきにくい部分があるのは、仕方がないというところで、逆に30、40代の熱量の再活用を、今は一生懸命やっています。

30代後半から40代中盤にかけての人たちは、20代のときの熱量を、もう一度やりたいという方が多くいらっしゃいます。そのような方を中心にチームづくりを行い、この業界を変えて、活性化していけるようなところを、今は一生懸命やっています。良くも悪くも、前回の失敗よりもサービスが継続する。そのために強いチームづくり、強い文化づくりをしていくことは、前よりも、ぶれなくなったと思っています。

幸田 そういう意味では、乃村さんにとっては住宅がベースだということは、よく理解できますが、その中で、先ほどからお話しで出てきたような、ＩｏＴや先進的なデジタルと、住宅業界の距離感の遠さが、今でもまだ存在すると思います。ビジネスモデル的な観点で一言お願いできればと思いますが、住宅とデジタルやＩＴ辺りについて、どのように考えて、今後、取り組んでいこうとされているのでしょうか。

乃村 私は10年以上にわたり、住宅×ＩＴというところに軸足を置いてやってきました。今、私のところでは、Ｂ to Ｂ to Ｃでやっていますが、住宅業界を変えて、その先にあるエンドを変えるのは無理だという結論に至りました。今はＢ to Ｃのところを、すごく強化しています。エンドユーザーの日常といいますか、家を建てられる消費者の日常は、DXなんていう言葉もないぐらい、当たり前にデジタル化されていますので、いわゆるtoCに向けたダイレクトなサービスで、当たり前にデジタルを使っている人たちに対して、当たり前にデジタルのサービスを届けることをもっとすることで、住宅業界×デジタルというか、住宅業界×ITを実現できるのではないかと思って、今そこを、まさにトライしている最中でございます。

幸田　続いて小泉さんにお願いしたいと思います。小泉さんからは先ほど来、健康というキーワードで、取り組みの継続性ということで、ずっとお話をいただいています。ベースとしては、その辺りが、将来的にもチャレンジをしていく基盤であろうと思っております。一言お願いできればと思います。

小泉　当社は社員ピーク時300人ぐらいで、今50人ぐらいですけど、よかったなと思っているのは、残っている連中は、非常に厳しいところを残っている、もしくは、厳しい後、面白そうだから、もう一回FiNC良さそうだから来る、という連中なので、非常にモチベーションが高い、つまり好きでやっているということがポイントなのです。この会社のミッションは自分がやりたいことですし、ライフワークとしても関わりたいことです。いろいろなプロフェッショナル、エンジニア、理学療法士、薬剤師、管理栄養士といった健康に関わる専門家が寄ってきます。デザイナーがアプリのデザインを決めるのも、みんなに心が落ち着くような色にしたいとか、好きで集まっているのです。これは結果として、よかったと思っています。

それから、本日の皆さんもそうですけれど、失敗した後も、どこかの大会社に入るのでなく、また自分でトライされているじゃないですか。夢を実現するのだったら、小さくても自分で会社を始めたほうが早いです。大企業の論理で、あっという間に定年迎えましたみたいなことにならないで、起業している限り、定年もないわけです。お客さまを幸せにする、従業員も幸せになる、小さくても自分の夢を実現するというと、やはり起業が早いですし、そういう社会に転じていくと思います。

われわれがその中で、泥水を飲んで苦しんでいるわけですけれど、死んでない、泥水を飲んで死んだら苦しいけれど、生きているので、いいではないかという話を、僕は若者にも当社に入ってくる人にも言っています。さきほど乃村さんもおっしゃっていた、**ワーク・ライフ・バランスではなくて、ワーク・ライフ・ハーモニーでいこうよ**ということです。寝てる間も、起きてる間も、子どもの世話をしたりしても、親の介護をしたりしながらでも、どうやったら健康になるかを考えてればワーク・ライフ・ハーモニーです。仕事の量は、ペーパーワークなどはAIを使って不要な手間を減らしていって、アイデアの質を重視して、お客さまにサービスを届けようとするような、働く方のワーク・ライフ・ハーモニーであるべきです。24時間、常に、このことばっかり考えていて、いいアイデアが出てきて、それをみんなで、ああでもない、こうでもないと言いながら、サービスを作り出して、お客さまに届けるということに尽きます。そういう意味では、健康でいることに対しての興味、執着心が高い連中が集まって、老若男女が集まって、それでお客さまに届いて、お客さまがこれなら面白いからお金払ってもいいよ、ということを追求することが、極めて重要であると思います。キーワードは、ワーク・ライフ・ハーモニーという考え方です。そして、お客さまを幸せにする前に、従業員が幸せでないと、幸せをデリバリーできないと思っています。その2点は、金融・資本市場とは直接関係ないかもしれませんが、トータルの福利厚生やウェルビーイングのアイデアでは、社会的な福利厚生の最大化というのが、株主活用最大化、従業員の満足度の最大化につながって可視化できると思います。このようなことを考えながら今、経営をしているところです。

5.「スタートアップエコシステム」の将来と次世代へのメッセージ

幸田　最後のまとめを皆さんから一言ずついただきたいと思います。まとめという意味は、第一に、日本の「スタートアップエコシステム」、あるいは、スタートアップ業界が、今後どのような形になっていくと期待するか、あるいは、どういう方向性で考えておくのがいいかというマクロ的な論点です。そして第二に、世界との接点を持つかたがたが非常に増えているのが今の状況だと思いますので、若い方、あるいは、今後、世界と関わっていくかたがたに、皆さんからメッセージをいただければということです。この2点について、お話しいただいて、終わりにしたいと思います。それでは阪根さん、お願いいいたします。

阪根　これだけ経験をしてきて、伝えなければならないこととして、まず一番目は、**挑戦し続けること**だろうと思います。先ほども私も少し触れて、小泉さんもおっしゃっていましたが、失敗してやめてしまうと終わってしまうので、そこは、しっかり「学び」に変えて、挑戦し続ける、目標を達成するまでやり続ける、ということがすごく大事であると、常に自分としても痛感しております。二番目としては、起業にしてもグローバル挑戦にしても、**失敗を恐れないこと**です。みんなが挑戦を怖がるのは、失敗した後、何が起こるのか、どんな悲劇が起こるのかと不安になるためだと思います。分からないことを少しでも無くしていくために、先輩たちが失敗を経験しているという話をどんどん聞いていけば良いと思います。失敗すれば相当、大変ですけれど、命を奪われるものでもないし、こうやって元気に健康に生きている。家族も巻き込んで大変なことになりましたけれど、家族もちゃんと生きているので、恐れず挑戦をすることです。小さな挑戦であっても、私たちよりもっと大きな挑戦であっても、構わないと思います。**失敗を恐れず、命を奪われるものでもないと腹をくくって、頑張っていくこと**が大事であると思います。

幸田　次に乃村さん、お願いいたします。

乃村　同じです。私もメディアから失敗について語ってくれという取材がよく来るのですが、最近は積極的に受けるようにしています。今、失敗に対して、自分自身が、ようやく失敗だったのではなく、一つの通過ポイントだと思えるようになりました。あとは今、事業をしている中で、細かなところは当然ながらいろいろ考えたりはしているものの、**とにかく好きであることと上機嫌であることと**の二つを、自分の中ではベースにしています。人を巻き込む以上、経営者は常に上機嫌であるべきですし、四六時中、365日、苦痛なく楽しめるようにするためには、好きであることです。若き起業家の方たちにアドバイスすることがあるとすれば、この二つです。

幸田　それでは小泉さんからも、お願いいたします。

小泉　全く同じで、**起業というのは素晴らしいことだよ**、ということです。人生の選択において、起業を最初に考えると、極めて自分も家族も幸せになる選択肢だと私は思っています。自分も、起業家とサラリーマンと両方やっていますけれど、生まれ変わったら最初から起業するだろうと思います。また、乃村さんがおっしゃったように、機嫌が悪そうだったり、難しそうな顔をしたり、何かに固執したりすることは一番やってはいけないことだと思います。つらいときも、いいときも、気分ではなくて好きだからこの事業をやっているのだという意図です。しかしそうはいっても、私は結果が重要だと思っています。にこにこ笑っているだけだったら、笑ってればいいだけですけれど、ある程度、迫力であるとか、これはこうなると思っているよと言って人を巻き込むためには、人の家族も、人の人生も変えていくので、僕は、結果責任というのがある程度、必要であると思っています。

それらを両立させる覚悟が必要です。起業は、いいオプションですけれど、**起業するからには、責任をしっかり果たすこと**が求められます。巻き込む仲間や家族には迷惑を掛けないことです。途中経過として迷惑を掛けるのはしょうがないですけど、もし迷惑を掛けてしまったら、その倍返しで恩返しをする覚悟がないと、起業することはできない。起業は楽しいですが、責任を伴うという二つの面がないと、起業することが何でもいいんだという論調は、僕は必ずしも、よくないと考えていますので、これからのアントレプレナーには覚悟を持って臨んできていただきたいと思っています。

幸田　今、最後に三人の方から、さまざまなコメントをいただきましたけれども、伊藤先生からも、全体のお話も踏まえながら、感想を含めてコメントいただければと思います。

伊藤　私からは、3点ほどお話ししたいと思います。一つ目は、失敗という、今、世の中でいうハードシングスがあっても、どうして皆さんは、**まだ起業家として生きようとされるのか、その選択をされていることが大事なこと**であると思います。私も大学でアントレプレナーシップ教育を推進する立場としては、その辺りを伝えていきたい。それと幽霊やお化けは怖いものという認識があると思いますが、それと失敗は同じなのかもしれません。学生からすれば、両方とも見たことがないわけですね。体験したことがないので、今回の阪根さん、乃村さん、小泉さんのように、失敗を率直にお話しいただくかたがたが増えていくことが、「スタートアップエコシステム」を繁栄させていく上で、重要なことではないかと思っております。

二つ目は、スタートアップだからやりやすいことは何だろうかということを、私は学生に伝えることがあります。既存企業にあってスタートアップにないものは何かみたいな、大喜利をやってもらうと、スタートアップに何があるかといえば、何にもないわけです。ただ、スタートアップでやりやすいことがあるとしたら、何を商売としてやるか、事業としてやるか、誰に何を売るかは、学術的には事業立地と呼ぶのですけれども、その**事業立地を選べるのと、誰と一緒に働くかというパートナー選びについては、スタートアップでやりやすい**ことが、スタートアップの魅力の根源にあるのではないかと、学生と議論しています。それによって、ウェルビーイングになりやすいので、私も含めて、世の中一般の人は信じがたいかもしれませんが、あんなにハードシングスがあっても起業家のほうが従業員よりもウェルビーイングが高いという分析結果もございます。その辺りも重要なことだと思います。

最後になりますが、右にならえ、というようなところの意味が、従業員と起業家では異なります。要するに、一人で、やりたいことをやりたいようにやり続けることは、実はしんどいことです。だから、大学で周囲にいる人びとに右にならえといった選択をして、既存企業に入社し、今度は社内で右にならえを続けていく選択をし続けてしまうということも多く起こっているのかもしれません。しかし、**「スタートアップエコシステム」のコミュニティの中で、右に自分の選んだテーマで長期間、試行錯誤をし続ける人たちがいて、その人たちのやっていることにならう**と、そのような意味での右にならえが当たり前になってくるとこれからの「スタートアップエコシステム」は、ますます盛り上がっていくのではないか、私自身も、その中に入ってやりたいと思っております。

幸田　伊藤先生、ありがとうございました。

小泉　少し付け加えていいですか。今、伊藤先生のお話聞いていて、学生さんにお話をされる機会が多いと思いますけれど、基本的に、好きなこととか、自分の夢を実現するために起業というオプションがあるのですが、経営者は、万能どころか欠点だらけの人間で、知識も能力も経験も、非常に限定的で偏っている人間だと思っています。しかし、起業の魅力は、他の経営仲間や従業員もそうですが、**他人の力を借りて、もしくは他人のお金を借りて、自分の夢を実現するためのレバレッジのレベル、すなわち自由度が高いです。だからこそ、人にお願いをして、感謝して、一緒に事業をやってくれる人を探す。**もしくは、一緒に事業をやってくれるアイデアに、お金を出してくれる人を探すことの繰り返しです。

熱量とか、誠実さとか、時々、イーロン・マスクやスティーブ・ジョブズもそうですが、奇人変人みたいなアスペクトがあってもいい、ただし、ぶれないでやっていく。他人の能力やお金や資本やリソースを無限大、使っていく、レバレッジを楽しめるというところを、アカデミズムの中でも強調していただけるといいです。いわゆる資本のレバレッジはよくいいますけれど、それも能力、リソースの全部です。だから経営者は面白いのではないかと思います。

幸田　確かに、レバレッジが薄くなったり、なくなったりしたことで日本が停滞しているというつながりは、あると思います。そういう意味では、チャレンジとかレバレッジということが、もっと増えないといけないのですが、そのときのセーフティーネット的ではないけれど、いろいろなことがまた循環できるような仕組みが、日本は弱いということだと思います。

小泉　大企業が投資をしていく時に、大体の投資先は赤字の企業になります。自分たちでスタートアップを行うにはお金も時間も十分にはないから、スピードがあると思って投資したけれど、翌年、減損が発生して社内で問題になることが、よく生じます。政府もスタートアップの育成を強力に支援しているなかで、資産償却と減損をどう位置付けていくか、未来の投資だと思って別枠で捉えてくださいというように開示するといった枠組みの在り方もあるのではないかとも思います。

幸田　未来の投資と、開示をどう位置づけていくか、この辺りも重要な視点だと思います。本日はお忙しい中、皆さん、ありがとうございました。

私なりに一言だけ申し上げると、私も大学で、「ベンチャーエコシステム」関係の教鞭を取っているのですけれども、どちらかというと、金融面や仕組みの側面からの全体像的な話が、どうしても多くなるわけです。今回の座談会のような起業家としての経験が、もう少し様々な形で共有されていくことが大事であるということを強く感じました。その意味では、本日のような皆様のお話しを、うまく発信していければと思います。皆さん、今日は、かなり機微に触れるところまでお話しいただきましたけれども、本当にありがとうございました。

座談会の補足の論点

座談会では、起業後の経営課題についての体験談をベースに議論が進められた。スタートアップの育成にあたってこれらの経験談は示唆に富むものである。その一方で、日本におけるユニコーン育成の難しさからも窺えるが、優れたシーズを急成長させる枠組みとしてファイナンスを如何に活用するかという論点もまた重要である。このような問題意識から、座談会終了後、スタートアップエコシステムにおける幾つかの課題を取り上げて、参加者のコメントを整理したい。

【論点①】スタートアップとVCの双方でエクイティストーリーの認識が違う（実際には市場が無いにも関わらず資金調達を行うなど）際の対応をどう考えるか

阪根　投資頂いたVCさんとは、同じ船に乗って同じ目標に向かって進んでいくパートナーとして付き合うのがベスト。良いニュースだけでなく、悪い状況も全てオープンにディスカッションをして共に改善策を練っていくことが大切だと思います。

乃村　私の経験からで言うと、このような状況は「ハイバリュエーショントレンド」「ロケット技術」「海外先行型ビジネス」で起きると考えています。この三つの状況下では、起業家、市場の有無、を無視した、いわば投資家のポートフォリオの観点（ジャンルカバー）や、LPからの要望も含め起きます。立ち上げ当初の起業家はホワイトライアー（白い嘘つき）[1]も多く、利害が一致し、起きますので、VCサイドが冷静さを欠かないようにする、

1　悪気なく本気で信じているが故の幻想からくる嘘

もしくはＶＣ定例会議のアジェンダの充実が鍵となると思われます。

【論点②】ＶＣ主導で実態から乖離した高値での評価（時価評価バブル）となることで、その後のスタートアップの経営やファイナンスに支障をきたす場合もあろうかと思います。これらの状況についてどう考えるか

阪根　どの業種業態でも時勢によって変化することはあり得ますし、ＶＣさんもその時勢に基づきプロフェッショナルな視点で判断されているので、このような状況が極力起こらないようにスタートアップとＶＣがコミュニケーションを密に取ることが大切だと思います。万が一起こったとしても、共に最善を尽くして粛々と乗り越えていくのみだと思います。

乃村　２０２０年のSaaSバブル崩壊のように、ＬＴＶやＡＲＲベースでの企業価値算定から、ＰＬ、ＢＳベースの企業価値算定にシフトした際、初期に行うハイバリュエーションでの調達は起業家の死を意味します。ダウンラウンドはよほどリードが強気で他のＶＣを巻き込まないと、参加したいＶＣは出てきません。回避策は①同様に冷静に、事業モデルを検証するしかありません。５年おきぐらいにスタートアップバブルは起きるので、この問題は消えないと思いますが、私が思う今後あるべきスタートアップの姿は、よほどのロケット技術でもない限り、「稼ぐ力」「営業力」が強い企業の価値が上がっていくと考えています。昭和のベンチャー企業は皆、チャレンジングではありましたが、稼ぐ力はありました。このように、スタートアップの評価は、本質回帰していくと思われます。

まとめ

参加者からのコメントに見られるように、スタートアップとVCが利害関係を一致させて、情報やノウハウの共有化を図ることは重要であるが、現実的には両者の利害関係は異なる場合も少なくない。このため、どのVCから資金を調達するか、そして投資家ニーズと本当に合わせることができるかというスタートアップサイドの目利きも重要となる。

VCは短期的なリターン確保のために、高いバリュエーションを狙って無理をすることも十分にあるため、長期的な投資目線をどれだけ共有できるか、そしてエグジット後の関係性をどのように保っていくかも議論を深めるべきであろう。日本においても世界に伍する巨大なVCの登場が期待されるとともに、VCだけでなくCVCなどによる大企業との連携が強まることで、日本の産業界主導で、スタートアップ育成が進むことも想定される。

Chronicle

フィンテック・スタートアップ戦記

マーサージャパン株式会社　代表取締役社長
草　鹿　泰　士

【著　者】

草鹿泰士
マーサージャパン株式会社
代表取締役社長

1991年日本興業銀行に入行、東京及びニューヨークにてコーポレートファイナンス業務に従事。1998年〜2000年、興銀より通商産業省（当時）に出向。その後、BNPパリバカーディフ損害保険 在日代表、EY税理士法人 チーフ・オペレーティング・オフィサー（COO）兼パートナーを 歴任。2016年フィンテック・スタートアップであるロボット投信の設立に参画し、代表取締役会長に就任、同社の事業戦略・資金調達を統括。

2020年9月1日付けでマーサージャパン 代表取締役社長に就任。2021年3月から10月まで北アジア地域（日本・韓国）の代表を兼務。

1991年慶應義塾大学経済学部卒、2002年ハーバード大学大学院ケネディスクール修士号

マーサージャパン株式会社

組織・人事、福利厚生・ウェルビーイング、年金・資産運用におけるサービスを提供するグローバル・コンサルティング・ファーム。マーサーは、ニューヨーク・シカゴ・ロンドン証券取引所に上場しているマーシュ・マクレナン（証券コード：MMC）グループの一員として、全世界約20,000名のスタッフが48ヵ国をベースに、130ヵ国でクライアント企業と共に多様な課題に取り組み、最適なソリューションを総合的に提供しています。日本においては45年にわたる豊富な実績とグローバルネットワークを活かし、あらゆる業種の企業・公共団体に対する支援を行っています。

1. はじめに

「一身にして三生」

「恰（あたか）も一身にして二生を経るが如く、一人にして両身あるが如し」―これは『文明論之概略』での福澤諭吉の言である。説明するまでもなく、福澤が66年の生涯の半分を封建制の江戸時代に、あとの半分を維新後の新しい明治の時代に生きた、ということを言っている。福澤は一度しかないはずの人生で、全く異なる二つの人生を生きたわけである。福澤とは比べるべくもない我が人生ではあるが、私自身は、自分自身のキャリアをいわば「一身にして三生を経るが如く」だと思っている。

自己紹介を兼ねて私のキャリアを簡単に述べると、「第一の人生」が大学を出て就職した日本興業銀行（興銀）時代。「第二の人生」が興銀を退職後に所謂外資系グローバル企業（GE、EY、BNPパリバグループ）に勤務したこと。そして「第三の人生」がフィンテック・スタートアップに参画したことである。昨今、第一と第二までを経験している人はそれなりに存在するが、その上で第三まで経験している人はまだ少ないのではないだろうか。

本稿は、私が2016年から2020年までの4年間、そのフィンテック・スタートアップに自ら出資もし、創業時から事業を作り上げたことの「体験記」であり、それが悪戦苦闘しつつも最高にエキサイティングな経験であったという意味では「戦記」である。結論から言えば、私は既に2020年7月に経営(代表取締役会長)から退き、外資系グローバル企業に経営者として戻っている。その意味で、私はもう内部の人間ではなく部外者であり、これは、外の立場から4年間に起こったことを振り返った「戦記」である。

「ヒト」はまだ足りない

何故、「もう終わったこと」について私が筆を執る気持ちになったのか？それは私が、「スタートアップこそが日本の未来である」と確信しており、そのためにはまだ足りていないものがある、と考えているからである。もちろん、スタートアップが重要であるとの認識は以前に比べれば昨今広く共有され、「スタートアップ4・0」などとも呼ばれるスタートアップブームが起こり、まさに日本の未来を今、形づくっているとも言える。スタートアップ、あるいは事業一般に必要な要素とされる「ヒト」「モノ(あるいはサービス)」「カネ」のうち、「カネ」の面だけ見ても、かつては起業と言えば親や親戚から少しずつ資金を集めて、などという時代であったのが、今やベンチャーキャピタル(VC)から金融機関あるいは事業会社まで、スタートアップへの資金の出し手は多様化し、ある意味で「カネ」

は余っており、スタートアップを育成する環境は好転しつつある。

しかし、「ヒト」という面ではどうだろうか？これについても、かつてに比べれば環境は大きく変わっているのは間違いない。「かつてベンチャー企業というのは、社会から〝あぶれた〟人たちがやるものだったんですよ」(DIAMOND online「〝本流〟の若者がベンチャーへ、ブームを引っ張る新世代起業家の実像」「KLab社外取締役コメント)という時代のあと、インターネットの普及とともに楽天、サイバーエージェント、DeNA、ライブドアなどが生まれ、その創業者達は決して「社会から〝あぶれた〟人たち」ではなかった。さらに、ITバブルの崩壊を経て、生き残ったスタートアップは現在ではもはや大企業となり、その次の世代、スマホなどに子供の頃から接してきたデジタル・ネイティブ世代で、リーマンショックや東日本大震災の後に出てきているのが現在の「第4世代」と呼ばれる起業家達である。今や東大や京大で一番優秀な学生は起業をする、とまで言われるくらい、起業家の裾野は広がりつつある。

起業家がいないとそもそもスタートアップは始まらないわけで、その傾向は結構なことであるが、スタートアップを事業として軌道に乗せ、スケールさせるためには、もっと多くの「ヒト」あるいは「チーム」が必要だ。その観点から考えた場合に、スタートアップに必要な「ヒト」は今、十分なのであろうか？私の認識は、ノー、だ。

例えば、フィンテック・スタートアップを考えた場合、事業を軌道に乗せるためには、資金調達、大手金融機関とのアライアンス、金融関連法制度や個人情報保護等のコンプライアンス、人事組織制度構築等々、非常に多岐にわたる。こうした分野において、起業家と二人三脚で大手金融機関や大企業などで経験を積んだプロフェッショナルが貢献できる余地は非常に大きく、昨今そうしたバックグランドの人たちが参画する事例は増えてきてはいるが、まだ圧倒的に数が少ない。

その原因は、スタートアップの実情、等身大のスタートアップが余り知られていないことが原因なのではないか、というのが私の問題意識で、であれば、自らの経験を少しでも世の中にシェアしたらどうだろう、というのが本稿執筆の動機である。

等身大のスタートアップ像を

例えば、皆さんは「スタートアップ」と聞いて何を思い浮かべるだろうか？「キツそう」「根性」「若い」「ちょっと危なっかしい」。あるいは、「ＩＰＯ」「ＩＴ長者」「バブル」等々。あるいは、スティーブ・ジョブズ、マーク・ザッカーバーグ、イーロン・マスク等のアイコン。人によって様々なイメージをスタートアップに対して持っているであろうが、そのイメージは、良い方と悪い方の両方に偏っていると思う。

かく言う私も、そうであった。自らスタートアップに参画するまで、スタートアップには殆ど関わりがなく、その程度のイメージしか、正直なところなかった。興銀時代に私が担当させていただいた企業は、本店及びニューヨーク支店在籍時は、総合商社・大手自動車メーカー及びティア1と呼ばれる大手部品メーカー・大手総合電機など「経団連銘柄」の会社ばかり。案件自体もエネルギー・情報通信などの分野での日本企業の海外での権益確保に関わる所謂ナショナル・プロジェクトも多く、日本の大手企業間での調整や霞ヶ関との調整が多かった。振り出しの支店在籍時も、当時の興銀の取引先は上場中堅企業が殆どで、興銀での仕事を通してスタートアップとの接点はほぼ皆無であった（このことは、本来の興銀に期待された役割、あるいは戦後に実際に興銀が担った役割から考えると非常に残念であると予て考えており、その点については後述）。また、興銀を退職後、GE、EY、BNPパリバの保険会社など所謂外資系グローバル企業に在籍したが、何れも顧客は大手金融機関であったり、事業戦略立案・実行が仕事の中心であったりで、そこにおいてスタートアップとの接点はなかった。

必然的に、スタートアップについて私も先述のような偏った見方をしていた訳だが、そのほとんどは、今では自分の中では全く異なる見解を持つに至っている。

例えば、スタートアップにいる人たちが「社会から〝あぶれた〟人たち」だったかというと、とんでもない話で、私の会社も創業期のメンバーは、20代後半から30代半ばの所謂ピカピカの経歴の人ばかり。むしろ私自身が、若くて本当に優秀な人材から多くの刺激を受け、彼らとの議論を通じ、非常に知的に楽しい経験をさせてもらった。

また、資金調達という意味でも、スタートアップを始める前と後では見方が全く違っている。もちろん、スタートアップにとって資金調達は常時頭から離れない課題であるのは間違いないが、一般的な調達環境ということで言えば、資金の出し手だけ見ても、ベンチャーキャピタル（VC）、コーポレートベンチャーキャピタル（CVC）、事業会社、銀行、保険会社、等々、かつては考えられないような様々な資金の出し手が存在する。

先に述べたように、私は既に当該スタートアップの経営からは退いており、いまだそのスタートアップの挑戦は現在進行形である。今の時点で上場など華々しい成功を収めた訳ではなく、その意味で、これは「成功したスタートアップ経営者の振り返り」ではない。また、私自身は創業直後、ほぼゼロの状態から参画はしているが、私自身が「起業家」であった訳ではない。しかし、むしろこれらの点こそが本稿の意義だと思っている。成功した起業家が成功したストーリーを語るのではなく、等身大のスタートアップのストーリーを退任した経営チームメンバーが語る、ということで、等身大の新たな視点を読者の皆さんに提供し、その結果、少しでもスタートアップにより多くの人材が流れることになれば、本当に嬉しいと思う。

注）本稿ではスタートアップという言葉をベンチャーと区別して使っている。有名なアクセラレータ Y Combinator の創設者 Paul Graham は、スタートアップについて、以下のように定義している。〝A startup is a company designed to grow fast. Being newly founded does not in itself make a company a startup. Nor is it necessary for a startup to work on technology, or take venture funding, or have some sort of 〝exit.〟 The only essential thing is growth. Everything else we associate with startups follows from growth.〟（http://www.paulgraham.com/start.html）つまり、成長、しかも素早い成長、短期間での成長をすることを志向している会社のことをスタートアップと定義している。本稿ではこの定義に基づき、単なるベンチャーあるいは中小企業ではなく、短期間での成長を目指す会社をスタートアップと呼んでいる。

2. 参画まで

世代で分かれるスタートアップとの距離感

当方のフィンテック・スタートアップ参画までの経緯をお話する前に、我が国においてスタートアップが一般的にどのような存在であるかということを、他の国々との比較においてまずは見てみよう。

国立研究開発法人新エネルギー・産業技術総合開発機構による「オープンイノベーション白書 第三版」（２０２０年５月）掲載の数字を紹介する。まずは開業率の国際比較だが、フランス13・2％、イギリス13・1％、アメリカ9・3％、ドイツ6・7％に対して、日本は5・6％（２０１７年、アメリカのみ２０１１年）。また、起業無関心者の割合は、アメリカ21・6％、ドイツ32・1％、フランス43・5％に対して日本は75・8％とダントツ（２０１７年）。

これらはいずれも自らが「起業」（開業）する人に関する数字で、かく言う私も自らが「起業家」であった訳ではないので、「そうは言ってもやはり起業することは相当ハードルが高いな」と納得する部分もある。

では、起業まで行かなくとも、スタートアップへの「参画」あるいは「転職」という切り口で見たとき、この数字はどう変わるであろうか？ 残念ながらそれに関する調査結果は見当たらないが、肌感覚で言えば、「参画」自体もまだやはり壁が大きいのではないだろうか。

日本独特の終身雇用制度に結び付けてこのことを説明することは、ある程度は可能だろう。しかし、金融の仕事をしている者にとって、転職自体は昨今余り珍しいことではない。邦銀から外資系の投資銀行に行ったり、外資系のコンサルティング・ファームに行ったり、あるいはまた事業会社に転職する例は、昨今では比較的よく耳にするのではないだろうか。しかしながら、スタートアップに飛び込む人間はいまだ少ないであろう。

ただし、この議論に、所謂一部の優秀な学生、若い世代という切り口を加えると、事情は異なってくる。「東大生の新常識「デキるやつほど起業する」」――これは日本経済新聞2020年7月5日の記事である。「卒業後は霞が関の官庁や大企業に行くのが王道と思いきや「優秀な人ほど起業する」のが今の東大の常識になっている。優秀な人材にとって「出るくい」を生かし切れない旧来型の大組織は魅力を失った。自ら会社を立ち上げ、社会課題の解決に真っ向勝負を挑んでいる」ということで、東大発スタートアップであるTDAI Labの福馬智生代表が大学院生時代に参加した大企業のインターンで「新入社員として他の人と同じラインで競うのは嫌だ」と思ったことが起業の出発点だったことが紹介されている。

実際、当該スタートアップにも、「京大の大学院在籍中に起業をし、またいずれ起業したい」という当時20代後半の優秀な若手がいた。創業初期に某一流コンサルティング・

ファームに勤めていた彼が入社したいと言ってくれて会った時に、「来てくれるのはもちろんすごく有難いのだけど、お父さんやお母さんはどう言っている?」と聞いてしまったことを覚えている。誠に恥ずかしい。とにかく、スタートアップ・コミュニティでは起業家であれ、将来起業するために現在スタートアップに参画している、飛び抜けて優秀な若い人たちで溢れている。

一方で、もう少し上の世代はどうであろうか。私が参画した時の年齢は、49歳である。外資系企業であれば、パートナーやマネージングディレクターとして会社をリードするポジションであったり、日本の銀行でも部長職に就いている年頃である。この世代は、一部の既に成功した起業家などがエンジェル投資家として関わるということはあるであろうが、ハンズオンで実際スタートアップで働く、となると数はかなり限られるのが実情であろう。

もちろん、変化はある。実際、私が参画した2016年当時は、いわば「フィンテック・ブーム」の萌芽時期であった。私を含めて、大きな組織である程度経験を積んだ人がフィンテックの世界に入る事例が幾つかあり、実際に私の参画は、「金融にIT(情報技術)を組み合わせたフィンテックの台頭で、社会が大きく変わろうとしている。次々と誕生するフィンテック企業で、豊富な実務経験を生かし参謀役として活躍する投資銀行出身者を追った」(2017年3月12日日経ヴェリタス)と紹介された。また、最近では特にゴールドマン・サックスからフィンテックの世界に入る人が多く、「世界有数の投資銀行であるゴールドマン・サックスが日本のフィンテック業界への人材供給源になっている」（日本経済新聞２０２０年５月11日）という記事もある。

ＥＹでの業務とスタートアップとの接点

私自身の参画の経緯は、ある意味、偶然ではあった。２０１６年に参画する前に、私は、所謂ビッグ４と呼ばれるグローバルな会計系プロフェッショナル・ファームであるＥＹに在籍していた。実はＥＹにはかつて一度在籍していたことがあり、当時は二度目のＥＹ勤務、所謂出戻り。フランスのＢＮＰパリバの保険会社であるＢＮＰパリバカーディフ損保の在日代表を務めた後、ＥＹのTax部門に復帰し、パートナー兼ＣＯＯ（チーフ・オペレーティング・オフィサー）を務めていた。私自身は別に会計士でも税理士でもない訳だが、Taxファームの日本における事業戦略、ＥＹのグローバル本部の戦略との調整や交渉、金融を始めとする重要日系クライアントのアカウント戦略をリードしていた。

当時既に、「ＡＩ」「ビッグデータ」「ブロックチェーン」「デジタル・ディスラプション」という言葉はバズワードになり始めており、「ビッグデータ・アナリティクスによりマーケティングはどう変わるのか？」、「ＡＩの活用でミドル・バックオフィス業務はどれくらい効率化できるのか？」等が大きなアジェンダとして生まれつつあった。企業やビジネス、社会における新しいトレンドに常に敏感なプロフェッショナル・ファームの人間として、そういった話題に触れる機会は多かった。また、ＥＹは様々なイベントやシンポジウムなどを主催することも多く、主催者側としてそれらに出席する機会も多く、そういった機会に、起業家の方々と話す機会もそれなりにはあった。

ただ、私自身、どちらかというと新しいものは好きな性格ではあるが、テクノロジーに造詣が深いかと言えば、とんでもない話で、まさに完全にテクノロジー音痴の部類である。しかも、上記の通り、スタートアップやベンチャーという世界にそれまで余り縁がなかったため、自らがそれを主体的にやる、というよりは、舞台の上のお芝居を観客として見ているような当事者意識の欠如は正直あったと思う。

そんな中で、一つの出会いがあった。あるヨーロッパ発の世界的に有名なスタートアップ・イベントをＥＹが協賛できないか、という話が私のところにあり、結果的にその話は実現はしなかったのであるが、その際に某ＶＣにいる若手スタッフと知り合いになった。話してみると彼は、実は、ＥＹから当該ＶＣに出向しているのだという。

ＥＹのみならずビッグ４は、特に監査法人部門が、スタートアップ企業の上場準備という側面でＶＣと業務上の接点があり、幅広い情報交換を日常業務に行っている。そうした中で彼もＶＣに出向していた。ＥＹのイベント協賛は実現しなかったが、会計士でありながらＶＣで生き生きと活躍している彼に接し非常に好感を持った私は、また別途情報交換でもしましょう、と話をし、実際、後日改めて会うことになった。改めて話をしてみると彼からは、テクノロジーの進歩もあり日本のスタートアップが今また大きなうねりを起こす可能性がある、しかし、起業家と伴走して事業を立ち上げ、戦略を立てる人が本当に少ない、また機会があればそういう会社を紹介したい、というような話であった。その当時の私はまだ他人事で「なるほどね。それはとても大事ですね。是非頑張ってください」という程度のおざなりな話をした記憶があるが、実際にそれから暫くして、彼と再び連絡をとることになるとは思ってもいなかった。

まるで他人事の出会い

プロフェッショナル・ファームのパートナーというのはそれなりに大変なポジションで、ファームにコミットした結果をきちんと出さなければいけないのはもちろんだが、さらに日本以外のグローバル・オフィスも巻き込んでの様々なポリティクス、所謂社内政治にも対処しなければならない。ここではその詳細は書かないが、当時の私の「パートナー兼COO」というポジションは、少なからずそういったことに好むと好まざるに関わらず（もちろん、好まない訳だが）巻き込まれることがあり、要は、私も2016年の夏前に退任をすることとなった。今となっては、結果としてそれが自分の人生で考えもしなかったスタートアップでのエキサイティングな経験に道を開いてくれた訳だから、人生というのは本当に分からない。今では本当に感謝している。

さてそれで身の振り方をどうするか、であるが、当時の私個人の財政事情は、一生働かなくて良いという程ではなかったが、さりとてとにかく来月から絶対に働かなければならないと、という程でもなかった。旧知のエグゼクティブ・サーチ・ファームの人と会ったり、幾つかその中から話もいただいてお会いしてみたり、という感じであったが、一応まがりなりにも、BNPパリバの保険会社、EYと二回、グローバルな会社の日本のトップマネジメント職の経験があり、もしまたそういう会社でチャンスを与えられたらやれるという自負がある一方で、何か全く新しいことをしたいな、という気持ちも微かにあった。その気持ちに、「これからテクノロジーにより全く新しいビジネスのやり方が生まれていくのでは」という、EYで感じていた漠としたものが混じり合って、「スタートアップ」という選択肢が少し頭に浮かんで来てはいた。そして、仮にスタートアップをやる場合には、もちろんビジネスとしてやるので儲かることをやらなければならない訳だが、何のためにその事業を興すのか、といった部分において、儲かるからやる、というだけではなく、社会や業界の歪みや課題が明らかに存在していて、それを解決することがその産業セクターを大きく成長させることに寄与する、あるいは国民生活の向上に資するから事業を興す、ということには拘っていきたいな、と思っていた。極めて青臭い新卒学生のような話だが、それがいわば興銀で私が「教育」された「ものの見方」であった。

さりとて、スタートアップに知り合いは特にいないし、全く知らないスタートアップにいきなり飛び込むのも「怖い」気がした。ましてや、自分が起業することなど全く考えもしなかった。その時に、既述のＶＣの若手のことを思い出し彼と連絡をとったところ「是非、スタートアップの世界に来てください。何人か紹介します」と言われた。

スーツかカジュアルなジーンズか、で服装を迷い、結局、ビジネスジャケットとパンツという服装で外苑前にあった約束のＶＣのオフィスに行くと、オフィスの雰囲気は非常にクリエイティブな勢いのある様子であった。そこで紹介されたのが、30代前半の「若者」、私が参画するスタートアップの創業者であった。

彼はジーンズにパーカー姿で、こちらが勝手に持っていた起業家のイメージとは異なり、極めてソフトな印象で、正直、やや頼りない感じもあった。

話を聞いてみると、「投資信託業界を変えたいんです」と言う。私自身は、銀行に身を置いてきたので、もちろん、投資信託がどういうものであるか、最低限は分かってはいたが、一方で、直接に投信業務や運用業務に従事した経験はなく、詳しくはよくわからない。「で、具体的に何を変えたいの？」と質問をしていった。要は、「投信業務に関わる運用会社と販売会社の双方において、日本では非常な業務非効率が存在している。特に、ミドルオフィスやバックオフィス業務の部分での非効率性が大きい。これをテクノロジーで変えたい！」というような話で、問題の所在はなんとなく分かった。

しかし、「で、それをどう変えていくの？そもそも会社は設立したの？」と聞いてみると、会社登記はとりあえず自分の僅かな自己資金でしたばかりであったようだが、まだ大きな資本金はなく、今複数のベンチャーキャピタルにシードマネーの出資を依頼しているところ、というような話であった。

「なるほど。それは大変だね。でも課題はすごく重要だし、やるべきだよ。ぜひ頑張ってね」といってその日は別れた。まだ完全に他人事であった。

直球勝負での参画要請

それから暫く、外資系企業でのポジションの話や介護医療分野でのスタートアップでの話があった。前者は「なんとなくまた同じような仕事をやるのかな」という気持ちで余り気乗りせず、また、後者は前述の私の判断軸である社会課題の解決、という意味ではぴったりであった。非常に興味を持ち何度も社長と面談もし、社長を補佐する役員で是非、という話であったが、やはり、介護医療というそれまで自分が全く縁のない世界でやれるのか、という気持ちがずっとあった。また、その会社はまがりなりにも既にＶＣが数社入っており、最低限の会社としての骨格は出来ている中でマネジメントに入って欲しいということで、その点も、「どうせやるならば白地の段階からやりたいな」とう気持ちも持っていた。

そうしたなか、前回面談から暫く経ったある日、Facebookのメッセンジャーで創業者から連絡があり、「実はいろいろ進捗があり、ご報告があります。是非改めてお食事などいかがですか」という話であった（余談だが、当時の私はFacebookのアカウントこそ持っていたが殆ど休眠ユーザー。まして仕事に関わるような話をメッセンジャーでするのかと、少しびっくりしたが、これ以降、Facebook、Slackなどメール以外のツールで日常連絡する生活の始まりとなる）。

さて、会食の誘いは、さほど忙しい日々でもなく二つ返事で応諾し、当日約束の店に行ってみると、最高級の店ではないが、何やら座敷の個室をとってあり、やや改まった感じのセッティングで、「何でこんな店にしたの？普通の居酒屋で良かったのに」などと話をした記憶がある。肝心の話を聞いてみると、「野村総合研究所（ＮＲＩ）が主催するハッカソンで優勝した」、「シードマネーとしてインキュベイト・ファンドからの出資が決まった」ということであり、そのインキュベイト・ファンドから若手アソシエイトも同席していた。

テクノロジー、スタートアップともに全く疎い私は、「ハッカソンって何だろう？」「インキュベイト・ファンドって何だろう？」と思いつつ、とにかくこれはおめでたいことなんだということは分かったので、「いやあ、すごいね。とにかくこれでスタートするんだね。おめでとう！」と言って乾杯をして、食事に箸をつけ始めた。

ハッカソンというのは、プログラミングの改良などを意味するハック（Hack）とマラソン（Marathon）を組み合わせた造語で、ＩＴエンジニアやデザイナーなどがチームを作り、ある与えられた課題に対し一定時間内にマラソンのようにアイデアを出してプログラミングを行い、それを競うもの、という説明を聞いた。それに対しひたすら相槌を打ち、インキュベイト・ファンドについてはその投資先などを聞いたりして、宴席はそろそろお開きという時間になっていた。

「とにかく良かったね。頑張って」と言って勘定を頼もうとしたところ、「実は今日はお願いがあって来ました。草鹿さん、当社に参画していただけないですか？」と腰が抜けるような話を切り出された。それまでそんな話はしたことがなかったし、上から目線で驚いたというよりも、彼らにしたって私のことを良く知らない中で私を入れることに大きなリスクもあるだろうし、という意味で、「冗談でしょう？ どういうこと？」と話をした。しかし、居住まいを正して真剣に言ってきているのは良く分かった。無碍に断るのも何なので「また改めて会いましょう。もう少し詳しい事業計画を聞かせて」ということで別れた。

「デューデリジェンス」？

「まあ、一応デュー・デリ（ＤＤ）はしようか」と思い、再度改めて事業計画を見せてもらったが、そこには「数字」が全くなかった。今からすれば当たり前なのだが、当時の私は、ＤＤと言えば、数字を見て、という観念でいたのだが、まだ売上など立っている訳もないし数字はなく、これで何をＤＤすれば良いのか、と途方に暮れた。ただ、事業コンセプトはしっかりしていて、それは先に述べた社会課題・業界の歪みの解決を目指す、というものにピタリと合致している気がした。運用業界に身を置いたことはなかったが、大きく言って、高齢化社会、ゼロ金利、年金不安という中で、今の我が国にとって競争力があるべき産業セクターの一つにいうまでもなく運用業界があると考えていた。それは、かつて戦後の鉄鋼、自動車、造船、エネルギー、そして半導体、というような時代時代で戦略的に重要な産業セクターと何ら変わらないのだと思った。その産業が、業界に残存する非効率性が理由で、欧米のコンペティターに対して競争力を持てず、国内市場が育っていない、ということは大きな問題であって、それをテクノロジーによって解決できるのであれば、それは意義のあることではないか、と次第に思うようになった。

しかしそれだけでは決断はできない。志やよし、しかし、それは一体ビジネスとして成立するのか、ということは良く分からなかった。私自身、運用業界の深くは知らなかったし、幾つかの仮説を立てて市場規模など考えては見たが、所詮は机上の空論、良く分からないというのが正直なところだった。

もう一つの軸は、このインキュベイト・ファンドというＶＣをどう評価するか、ということであったが、これもホームページで調べる限り情報は出てきたが、実際のところ良く分からなかった。ファンドについて私がこれまで多少なりとも知っていたのは、バイアウト・ファンドが中心であり、VCは、JAFCOなどの他、銀行や証券会社が子会社としてVCを持っているなということ以外は皆目良く分からなかった。

こういう時に有難いのは、先輩・同僚・後輩である。人生の節目節目でこうした方々に助けて貰うことは多く、この時も、興銀の後輩で、NYで興銀の戦略子会社でプライベート・エクイティ業務を経験し、その後退職し、自らバイアウト・ファンドを立ち上げていた後輩に相談した。東大のボート部出身の彼は、私が総合商社のカバレッジをやっていた際にプロジェクト・ファイナンスの部におり、商社の案件で何かと接点があった。その後、同じ時期にNYにいた後に退職した。各々進んだ分野は違うものの、折に触れ会う間柄であった。彼であれば、バイアウトとベンチャーで領域は違うけれど、自分よりは分かるだろう、と彼に相談すると、「いいですよ。ちょっと調べてみます」との有難い返事であった。

それから暫くして彼に会うと、「私も最後はよくわからないけれど、まあ面白いんじゃないですか?草鹿さんがやってみる価値はあると思います」とのことであった。本来であれば彼は、スプレッドシートを駆使して財務数字を詳細に分析するプロフェッショナルであるが、数字が全くない中で、このビジネスの可能性、インキュベイト・ファンドのトラックレコード、もし成功しない場合のリスク等々を、恐らく彼くらいのプロフェッショナルに仕事で頼むとすればそれなりの対価を支払わなければならないようなクリオリティ水準で、回答してくれた（それに対し、私は、確か池尻大橋の飲み屋で安い食事を奢っただけである。後輩とは有難い）。

彼の回答の中で、特にインキュベイト・ファンドについては高く評価しており、興味を持った。独立系のＶＣでは日本で随一の実績であった。銀行や証券会社の子会社ではなく、シリコンバレースタイルの個々のベンチャー・キャピタリストが投資判断するという独立系ＶＣの形を日本で確立した最初のファンドであるとのことだった。今までの実績では、初期の実績のサイボウズなどに始まり、最近ではGameWithやSansanなどに投資し、上場実績および有望先が多数とのことだった（２０１６年当時は有望先であったGameWithとSansanはその後、上場）。

また、インキュベイト・ファンドは「First Round, Lead Position」を標榜し、創業直後（場合によっては創業前）のいわゆるコンセプト段階のゼロから大きく資金提供を行い、事業戦略、資金調達、チーム作りまで徹底的に起業家に伴走し、ＩＰＯまで支援するとのことで、場合によっては、ＩＰＯ後も株式を保有し続けるとのことであった。

3. 参画へ

インキュベイト・ファンド村田氏との面談

投資信託業界に係る非効率性をテクノロジーで変革していく、という事業の大義には共鳴しつつも、「ビジネスとして果たして成り立つのか」ということに未だ確信が持てずにいた私は、興銀の後輩からの「やってみる価値はあるのではないですか」という一言から、次第に気持ちが傾きつつあった。こうしたなか、アドバイスをくれたその後輩が高く評価していたインキュベイト・ファンドの担当パートナーである村田祐介さんと、とにもかくにも会ってみる段取りとなった。

後から振り返れば、村田さんはスタートアップ界隈では誰もが知っているトップ・ベンチャー・キャピタリストで、2017年に雑誌フォーブス・ジャパンが発表した「最も影響力のあるベンチャー・キャピタリスト（日本版Midas List）」では第一位にも選ばれた「すごい人」である。しかしその時の私は全くそうしたことに無知で、「事業構想としてどういうことを考えているのか、まずは議論をしてみよう」というような気持ちでいた。

インキュベイト・ファンドのオフィスは赤坂アークヒルズにあり、一人で訪ねていくと、受付脇にオープン・スペースがあり、そこがコワーキングスペースのようになっていた。テーブル、イスが配置され、電源、Wi-Fiも備えてあるようで、複数あるテーブルで数名の若い人たちがMacのノートブックの画面を見ながら、事業計画を熱く語っている。壁はレンガのようになっており、いかにも「ガレージから新しいことを生み出す」というスタートアップの雰囲気に溢れていた。

何が良いか悪いかは別にして、人間には様々な「タイプ（類型）」というものがある。この時の状況における「タイプ」とは、「こういうオフィスを見てカッコいいと思うタイプ（アガるタイプ）」と、「なんだか雑然としていて嫌だなと思うタイプ（サガるタイプ）」の二つであろう。単純な私は明らかに前者の「タイプ」で、村田さんと会う前のこのコワーキングスペースで待っている段階で、もう既にすっかり「面白そう」という気持ちになってしまっていた。ただ、これは後から分かるのだが、これはあくまでもインキュベイト・ファンドのオフィスであり、彼らは投資先スタートアップでまだオフィスが固まっていない会社にこのスペースを開放している訳で、このようなカッコいい場所が自分の毎日の仕事場になる訳ではなかった。当たり前である。村田さんとは、私がそれまでに考えたこの事業の将来性や課題、対象とするクライアント・セグメントについての認識について意見を交換した。時にホワイト・ボードに幾つかマトリックスを描いたりして議論をし、村田さんは極めて冷静にその一つ一つについて答えてくれた。とてもクールな感じでありながらも、底流に物凄いパッションや熱いものを感じさせる人であった。それは、私がそれまでの仕事を通じて一緒に働いたバンカーやコンサルタント達ともまた違う何か凄いものを感じさせた。

そして、とにかく、判断と決断が早い感じであった。「即断即決」。これはその後4年間に亘ってほぼ毎週のように彼とミーティングをすることを通じても常に感じたことだが、結論は先延ばしにせずに、基本その場で決めていく。この時も、上記のような戦略についての議論をし、大方の論点を尽くした段階でもう、「で、草鹿さん、いつから参画していただけますか?」という話がズバッと出てきた。私としても、もうそのテンポの中で、「そうですね、10月くらいですかね」というような段取りに自然になっていた。

自らのエクイティ出資

その日のミーティングの前の段階から、一つだけ私が拘っていたことがある、それは、「やるからにはどっぷり浸かってやりたい」ということであった。ある程度他の世界でのビジネス経験がある人にとってのスタートアップへの関与の仕方には、例えば、「顧問」のような形があるだろう。大概は、ある業界で功なり名を遂げた人や、所謂「偉い人」がそれまでの役職を退任した後にいわば「信用力補完」や「ネットワーク面でのサポート」の意味で参画する訳だが、私は、そういう立ち位置での役割をこの年齢（当時49歳）でやりたいとも思わなかった。

〝unlearning（アンラーニング）〟という言葉がある。今まで経験したこと、蓄積を一旦清算して、新しいことを学ぶ、という意味だが、いわば、そういうようなことをやってみたい、と漠然と考えていた。学者の世界では、〝sabbatical（サバティカル）〟休暇というものがある。経験を積んだ学者がある時点で1年間程度、在外（海外）研究などに出て、従来の研究活動から一旦離れ、自由に物事を考えるという休暇で、それによって本来の研究に新たな視座を得る、というものである。また、学者の世界ではないが、私がハーバードに留学していた際に、新聞記者などジャーナリズムの世界の人が、「ニーマン・フェロー」という形で、1年間、取材現場から離れて知的充電に来ていて羨ましく思ったものだが、これもいわばサバティカルであろう。ビジネスの世界でもそういうのがあれば良いのに、と予て考えていた。

もちろん、スタートアップという厳しいビジネスの世界に飛び込む訳で、そんな優雅な、悠長な気持ちでいた訳ではない。そういう気持ちではなく、どうせやるならばどっぷり浸かって「フルコミット」でやり、その上で、これまでの自分の20年以上の大手金融機関、グローバル・コンサルティング・ファームでの蓄積を一度、〝unlearning〟して、より多くの経験や視座を得たかった。

そして、それを実現するために自分なりに考えた仕掛けが、自分自身もこの会社にエク

図表2-1　スタートアップへの関与の仕方の類型

		日々の現場への関与	
		ある	ない
出資	する	①	③
	しない	②	④

出所　筆者作成

イティを出す、つまり、出資する、ということであった。図表2－1は、「出資」と「その会社の日々の現場への関与」という観点から、スタートアップ企業にどういう関わり方があり得るのか、ということを整理した表である。

④は、例えば、前述の「顧問」のような立ち位置がそうであろう。関与はしているが、日々の現場には関与はしていない。まして出資もしていない（出資されている場合もあるであろうが）。

③は、例えば、所謂「エンジェル投資家」という立ち位置はここに該当するであろう。あるいは、多くのベンチャーキャピタル、特に金融機関子会社のベンチャーキャピタルなどはこういった関与の仕方が多いように思う（例外はあるだろうが）。

一方で、②は、スタートアップの企業に従業員としてあるいはフルタイムの役員として参画する、という人はこの立ち位置である。まさに当該企業のメンバーとして日々のビジネスを動かし、立ち上げていく関与の仕方である。ただ、殆どの人の場合、出資はしていない。もちろん、ストックオプション（ＳＯ）が付与されることも多いであろう。皆が同じ方向に頑張っていくためにＳＯは有効であるし、頑張ってくれるメンバーに対して意味のある仕掛けだと思う。しかし、ＳＯはあくまでもSOであり、出資、あるいは「生株（なまかぶ）」とは違う。

その意味で、私は、①の立ち位置でやってみたかった。自分も出資し、退路を断って、自分もリスクをとってやる。自分の今まで培ったマネジメント力、営業力、分析力、プレゼン力、資料作成力、ネットワーク、これら全てを注ぎ込んで、どこまで出来るのか勝負してみたかった。そういう意味で①の立ち位置、即ち、出資もしてフルタイムでコミットして参画する、ということに拘った訳である。

自らが起業する、あるいは創業者の友人で共同創業者になる、というようなケースで、出資かつ参画、というケースはあるであろう。しかし、そうではないケース、つまり私のようなケースではどうであろうか。スタートアップ企業のバリュエーション（企業価値）というものも、昨今、少し軌道に乗れば比較的すぐに跳ね上がるもので、「これは可能性がありそうだ」などと誰もが分かるような段階ではすごい出資金額が必要な場合も多い。

私が参画した会社は、当時、インキュベイト・ファンドが所謂シードマネーを出したものの、事業自体はまだ何も「カタチ」になっていない段階であり、私の出資申し出も特に問題はなく受け入れられ、個人としてはそれなりの額ではあるが、私個人も出資する運びとなった。（ちなみに、インキュベイト・ファンドの立ち位置というのは、VCであるので出資はするのは当たり前だが、大宗のVCの③の立ち位置とは違い、完全に①である。少なくとも立ち上げ時においては、いわば完全に「共同事業立ち上げパートナー」として徹底的にやる。稀有な存在である。）

4. オフィス開設

茅場町でのオフィス開き

こうして2016年10月1日から参画することになったが、この時点で、会社はまだ自前のオフィスというものはなく、ちょうど私が参画する日が自前のオフィスの引き渡しの日であった。従って、「初出勤」の日の最大の仕事は引越作業であった。と言っても、それまでがアークヒルズでの「ヤドカリ」生活であり、どこか別の場所から引っ越す訳ではないので、オフィス家具も何もない状態であった。朝、創業者と一緒に鍵を明けて、茅場町にある小さなビルの20坪のオフィスに入った際には、文字通り、小さなオフィスにはまだ何もない、「がらんどう」であった。

「ちょっとメール打たないと。あれ？あれ？通じないな。あ、そうか、そもそもWi-Fi契約しないといけないね」

「あと、椅子と机は週末にイケアに行って適当なものを買っておきますね」

「取り敢えず、最低限必要な文房具はコンビニで買っておくよ」と、まあこんな感じであった。

文字通り、ゼロからのスタートである。ただ、不安な気持ちとは真逆で、妙にワクワクした気持ちになったのをよく覚えている。机も椅子もパソコンも、何もない。あるのはプランだけである（実際にはきちんとした事業計画すらもまだなかったが）。やってやるぜ、という気持ちであった。

ヒューレット・パッカード、マイクロソフト、アップル、グーグル、アマゾンは何れも最初はガレージでプロトタイプを作り、そこから巨大企業になった、という所謂「ガレージ神話」がある。我々の場合は、ガレージではなく「立ち食い蕎麦屋」の上がオフィスであった。シリコンバレーとカヤバレー（フィンテック・スタートアップが集積する茅場町を後にこんな名前で呼ぶメディアもあった）の違い、といったところだが、ここはただの立ち食い蕎麦屋ではなく、こだわりの十割蕎麦を出す界隈でも評判の名店であった。朝の仕込み時間には出汁の鰹節のなんともいい匂いがプーんと階上の我々のオフィスにも漂ってくる。ガレージにピザ、ではなく、雑居ビルに蕎麦、で戦ってやろう、と粋がっていた。

オフィスの住居表示は茅場町（正しくは日本橋茅場町）であるが、道一本隔てればそこは兜町（同じく、日本橋兜町）。言わずと知れた株の街である。東京証券取引所（東証）は目と鼻の先、50ｍほどの距離にあり、まさに「運用業界に革新を起こす」という我々の挑戦にはまたとない立地であった。

オフィスのビルのすぐ横は、神社であった。昔からこの界隈の証券マンが相場で儲けた日にも、負けた日にもお参りをするという、この界隈のまさに守り神であり、これも縁起がいいなと思った。

東京国際金融都市構想とフィンテック企業の誘致

しかし、我々がオフィスとしてこの立地を選んだ、より大きな理由は別にあった。ちょうどその頃、東京都が「東京国際金融都市構想」というものを打ち出しており、金融庁、東証、日本証券業協会（日証協）、証券会社、運用会社を巻き込んで、新しい政策を展開しようとしていた。背景には、ロンドンやニューヨーク、さらにはアジアの中でもシンガポールや香港、上海に比して国際金融市場としての地位が劣後しつつある東京市場の失地回復、という危機感があった。

東京を国際金融センターに、という構想自体は「古くて新しい」テーマで、橋本龍太郎政権時の金融ビッグバン以来、何度か浮かんでは消えを繰り返していた。政権が変わるたびに自然消滅したり、一番の肝となる「税制」の部分での踏み込んだ措置を取ることが出来なかったり、の繰り返しであった。しかし今回は、地盤沈下する国際金融センターとしての危機感に加えて、兜町という街の危機感、つまり、かつては大手証券会社や中小地場証券会社が集積し、株の街として活気のあった兜町が、バブルの崩壊、長引く不況、個人投資家の株離れ等ですっかり元気がなくなっていたことも背景にあったように思う。

こうしたことから、国際金融都市構想は、インフラとしての街づくり、という意味合いもかなりあり、「兜町の大家」として東証はじめ一帯の土地・ビルの多くを所有する平和不動産も巻き込んで、かなり気合の入った取り組みとなっていた。

国際金融都市構想の具体的な施策には、日本の豊富な個人金融資産を日本やアジアの成長に資金供給していくことや、金融関係の人材を集積させることなどがあったが、それらと並び、従来の試みとは明らかに違うものが含まれていた。それが、「資産運用業とフィンテック企業の発展」、であった。これはいわば、兜町を「証券会社の街」から「運用会社とフィンテック企業の街」にモデルチェンジしよう、というものであり、その実現への道筋は、大きなチャレンジであった。

運用会社の誘致もさることながら、特にフィンテック企業については、兜町・茅場町がどうしても「エスタブリッシュされた金融・証券の街」というイメージが強いなか、これから事業を立ち上げるスタートアップ、フィンテック企業をどうやって街に呼び込むか、ということは大きな課題であった。

こうしたことから、東京都と平和不動産、さらに、後に一般社団法人となる東京国際金融機構（FinCity. Tokyo）は、海外の事例も良く研究し、「新しい若い血」を街に呼び込むための「仕掛け」を考えていた。

その参考モデルの一つとして、ロンドン東部カナリー・ワーフにある「レベル39」があった。カナリー・ワーフは既に過去20年、シティに次ぐロンドンの新しい金融街として機能してきたが、2012年頃からさらに、この街に「テック企業、フィンテック企業を誘致する」という明確な戦略を掲げ、不動産デベロッパーのカナリー・ワーフ・グループが中心となり「レベル39」などのインキュベーション・スペースを設け、様々なテック企業、フィンテック企業がオフィスを構えるようになった。

平和不動産もまさに同じことを兜町・茅場町でやろうとしており、旧来のテナントである証券会社が廃業して退去などした所有オフィス物件を、順次、スタートアップ企業のためのコワーキングスペースや、インキュベート・オフィスに衣替えし建て替えが決まっている老朽物件を期間限定でフィンテック企業向けに廉価で賃貸する、ということをやっていた。単なるテナント誘致ではなく、スタートアップの「コミュニティ」「エコシステム」を兜町・茅場町に作り出す、という腰を据えた施策を打って出ていた。お堅い証券会館の一階を洒落た感じのカフェとコワーキングスペース兼イベントスペースに改装したのはまさにその象徴であった。

スタートアップ企業にとってのオフィス立地

我々の会社が茅場町にオフィスを構えたのも、まさにその文脈、その恩恵があったからである。平和不動産の役員、担当の方には本当にお世話になった。

言うまでもなく、まだ売上が立っていないスタートアップ企業にとっては、固定費は極力切り詰めなければならない。なかでも、家賃は金額の大きい支出項目として最も頭を悩ませるところである。平和不動産が我々に提供してくれたオフィスは3年後に建て替えが決まっており、所謂「定期借家賃貸」物件で、賃料も格安であった。我々にとってこの安さは何といっても魅力であった。

２０１９年2月に国土交通省中部地方整備局が、日本全国のベンチャー企業２０００社に対して、望ましいオフィス立地や環境についてのアンケート調査結果を発表している。これを見ても、やはり「賃料が安い」ということが、オフィスの決め手の大きさ要素となっていることが分かる。

ただし、スタートアップ企業がオフィスを決めるにあたっては、賃料の安さはもちろん最重要ではあるが、それだけではないと思う。上記調査でも一部見てとれるが、その他の要素も大きい。

例えば、細かいことだが、全員が同フロアでオフィスの間取りを確保することが必要で

図表2-2：ベンチャー企業が現在の地域にオフィスを構えている理由

順位	理由	%
1	起業時に住んでいた家に近い	35.9
1	顧客・取引先に近い	35.9
3	オフィス賃料が安い（スペースが確保できる）	27.6
4	住環境が良い	18.0
5	立地のステータス性がある	16.6
6	国内他地域へのアクセスが容易	13.8
7	他社とのコラボレーション（事業パートナー発掘）が容易	8.3
7	物流が便利	8.3
9	経営面での支援が得られやすい	6.9
10	自治体などの支援が手厚い	5.1

注：複数回答

出所：2019年2月 国土交通省中部地方整備局 中部の地域づくり委員会「ベンチャー企業の立地環境等に関するアンケート調査結果」（2019年2月）

ある。オフィスが二つの階を跨いでいると、社内のコミュニケーションが絶対に悪くなる。大企業であれば、「A部とB部は連携悪いよね」という程度で済むかもしれないが、スタートアップにとってこれは絶対に無視できない問題である。特に、営業・管理系とエンジニア系のチームがあるような場合、エンジニアが他チームとコミュニケーションを取らなくなって会社に重大な影響を及ぼすなど、実際にそういう事例は枚挙に暇がないと聞く。

また、日当たりも重要である。やはり人間であり、特に根を詰めて長時間作業することも多いスタートアップの場合、暗くて日が差さないオフィスは、やはり良くない。これも、社内が暗くなり、ひいては士気が下がり、会社が傾く、というようなことにもなりかねないと聞く。

さらには、上記調査にも出ていて、当たり前だが、立地も大切である。主要な客先へ往訪するのに時間がすごくかかるような立地だと、時間的にも、経費的にも非効率であろう。我々の場合、主要なターゲット顧客は、運用会社、証券会社、銀行であったので、殆どが、丸の内・大手町・日本橋界隈にあり、茅場町はまたとない立地であった。大手町・丸の内にオフィスを構えるとなるととても高いが、茅場町は格段に安く、しかも東西線で僅か二駅、天気の良い日は歩いても行ける距離で、素晴らしい場所であった。

最後に、これも当たり前だが、ビルの管理がしっかりしていることも必須である。防犯・安全面はもちろんだが、例えば、土日はビルに立ち入り出来ない、というのでは、忙しいスタートアップには不便が多い。また、ビルの清掃などの衛生面・清潔さもとても大事である。スタートアップだからこそ、従業員のエンゲージメントはとても大事であり、最低限それ応えるものでなければならない。

これら全ての面で、平和不動産が提供してくれたこのオフィスは最高であった。部屋は1フロアだが、前の入居者が間仕切りをして、小さな部屋二つに分かれている。従って、我々のエンジニア（プログラマー）が集中してコード作業を行うために、独立した一部屋を確保することが出来た。残りの一部屋が営業・管理など残る社員全員が普段いて、ミーティングなどを行う部屋となった。

その後、創業2年でこのオフィスは手狭になり、同じ茅場町の別のオフィスを平和不動産に紹介いただき引越すことになったが、今でも創業当初のあのオフィスを思い出すと、なんとも懐かしい気持ちとなる。

5. 創業期の仲間たち

創業メンバー

私がスタートアップ在籍中に何度も繰り返し読んだ本に、ベン・ホロウィッツによる『HARD THINGS』(２０１５年、日経ＢＰ社)がある。シリコンバレーを代表するベンチャーキャピタル、Andreessen Horowitz(アンドリーセン・ホロウィッツ)の共同創業者。また、FacebookやTwitterをはじめとするテクノロジー企業への投資で巨額のリターンを得たレジェンド・ベンチャー・キャピタリストであり、この本はスタートアップ界隈の人ならば、誰もが読んでいるであろう名著である。

何が名著かと言えば、文字通り、スタートアップが次から次に直面するあらゆる「HARD THINGS(困難)」について自らの経験に基づいて語り、スタートアップにいる人たちに勇気を与えてくれるからである。日本語版の副題には、「答えがない難問と困難にきみはどう立ち向かうか」とある。

その本の中で、彼のかつてネットスケープ社時代の上司でありCEOであったジム・バークスデールの言葉として、こういう言葉が紹介されている─「われわれは、人、製品、利益を大切にする。この順番に」。そして、ホロウィッツ自身の言葉として、『人を大切にする』ことは、三つの中でも頭抜けて難しいが、それができなければあとの二つは意味を持たない」と言っている。

私も、「人」はスタートアップの全てである、とつくづく思う。「無」から付加価値を生み出してくことをトライしているのであるから、それは「誰か」がやらなければならない。その「誰か」が一番大事なわけである。

私が参画した時点で、何人がこの会社にいたか、と聞かれたら、ちょっと答えを考えてしまう。と言うのも、創業者と私以外に、エンジニア（プログラマー）側で一人、営業側で二人がいたのだが、実際には、雇用契約もきちんと締結していない状態であり、法的、契約的にはまだ社員ではない状態だった。ただ、実態としては、彼らは紛れもない創業メンバーであった（当方参画後すぐに、雇用契約書は交わすこととなった）。

エンジニアのリーダー、のちにCTO（Chief Technology Officer）となるメンバーは、創業者が起業準備中に知り合った知る人ぞ知る、優秀なプログラマーであった。つまり、我々の会社は、テクノロジーを使うことによって、運用業界の非効率なバンクオフィス、ミドルオフィスを効率化しようとしていた訳だが、それは、より具体的に言えば、その非効率を改善する何らかの「仕組み」あるいは「アプリケーション」をつくり、それを顧客に提供することで収益を得ようというものであった。従って、そのアプリケーションをつくるエンジニア、あるいはこれもより具体的に言えば、コードを書くプログラマーが必要であり、優秀なプログラマーをメンバーに抱えられるか、が極めて大事であった。

恥ずかしながら、それまで私は、エンジニア、プログラマーという人達と一緒に仕事をした経験がなかった。今思うと、典型的なアンコンシャス・バイアスであった訳で不明を恥じるが、何となく、おとなしそうで、話しづらそうな人達、というイメージを勝手に持っていた（繰り返し、すみません）。

しかし、実際に会ったCTOは、いつも何かしらジョークを言っている（しかもシニカルなジョークやブラック・ジョーク）。テクノロジーのことはもちろんのこと、歴史や政治、哲学のことまで博識で、頭の回転が速く、話していても楽しく、素晴らしい仲間だった。

創業者とこのCTOは、上記の通り、創業者の起業準備中に知り合った、とのことで、このことは、私にとって少し驚きではあった。

「二人は古い知り合いだったの？」と私が創業者に聞くと、

「いえ、全然古くないです。1年位前にハッカソンで知り合って、そのあと話している間に面白そうだね、ということになって参画してくれることになりました」

という感じで、友人知人と言えば、「中高時代や大学時代」、「興銀時代」、「EY」など、学校や職場での時間を共有した、比較的閉じたネットワークでの濃い人間関係が構築されていた私にとっては、「それで起業した会社の創業メンバーに入れるんだ」と、率直に驚いた。

営業サイドの二人のうち一人は、大手証券の総合研究所で投信のシステム開発を手がけたことがある人で、これも大変優秀、かつ、我々が手がけるビジネスにとって知恵袋のような人であった。コードも書く能力がある上、営業面で大企業の意思決定や、業界の構造など知り尽くしており、大変心強かった。しかし、この彼はこのあとすぐの「雇用契約」を締結する段階で、「やはり、色々考えて、ここから先は一緒にやれません。今まではお手伝いで、ということでやってきましたが、社員にはなれません」となった。何度も説得はしたが、意思は固く、正式参画はしないことになった。大変残念だった。

残る営業の一人は、創業者の大学時代のゼミの先輩という人で、誠実な良い人であった。営業だけでなく、創業期には、部署もないなかで誰かがやらなければならない諸々のこと、例えば、オフィスの椅子や机の組み立てや、掃除などあらゆることを気持ちよく率先してやってくれ、今でもその献身には本当に感謝している。オフィスの部屋にちょっとした隙間があり、そこを塞がなければならない際に、彼のご兄弟がボランテイアで作業してくれたのも懐かしい思い出である。

そして、彼らに加えて、私が参画する時の説得交渉から関与しているインキュベイト・

ファンドの若手アソシエイトが、もう完全に会社の一メンバーとして、立ち上げ期の事業計画・資金計画周りのところを手伝ってくれた。ここがインキュベイト・ファンドの素晴らしいところで、一緒になって事業をつくるパートナーになってくれる。

彼は某有名ベンチャーで企画や社長室などで様々な戦略案件などを手掛けたのち、非常に狭き門であるインキュベイト・ファンドのアソシエイト職に就いていた。アソシエイトは、パートナーに原則一人付いて、いわば「徒弟」のように当該パートナーの投資先企業の全てをサポートする。

彼は大学では野球部で主将をやっていたナイスガイで、明晰な頭脳とともに、とにかく熱いハートとパッションを持った、素晴らしい男であった。

エンジニア（プログラマー）のメンバー拡充

こうしたメンバーで取り敢えず、我々は「船出」した訳だが、上記の通り営業サイドの一人がやはり正式には参画できない、ということになったこともあり、もう少しメンバーは加えたい、という話になった。幸い、我々には、インキュベイト・ファンドから得たシードマネーがあったので、慎重かつ選別的にではあったが、戦略的にそれを使うことは可能であった。

エンジニア側の採用は、私は全くネットワークもないし、目利きも出来ないので、創業者とCTOに任せた。ほどなく、大手情報処理システム会社で長年デベロッパーをしていたベテランと、まだ20代後半であったが大学院在学中に起業もし、その後、大手外資系コンサルティング・ファームに在籍していたメンバーが入社してくれることとなった（この彼が前述した、私が「弊社に入るのにお父さんはどう言っている？」と無粋なことを聞いた彼である）。どちらも、願ってもない人材で、当時も今も優秀なエンジニア、プログラマーは引く手数多で、なかなか採用できないスタートアップが多い中、我々はこの点では恵まれていた。

これは、私がスタートアップでの経験で学んだことのうち、最も大切なものの一つだと思っているが、エンジニア、プログラマーという人びとは、非常に誇り高い人々で、その仕事やプロジェクトが「面白いこと」「意義のあること」であることに最も価値を置く人々だと思う。営業や管理部門などの人々でももちろん、そういう要素もあるだろうが、「ポジション」「タイトル」さらには「報酬」といったものもかなり左右する場合も多いだろう。

しかしエンジニアの人々は、トップ・エンジニアと呼ばれる人ほど、「面白いこと」「意義のあること」「先端の取り組みであること」に参画することに純粋に重きを置くように思う。カネやタイトルではないのである。

そして、彼らは、そこに誰がいるか、で判断する要素も大きいと思う。我々の場合、

CTOがエンジニア、プログラマーのコミュニティで尊敬を集めるトップ・プログラマーであり、同じく知る人ぞ知る上記のベテラン・エンジニアとは、実際に会ったことは殆どないようだったそうだが、コミュニティ上でお互い認め合う存在であった。「あの人が参加しているんだから面白いプロジェクトなんだろう」という要素が非常に大きい。

ビジネス側、管理部門側も採用

エンジニアの採用は完全に創業者とCTOに任せたわけだが、営業・商品開発・管理部門側の採用は、私自身かなり力が入った。実際には、営業・商品開発・管理部門、などという「部門」が当時あった訳ではなく、要は、エンジニア以外のビジネス側で何でもマルチに出来て、パワフルに事業を立ち上げてくれる人、という漠としたスペックであったわけだが、結果、これも幸運なことに優秀な二人の人材が加入してくれた。

一人はもともとは人材会社からの紹介があり、最初に会ったのは、私が参画したまさに初日であった。しかしこちらもバタバタしておりその日は履歴書もよく見ずの顔合わせ程度であった。終了後に、改めて履歴書をよく読むと、何と興銀の後輩であり、公認会計士の資格も持っており、ビッグ4と呼ばれる大手監査法人に在籍していた。さらには金融庁にも勤務経験あり、と書いてあり、これはもう全力で採るしかない、と何度も会って説得した。

彼は東大ラクビー部の出身で、ラガーマンらしい硬骨漢、熱血漢であったが、同時に、物事の細かいところを良く洞察する繊細さも持ち併せており、大雑把な私を良く補完してくれるのではないかと思った。また、元々は理系であり、テクノロジーに対する興味や関心を強く持っていたことも、フィット感として良かった。

最初から茅場町の立ち食い蕎麦屋の匂いの漂うところではどうかと思い、帝国ホテルのラウンジで何度もコーヒーを飲み、説得した（やや詐欺？かと思ったが、最終的にはもちろん、オフィスを見せているので、詐欺にはならないであろう）。

本人はかなり最初の段階から前向きであったが、ご家族の説得がなかなか大変なようで、それも全く理解できた。自分の夫が大手監査法人で、安定した、前途洋々たる仕事に就いているというのに、なんで聞いたこともない、出来たばかりのベンチャーに転職する、というのか？普通に考えれば、ご家族の反対は、全く尤もである。

創業期のスタートアップの経営者の仕事というのは、つくづく、選挙の新人候補者のようなものだ、と思う。つまり、何も実績がない。語れるのは夢と抱負だけである。「これをやります！」と訴える。訴えられた有権者、あるいは、スタートアップの場合は入社を持ちかけられた人は、ひたすら「こいつが言っていることはどこまで信用できるか？」と値踏みする。

私の場合も、事業計画などまだないので、ひたすら「我が国の運用業界はここがおかしい。これは我が国にとって大きな問題であり、変えるべきだよね?それを一緒にやろう」と、青臭いことを言い、ひたすらスクラムで少しづつ押していった。最初はびくともしなかったが、徐々に動いていき、最後あとわずかでトライというところで、ご家族の反対があった。

「分かった。奥様に私からきちんと説明するので機会をつくって欲しい」

と最後は彼に言った。私としてはどう彼の奥様に話そうか、と頭を巡らせていたが、暫くし次回会った際に、彼がどう説得してくれたかは分からないが、

「もう決めました。入ります」

とすんなり話してくれた。本当に嬉しかった。

同時並行で、もう一人の採用にも動いていた。彼は、私が、BNPパリパの損保会社の社長をしていた際の若手社員である。東大の数学科出身で、アクチュアリー。その後、コンサルティング・ファームで、データ分析なども駆使しながら、戦略コンサルティングに従事するなどしていたが、直近はまた再保険会社にいた。保険の世界ではアクチュアリーであるが、運用の世界ではそれはクオンツの素養があるということであり、またデータ分析の世界では、データ・サイエンティストの素養がある、ということで、絶対に口説き落としたかった。

折に触れ会ったりする間柄で、まだ参画前に「こういう会社に参画するかもしれない」

と言った際、「フィンテックに非常に興味がある。また進捗があれば教えて欲しい」と言われていた。

彼とも何度もランチなどをして説得した。彼も現在は安定した仕事に就き、しかも相応の報酬を貰っているなか、海のものとも山のものともつかない会社に、大幅な報酬ダウンで参画するのは、当人にとっても、またご家族にとっても相当なリスクであったと思う。

彼に対する最後の決めの言葉は、たしか、

「コモディティの仕事（ありきたりの仕事）なんかしても仕方ないじゃないか」

「今だったらこの会社のスタメン（スターティング・メンバー）でいわば試合開始前の集合写真に入れる」

「スタートアップは最高に知的な仕事。正解のないことを最高の頭脳のメンバーで議論してつくっていこう」

というようなものだったと記憶している。

今書いていてやや恥ずかしい気がするが、その時は大真面目で、真剣にそう思っていたし、実際、その後もそういう気概で行動していた。まさに、選挙演説である。

しかし、このやり取りこそが、スタートアップの採用の場合の、大事な、欠くべからざるプロセスなんだと思う。彼らはこの青臭さや、理念に共鳴してくれた訳で、これを白々しい、と思った人は当然入らないし、それこそ、その後起こりうる数多の「HARD

THINGS」に耐えられる仲間にはなり得ない。兎にも角にも、彼もまた「入ります」と言ってくれた。

もう一人、EYの時にチームにいたメンバーも加わってくれることになり、どうにかこれで会社の「スタメン」が揃った。2017年の春のことで、いよいよこのメンバーで、当時、金融機関系のアクセラレータープログラム（スタートアップ育成プログラム）で最難関とも言われていた、MUFGデジタル・アクセラレータに臨んで行くことになる。

6. アクセラレータープログラムへの参画

アクセラレーターとは？


私のような一昔前の世代にとっては「スター誕生」。最近の若い人たちにとっては漫才の「M－1グランプリ」であろうか。

冒頭から何の話かといえば、スタートアップ企業にとっての「アクセラレータープログラム」が意味することの喩えである。つまりそれは「登竜門」、あるいは飛躍のための「チケット」である（もちろん、そういった登竜門でグランプリを獲得したアイドルや芸人が実際に売れて、しかも長続きするかどうかは全く別問題であり、そこはスタートアップの世界も同様で、分野を問わず何処も同じではあるが）。

アクセラレーター（accelerator）は言うまでもなく英語のaccelerate（加速化する）から来ている。そもそもは、２００５年に米国シリコンバレーのY-Combinatcrが始めたスタートアップ養成プログラムが最初と言われているようである。Y-Combinatorは、Dropbox、Airbnb、Stripe、Coinbaseなど革新的なユニコーン企業を多く輩出しているが、それは創業間もないあるいは創業前の企業や起業家を対象とした「シードアクセラレータープログラム」である。同様のものは、日本にも、インキュベイト・ファンドによるインキュベイト・キャンプをはじめとして、ベンチャー・キャピタル（ＶＣ）などが主催し、一定数が存在している。

一方で、我々が参加したのはこうしたシードアクセラレータープログラムではなく、大手企業などによるスタートアップ企業のための成長支援プログラム、所謂「コーポレートアクセラレータプログラム」である。通常、３ヶ月ｰ６ヶ月くらいの期間が設けられ、その間に当該企業の関連事業部等のアドバイスを得ながら協業の中身を詰め、実際にプロトタイプ（試作品）のような形で商品・サービス開発を行い、ＰｏＣ（Proof of Concept）という形での実証実験を行う。首尾良く運べば、ＰｏＣから発展して実際のサービス提供、契約に進む事例も多くある。

企業にとっては、スタートアップとの協業というオープンイノベーションにより、自社だけでは生み出せないサービス開発や事業創造を行うことが出来るメリットがある。また、協業だけではなく、出資を伴うこともあり、投資先スタートアップが企業価値を向上させ、上場などをした場合に、経済的なアップサイドを得ることも有り得る（但し、ＶＣとは違い、キャピタルゲインを主たる目的として出資をしていないので、長期保有が一般的である）。最近は、企業だけではなく、政府・政府関係機関や自治体、大学などもアクセラレーターを始めているようである。

一方で、スタートアップにとっては、シードマネーは無事調達して会社は船出をしたけれどその先どうやって商品・サービスを開発していくのか、またその開発した商品・サービスをどうやって販売しマネタイズしていくのか、という局面において、当該事業分野を良く知っており、顧客も押さえていて、社内に潤沢なリソースもある大企業が「メンター役」を務め、協業パートナーとなってくれることは、願ってもないチャンスである。ゼロから協業パートナーを見つけ、説得し、協業まで持っていくことを考えれば、全てがお膳立てされており、非常に効率よく進めることができる。スタートアップはとにかくリソースが足りないことを考えれば、このことの意味はとても大きい。また、「ｘｘのアクセラレータープログラムに選出されました」ということが、他の顧客を開拓する際に、信用や箔をつける、という意味合いも小さくない。

MUFG Digitalアクセラレータに「合格」!

当時(2017年春)の我々の会社の状況は、私が参画して事実上会社が実態をもって動き始めてから6ヶ月、主要創業メンバーが揃ってから2ヶ月で、まさにこれから主力サービスを開発しようとしていたタイミングであった。アクセラレーターを活用するのに絶好のタイミングであった。

また、当時、デジタルトランスフォーメーションやオープンイノベーションなどへの関心が高まり始めた頃で、様々な企業がアクセラレータープログラムの立ち上げを開始し始めていた、外部環境としても良い時期であった。

そうした数あるプログラムの中から、当然、事業領域に関連がある企業のプログラムへの参加を検討対象とする訳であるが、我々の会社は、投資信託の分野での非効率性やUI/UX(ユーザーインターフェイス/ユーザーエクスペリエンス)をテクノロジーで変える、ということがミッションであったため、必然的に金融分野の会社の主催するアクセラレータープログラムを候補とした。そのなかで、我々が照準を絞ったのが、三菱UFJフィナンシャルグループ(MUFG)によるMUFG Digitalアクセラレータであった。

MUFG Digitalアクセラレータは、MUFGが2015年に設立した日本のメガバンクグループ初のスタートアップアクセラレータプログラムであり、我々が参加した時がちょうど3回目であった。MUFGは銀行が主体ではあるが、グループ内に証券、信託、アセットマネジメント、リース、カードなど多様な金融事業があり、関連する会社・部署の人やグループ外含むVCの方々が、事業プランのブラッシュアップや、プロトタイプの構築支援、事業プランの方向性に合わせたパートナー選定、アライアンスなどを4ヶ月にわたり支援してくれるものである。当時、アクセラレータープログラムの中でも「格が高い」といわれていた。

しかし、このプログラムは参加希望をすれば誰でも参加できる訳ではなく、数百社が応募する中から、書類選考、事業構想についてのピッチ（プレゼンテーション）を経て、毎年わずか4－5社のみが選定され、プログラムに参加出来る非常に「狭き門」であった。そのため、これに選ばれることが一定の信用をスタートアップに与えることとなり、ビジネス上も顧客の開拓などにもつながる可能性を高めてくれる。

当時の私が描いていた戦略ストーリーは、（1）MUFG Digitalアクセラレータに選ばれてMUFGグループと何らかの案件を手掛ける→（2）その上で他社との間でも案件を成約する→それをきっかけ（トラクション）として最初の資金調達（シリーズA）突入する、というものであり、これは、我々の伴走パートナーであったインキュベイト・ファンドの村田パートナーとも認識を共有していた。

その意味で、事業構想など提出資料の作成には相当な気合が入った。もちろん、まだ創業初期の段階で詳細な事業計画の数字を求められるわけではないが、なぜこの事業をやろうと思うのか、この事業によって何が解決されるのか、この事業の市場規模はどれくらいあるのか、誰が顧客でどうやって顧客を獲得するのか、オペレーションはどう回して行くのか、等々について、細部まで詰まっていなくても良いが、的確に説明しなければならない。

この資料作りのために、狭いオフィスにおいて創業メンバーで本当によく議論をした。お互いのバックグランドも違うので、議論が噛み合わず、時に白熱して喧嘩のようにもなったが、今思い返しても非常に懐かしいプロセスである。全てが白地で、何もない。いわゆるゼロイチから作り出すことの大変さがある訳だが、一方で、白地からというのは「制約なく何でもできる」可能性がある。あのようにワクワクする経験というものは、大きな会社では得られないものであった。

そうした準備を経て、書類一式を提出して待つこと数週間、「合格」という連絡があった。メンバー全員で大いに喜んだ。

協業先の「お見合い」とPoC（実証実験）を通じてのサービスづくり

狭き門を通って晴れて「MUFG Digitalアクセラレータ3期生」に選ばれると、今度は、メンターとして実際に協業パートナーとなってPoC（実証実験）を一緒にやってくれる、グループ内の企業探しのプロセスが始まる。

このプロセスが冒頭に書いた「スター誕生」を彷彿とさせる部分である。会場のイベントスペースで、「ピッチ大会」が開催され、自社の事業構想などについて5－10分程度でプレゼンテーションを行う。それを、グループ各社の「企画部」「デジタル企画部」のような部署の方々や、VCの方々が見ていて、「この会社は面白そうだな」「うちと協業出来そうだな」と品定めをする。「スター誕生」でいえば、レコード会社や芸能プロダクションの人が、「興味あり」の意思表示としてプラカードを上げるシーンである（スター誕生の場合は、残念ながらプラカードが上がらずデビュー出来ない、ということもよくあったが、MUFG Digitalアクセラレータの場合、事務局の配慮により、どこの会社とも協業できない、ということはなかったように思われる）。

我々の場合は、「投信」という事業領域から、投信を作る側である「運用会社」と、販売する側である「銀行・証券会社」のどちらかと協業したいと希望していたが、最終的に、やはりデジタルとの相性が良いということで、MUFGグループ（当時）のネット証券であるカブドットコム証券（現auカブコム証券、以下、カブコム）と、音声を活用した投信情報の顧客への提供に興味を示してくださった三菱UFJモルガン・スタンレー証券がメンター兼協業パートナーとなった。

しかし、それほどすんなり決まった訳ではなく、ある会社と協議をしてその場で決まったと喜びもつかの間、後に社内協議の末断られることが何度かあった。

こうしたことを経て、上記2社に決まったわけだが、カブコムとの協業決定の経緯は非常に印象深かった。当時のカブコムの社長は、同社のカリスマ創業者でデジタル分野において卓越した見識を持っており、我々としても「ここはやはり直接に思いをぶつけて協業を直訴しよう」ということで、直接、事業構想を説明した。社長は、MUFGグループのネット証券のれっきとしたトップでありながら、そこはやはりサラリーマン社長とは全く違い、説明を聞き終わると「わかった。非常に面白いね、一緒にやろう」と即断即決であった。経営におけるスピードとはまさにこういうことか、と思った。

こうしたことを経て、次に、カブコムと三菱UFJモルガン・スタンレー証券の現場チームの方々と何を一緒に取り組むか、についての協議が開始された。これは本当に有益であった。通常、このプログラムがなく我々が顧客開拓をするならば、まずはアプリケーションのデモ版を自らつくり、それをほぼ飛び込みでアポを取り、プレゼンする、というプロセスを行うことになるからである。そうした場合、当然、簡単に話がうまく運ぶ訳がなく、何社も訪問し、リクエストがあるままに改良をし、その挙句に「やっぱり要りません」ということも大いにあり得る。スタートアップにとってこれは辛く、リソースと資金がどんどん消耗していく悪循環に陥ることになる。アクセラレータープログラムという枠組みにより、こういう事態が回避される訳である。何回かの協議を経て、テーマが決まった。カブコムとは、投信基準価額の日次での変動要因分析の提供となった。投信の基準価額の変動要因というのは、為替要因・原資産要因（株、債券など投資している資産がどれだけ変動したかということ）などがあるが、これを日次で出すシミュレーションをホームページで提供する試みである。基準価額の変動要因は、発表されていない訳ではないが、月次レポートでの開示であり、その日に投信を購入しようとする人には最大1ヶ月前の古い情報になることもあり得るのが現状であった。また、全て紙ベースでの情報提供であった。この話をすると、

「いや、ちゃんとホームページにデジタル化して出していますよ」ということを反論されることもあったが、ホームページに開示しているのは、月次レポートの「ＰＤＦ」であり、それは、本質的には「紙」と変わりはなかった。

エンジニアも交えて、カブコムと何度もミーティングを持ち、仮想の投資信託の日次の変動要因分析をホームページに載せる、というアウトプットを出すことになった。これがのちに、仮想のファンドではなく、実際のファンドについて日次変動要因分析を提供する「ファンド・アナリティクス」というプロダクトに繋がっていくことになった。このプロダクトをつくるにあたっては、苦労して参画を口説いた東大数学科卒、アクチュアリー資格を持つ既述のメンバーが徹夜の連続で早速に大きな仕事をし完成に漕ぎ着けた。

また、三菱ＵＦＪモルガン・スタンレー証券とは、アマゾン・ドット・コム（以下、ア

マゾン）が提供するクラウド・ベースの音声サービスであるアマゾン・アレクサで、投信の基準価額の情報を提供することとなった。顧客が音声で基準価額を聞くと、音声でそれに答える、というサービスである。

「優勝！」のはずが

サービス開発の日々が4ヶ月続き、MUFG Digitalアクセラレータープログラムの集大成として、この間の成果を発表するピッチ大会「デモ・デイ」が最後に予定されていた。デモ・デイでは、その期のアクセラレータ選定企業の中から「優勝」「準優勝」などを選出し、選定企業は晴れてアクセラレータから「卒業」することとなる。

我々は、創業者がプレゼンターとなり、2社との協業成果を発表し、さらに今後の「ビジョン」を語る、ということで、デモ・デイの準備に入った。プレゼン資料、アプリのデモ、話し方、時間配分等々、社員総出で準備し、創業者にみんなの思いを託した。そして、大言壮語ではなく、我々は当然「優勝」を取れると思っていたし、全員そのつもりで準備をしていた。

本番の日になった。会場のイベントスペースには、複数のメディアも来ており、今までとは明らかに雰囲気が違っていた。我々の緊張度もいやがおうにも高まり、特に壇上に上がる創業者はかなり緊張しているようで、既にエナジー・ドリンクを数本飲んで、出番を待っていた。「落ち着いてね」と声をかけると、「はい、大丈夫です」と言ってはいたが、まるでゴングがなる直前のボクサーのようで、目は血走っていて、前だけを見ていた。

プレゼンはほぼ上手く行った。ここで「ほぼ」と言うからには、それは「完全」ではなかったということを意味し、やはりエナジー・ドリンクの影響か、やや話す速度が速くなって話も滑っていたし、プレゼン後の質疑応答で、質問と噛み合わない答えもあった。ただ、これは仕方のないことで、創業者はプレシャーのなかで本当によくやったと今でも思う。

すべての会社のプレゼンが終わり、いよいよ結果発表だが、発表は、準優勝から行われる。準優勝は2社で、そこで我々の会社名は呼ばれなかった。今思うと不遜で、汗顔ものであるが、内心「よし、よし」と思っていた。それは即ち「優勝しか眼中ない！」と思っていたからに他ならない。しかし、果たして優勝発表の段になると、「優勝はｘｘ社さんです！」と、別の会社の名前が呼ばれ、我々の会社のメンバーが座っていた観客席の一帯は、一瞬にして、気温が氷点下40度のシベリアのツンドラ地帯と化した。

しかし、その後、事前にはよく認識していなかったのであるが、副賞として、アマゾン・ウェブ・サービス（ＡＷＳ）賞というのがあり、果たして、ＡＷＳ賞の発表の際に、我々の会社の名前が呼ばれた。確かに我々のサービスは、ＡＷＳに依拠しており、カブコム、三菱ＵＦＪモルガン・スタンレー証券と共同開発したサービスも、ＡＷＳなしでは実現しえないものであった。

ＡＷＳ賞を受賞したことで、我々の座っていた一帯の気温は、少なくとも春先の札幌くらいの気温には戻ったような気がした。その後にオフィス近くの居酒屋において社員メンバー全員で打ち上げを行なったが、ほろ苦い思い出が残っている。

アクセラレータープログラムについての考察

このように我々自身、事業をテイクオフさせるために大変お世話になったアクセラレータープログラムであり、今でも感謝の念しかないが、敢えて少し客観的に思ったことを整理してみたい。

アスキーウェブ版は、「『とりあえずアクセラレータープログラム』で事業を創ることはできない」という記事で、主催企業と応募企業がタッグを組んで新規事業・新商品創造などのイノベーションを目指す「事業会社型アクセラレータープログラム」のメリットとデメリットを整理している（図表２－３）。

メリットとしては、要は、実際の関連する事業領域において、確立されたプレーヤーにサービス開発のためのいわば「スパーリング・パートナー」あるいは「ヒッティング・パートナー」となって貰うことである。「実際にそれがfeasibleであるか」、「ユーザーはそれ

図表2-3：「事業会社型アクセラレータープログラム」のスタートアップにとってのメリットとデメリット

メリット	デメリット
新たなアイデアの習得	工数負担
スピーディな事業化	資金負担
一度に複数のシーズ・プロダクトの開発	大きな事業化には繋がらない
独自決裁ルートの保有（出島）	
エース級人材の育成	エース級人材の特定プロジェクトへの固定化

出典：中村亜由子「「とりあえずアクセラレータープログラム」で事業を創ることはできない」（ASCII.jp、2019年3月28日）
https://ascii.jp/elem/000/001/831/1831590/2/　一部表現を筆者修正

をどう捉えるのか」、「プライシングはどの程度が妥当か」など、「あるべき論」だけでは分かり得ない事業化のためのインサイトが得られる、ということだといえよう。

その一方で、デメリットとしては、プログラムに参加するからには、それ相応のコミットメントも求められ、仮にその間に他社からの大きな案件が来ても、リソース繰り上、場合によってはそれを断念しなくてはならないようなことも起こり得る。しかしながら、基本的にはプログラム期間内のいわば、単発ＰｏＣとして終わることも多く、本当に必要な事業の柱がこれにより即、生み出される、というものでもない、ということもあろう。

この各々について、実際に参加してみて基本的に意見を同じくするが、幾つか追加でコメントをしてみたい。

第一に、独自決裁ルートの保有（出島）と書かれていることについてであるが、アスキー原文をひくと、「何か新たな取り組みを始める際、さまざまな部署との調整が必要な大企業や老舗企業において、外部に門戸を開くことが難しい場合、この「アクセラレータープログラム」を「鎖国における出島」のような位置づけで、切り出すことも非常に有効である」とある。

これは全くその通りで、ＭＵＦＧの場合には、デジタル企画部（デジ企）が事務局となって機能しており、実際に協業する現場の各部との間の「調整役」となった。ＭＵＦＧグループ各社のような大きな組織の場合、実際には、例えば、リテールの支店や部があり、そのリテールの本部があり、さらには通常ＩＴシステム部のような部署も入ってきて、様々な社内調整が生じる。そうした際に、横の立ち位置からデジ企に、利害調整が難しい部分を支援してもらうことは非常に有難かった。つまり、デジ企が自ら「出島」となったり、あるいは「出島」を作ってくれたりする訳である。

一方で、こうした「出島」方式は、日本以外の米欧アジアの金融機関のフィンテックへの取り組みを考えると、極めて異例で、これはスタートアップの側にとってというよりも、日本の金融機関の側の取り組みの問題として、疑問である。

例えば、ゴールドマン・サックスに「フィンテック企画推進部（もしあれば、Fin-tech

Strategy Departmentとでも言うのだろうか?･)は存在しないわけで、何故ならば、テクノロジーを使って業務を効率化したり、革新的なサービスを生み出すことは、別に「CEO室」や「Strategy Dept」に言われて取り組むべきものではなく、自らの事業部の主体的な課題であるからである。実際、各事業部が、エンジニアを抱えて、自らのためにそういったサービス開発に凌ぎを削っている。

あるいは、シンガポールのDBSの取り組みは、また違う示唆もあるかもしれない。アジアでトップ水準の資産規模であるDBS銀行は、AIやビッグデータなどのテクノロジーを使い、完全なデジタルバンクとしてこの数年で生まれ変わった。変革を推進したのは、外部からCEOに就任したグプタCEOであり、〝Become digital to the core(会社の芯までデジタルに)〟を標榜し、トップダウンで銀行全体のDXを推進した。デジ企などが変革の中心的役割を果たすやり方は、ありうる選択肢であろうが、問題は、巨大な日本のメガバンクの中で、デジ企のようなところが実際に各事業部にどこまで権限を持って口を挟めるか、であろう。デジ企が大きな力を持っていたのは間違いないが、DBSのようなところとの比較で言うと、課題はあるであろう。

第二に、銀行員や証券会社員が「メンター」となっていることである。もちろん、前述の通り、事業化のためのマーケット・インサイトのインプットは、大変貴重であり有益である。しかし、一般的にBAU(Business As Usual=日常業務)を回す専門家であることが多く、往々にして現状肯定路線になりやすい。新しいことを起こそうとするスタートアップには、それが大きなハードルとなる。

また、そうした実務上の意見だけならば「事業を叩いて、鍛えてもらう」という意味で、貴重であるが、時にそれが「経営のアドバイス」や「戦略のアドバイス」になると、やや注意は必要である。特に、銀行の場合、銀行員として実際の企業への貸出や審査などで「会社の経営」というものの周縁部に携わった場合も多く、時に「経営のアドバイス」というようなものを、若い起業家にすることも多いように見受けられた。

私自身、自らが銀行員出身であるため、そうした銀行の業務が大変専門性の高いものであることは重々承知している。しかし、起業や経営者の経験のない場合、スタートアップの起業家に対して適切なアドバイスができるとは限らないであろう。

第三に、海外との連携の視点である。基本的に、日本のアクセラレータープログラムは、国内での展開、国内での事業化、という視点の枠組みで運営されているように思う。MUFGの場合、例外的に、シンガポールのフィンテック・フェスティバルに参加し、そこでのピッチの機会は大変有益であった。しかし、一般的にこうした機会はあまりないであろう。

日本にユニコーンが少ないことがいわれて久しいが、こういうアクセラレータープログラムにも海外のVCや事業会社などを入れて、最初から海外展開（特にアジア）を見据えた意見を出してもらい、そういう規模での事業化の機会を提供する、という取り組みは、もっとあって良いであろう。

英語だとプレゼン出来ない、などという声がありそうであるが、基本的に英語スピーチコンテストではないので、伝えたい内容とパッションがあれば、英語などは何の障害にもならないはずである。

7. 大手証券との大型案件契約

株価自動応答システム ――IVR

優勝こそ逃したものの、MUFG Digitalアクセラレータは我々のビジネスに大きな飛躍の機会を与えてくれた。何よりも、それがPoCであれ、カブコムと三菱UFJモルガン・スタンレー証券というMUFGグループの証券会社2社とサービスをローンチできたことは大きな自信となった。

特に、カブコムとの案件については、実際に、アクセラレータープログラムが終了した後にプロジェクトの対価としてのフィーを得ることができ、我々にとっての「初売上」が計上されることになった。フィーが振り込まれる当日に、朝一番で担当が取引銀行へ通帳記帳をしに行き、「残高が増えていました！」という声とともにオフィスに帰ってきた。今まで会社の資金は流出する一方で、通帳は出金欄ばかりであったのに、初めて入金欄に数字が記載されているのを見て、メンバー全員「やった！やった！」と大喜びした。

また、MUFG Digitalアクセラレータでの AWS賞を受賞した、ということも意味のあることであった。そのことを幾つかのメディアで取り上げられ、少なくともフィンテック・スタートアップに関心のある層を中心に我々の会社の知名度は格段に上がった。

一方で、アクセラレータープログラム期間中は、完全にリソースをアクセラレータに張り付ける必要があり、それまで進行していた他社との案件を一旦ほぼ中断せざるを得ず、事業の早期テイクオフをしたいスタートアップとしては辛い部分もあった。しかし、アクセラレータープログラムが終了したことにより、リソースが解放され、通常の案件推進のギアを上げることができるようになった。当時の我々にとっての一番大きな案件パイプラインは、メガバンク型大手証券会社との間の「株価自動応答システム Interactive Voice Responce（IVR）」という案件であった。

ある会社の株価を知りたいと思えば、普通は、スマホやPCで検索すれば、リアルタイムでの株価や、前日終値などがすぐに分かる。あるいは、前日終値だけであれば、日経新聞などを見れば、一覧が載っている。

しかし、対面証券会社の主たる顧客である高齢者層は、今でも「電話」という手段が一般的であり、株価を知りたいと思えばすぐに電話を取り、証券会社のコールセンターに電話をかけ、「ｘｘの株価は今いくらだ?」と聞くのが未だにかなり多いようである。

証券会社はそのためにコールセンターに多くの人員を配置し、そうした顧客対応にあたっている訳だが、業務の効率性という意味では、電話が多くかかってくる時期とそうでない時期の差、所謂、繁閑の差が大きく非効率で、これをなんとかしたいという課題を抱えていた。

証券会社としては、なんとかそれを自動化することで業務効率化をしたいと考えていたが、単純にインターネットに誘導するということでは、電話であくまでも知りたい、という顧客のニーズに応えられず、「電話による自動化」に興味があるというニーズを掴んでいた。そこで、音声による質問を認識し、自動音声で回答するというＩＶＲシステムは構築できないか?、というのが我々への相談であった。

当時はiPhoneに搭載されているSiriや、前掲のアマゾン・アレクサ、グーグル・ホームなど所謂〝Voice Tech（人間の音声を認識・処理する技術）〟が世に出始めた頃で、ちょうど我々も、このアプローチで所期の目的である投信の業務非効率性を改善できるのではないかと考えていた。前述のＭＵＦＧでのアマゾン・アレクサによる投信基準価額情報の提供もこの流れに沿ったものであった。

〝Long and winding road〟――契約までの道のり

その意味でこのメガバンク系大手証券との案件は、我々にとって願ってもない話であり、事業のテイクオフのためにも、シリーズＡ実現のためにも、絶対に獲得しなければならない案件であった。

しかし、本案件が成約に至るまでには幾つもの課題やハードルが存在し、ビートルズの名曲のタイトルを借りれば、契約までは本当に、〝Long and winding road（長くて曲がりくねった道）〟であった。直面した困難を以下に挙げる。

①信用力の不足

言うまでもないことであるが、我々には信用力というものがない。この場合の信用力というのは、我々の会社のメンバー個人の能力に対する信用力というよりは（むしろそれに対する信用力は極めて高かった）、組織としてサービスを安定的継続的に提供できるか、というわば〝operating capability〟についての信用力である。要は実績がない訳である。

先方からすれば、聞いたこともないスタートアップがきちんとサービスを安定的に提供できるのか、あるいは契約後に突然サービス提供をやめるようなことは起こらないか、など様々なリスク要因を考えざるを得ない。

仮にも提供する情報は、株価であり投信の基準価額である。近年、電話の株価サービスをもとに株の売買をする人はいないであろうが、もしそれが誤った株価の情報を流して顧客が損失をしたら、いうまでもなく大変なことである。そうしたことをこのスタートアップに委ねていいのか、ということは当然考えることであろう。

それに対して我々は「いやいや、きちんとやれます」「そういうことは起こりません」、ということを一つ一つ説得していかねばならない。通常こういうことの多くは「ｘｘ社でもお使いいただいております」という実績により担保される訳であるが、実績がない我々にはそれが出来ない。この「信用力の不足」ということにより、案件は途中で何度も決裂しそうになった。

②受託の罠

先にも書いたが、Voice-Tech分野でのサービス提供自体は、業務の非効率性をテクノロジーで解決するという我々の事業構想に含まれていた。しかしその事業構想には、投資信託のバリューチェーンにおける業務非効率性を改善するためのもの、という前提があった。

本案件における先方ニーズは、投資信託ではなく株式（株価）の領域にあった。「我々の技術で先方ニーズに応えることは出来る。しかし、果たしてそれは我々がやるべき事業ドメインなのか?」ということについて、かなり内部での議論を要した。

今回はそうはいっても証券会社からの依頼であり、投資信託そのものではないが投資信託の組み入れ資産となる株に関するもので広い意味で我々の事業ドメインの周縁部である、という無理やりの整理は出来なくはなかった。しかし、仮に例えば、中古車自動車ディーラーがコールセンターの自動化をしたい、IVRで在庫中古車の価格を自動音声で読み上げるIVRを構築してくれないかと依頼をしてきたら、果たして我々はやるのかとの疑問は残る。

これらは別の言い方をすれば「我々は受託開発をやるためにこの会社をつくったのか？」という問いであり、俗に言う「受託の罠」というべきものである。「受託開発」vs「自社サービス開発 → SaaS事業の確立」というジレンマは、殆ど例外なく全てのSaaS系スタートアップが経験する。受託開発は目先のキャッシュフローを生み出すには良いが、それだけやっていると、事業はスケールしない。受託開発で収益を上げながら、タイミングを見て自社サービス開発・展開へと上手くピボット（事業転換）していくのが成功するスタートアップといわれる。

我々の場合、この案件を見送り、数ヶ月リソースを集中して自前のサービス開発をやり切ってしまった方が良いのではないか、というところでかなり悩んだが、結局、前項にもある実績を築く意味でも意義のある案件であろう、という判断で、本件をやることにした。

結果としてこの案件成約が、シリーズAの成功にも繋がった訳で、当時の判断は正しかったと考えている。ただ、いつの時点でピボットをして、本来のコアの事業領域に修正していくのか、ということが、その後の課題となった。

③時間軸と交渉力の違い

直面した困難のうち一番大きいものはやはりこの問題であった。先方は大きな証券会社であり、先方からすれば、そこに業務上の課題はあるものの今すぐ（例えば3ヶ月以内に）絶対やらなければならない大きな理由はない。むしろ、拙速に事を進めて、あとで何かあった時のリスクを考えれば、慎重になる。

一方、我々とすれば、この案件の成約が次の資金調達、あるいは大袈裟ではなく会社の存亡にも関わってくるので、一刻も早く契約を締結したい。この彼我の立場の違いは大きい。

この時間軸の違いが、我々からすればとてつもない苛立ちやプレッシャーに繋がり、また、契約締結に至るまでの諸々の交渉での我々のバーゲニング・パワーを確実に削いでいく。

先方がリソース繰り上やりたくはないサービスを追加的に求めてきた時にどうするか。断るのは簡単だが、そうすると先方は「それならば社内で本件を通す際の優先順位は下がる」と言ってくる。「いや、ちょっと待ってください、もう一度考えます。やらせてください」というようなやり取りである。

価格交渉においても同様である。見積もりを出す際に、我々としてはそれでもディスカウントした上でしかし最低限これだけは貰わないと赤字になる、という水準で提示をする。しかし、相手先からさらなる価格引き下げを要求され、ある程度引き下げざるを得ない展開となる。また、既存大手ベンダーが存在している場合には、そのベンダーはリプレースされないために、思い切り価格を下げてくる。大手ベンダーにとって、色々な取引があるので、そのサービスだけで採算をとる必要がなく、価格の引き下げは容易である。一方、我々は、そういう形で切り下げられていくと、どんどんマージンが減ってきて、厳しくなる。

私自身、今までの仕事で、中身は違えどその種のビジネス上の「交渉」はかなりの場数を積んでおり、自分でもそれなりの「タフ・ネゴシエーター」だと自負していた。しかし、交渉で切れるカードがあまりなく、「一歩間違えれば交渉決裂、ディール・ブレイク」「そうしたら会社はどうなるのか」という不安を抱えながらの先方との交渉は難しく、非常に悩ましかった。

最後の土壇場でのヒトヤマを越えて、大型契約締結へ

こうしたことを繰り返しながら、ようやく先方社内での最終的な稟議を上げて貰える段階に来た。しかしこの土壇場で、最後にもうひと山あった。詳細は省くが、要は、我々とは関係のない要因で予算確保が難しくなったことが土壇場で明らかになり、仕切り直しと

いう悪い流れに傾きかけた。

我々としては、ここが勝負どころで、一気に締結に持ち込まないと、もうこの案件はモメンタムがなくなりお蔵入りするであろう、との危機感があったので、ここは寝技を使った。当時、旧知の友人が先方の企画部門を統括する立場におり、本来は個別案件にはタッチしない役回りであったが、夜中に彼と何度も電話で連絡をとり、状況を全て話し協力を仰いだ。そこからの彼の「交通整理」は見事で、翌日の夕方にはほぼ「やる」という方向でビシッと先方社内が統一された。今でも彼には感謝の言葉しかない。

先方のコールセンターがある直接の担当部署は我々のオフィスから歩いて10分ほどの場所にあり、当時の担当者は、何度も何度も往復をし、この契約締結に漕ぎつけてくれた。契約書をオフィスに持って帰ってきた時、また会社が一歩成長したと感じた瞬間であった。これぞスタートアップの醍醐味である。

8. シリーズA ―― 最初の本格資金調達

経営者にとっての「フルタイム・ジョブ」

昨年大型のＩＰＯを果たし市場の話題をさらった、知人であるフィンテック起業家と当時食事をしていた時、「スタートアップの経営者にとって資金調達は「フルタイム・ジョブ」ですよね」と、彼が言った言葉は今でもよく覚えている。

彼が言いたかったのは、それほどにスタートアップにとって資金調達は重要な経営課題であり、スタートアップの経営者であれば、常にそのことは脳裏を離れない、ということであった。

大手証券会社との案件を獲得する過程でも、もちろん、一つ一つの局面ではその案件をなんとか成約することのみに集中していた訳だが、一方で頭の中では常に「この案件を獲得すればシリーズAが見えてくる」ということを考えており、彼の言ったことは実感を持って至言だと考える。

我々の会社は当時、設立から1年半弱が経とうとしていた。創業者の出資金と、インキュベイト・ファンドからの資金であるシードマネー、それと私の出資金からなる資本金を徐々に「食い潰して」資金繰りを回していた。案件はいくつか成約できたものの大きく安定的な収入源とはまだなっておらず、毎月のキャッシュ・インとキャッシュ・アウトを差し引いたネットのキャシュフロー、所謂バーンレートは、当然マイナスで、この平均値で銀行にある預金残高を割れば、このままいけばあと何ヶ月で資金が枯渇するところであった。極めて単純な算数である。また、単純に今のバーンレートで推移することを前提とするのではなく、ここから先、新たなサービス開発やセールスなど、人員も確保して、スケールさせていかねばならないが、そのためにも資金が必要となる。

シードマネーを調達するシード・ラウンドの場合、起業家個人のパッションや志、ハイレベルでの当該事業の意義、市場環境や事業ポテンシャルなどが問われるのに対して、シリーズAラウンドの場合には、きちんとした事業計画、これまでの実績など、徐々に具体性を問われてくる。これがシリーズBになると、シリーズAで約束した事業計画の進捗など、数字的な実績が問われてくる、ということで、徐々にハードルは上がってくる。

図表2－4は、アメリカにおける、各資金調達のラウンド毎のスタートアップのサバイバル（生存）率を現したものである。日米のスタートアップの資金調達環境は異なり、アメリカの場合、決して上場を急がず、むしろユニコーンは上場前に何度も大型の資金調達も行うのでかなり多くのラウンドまで含まれているなどの留意点は必要であるが、興味深い。シリーズAラウンドの成功確率はわずか40％、シリーズBではさらに半分がふるい落とされ、とラウンドが進むにつれて、どんどん脱落していく様が分かる。

我々もこの事実はよく分かっていたので、この壁をまず越えられるか、は常に頭にあり、大手証券との案件を成約した喜びも束の間に、緊張感を持って、シリーズAの準備に入ることになった。

図表2-4：The US Startup Survival Curve
Based on Funding Data From US Tech Companies Founded Between 2003 and 2013

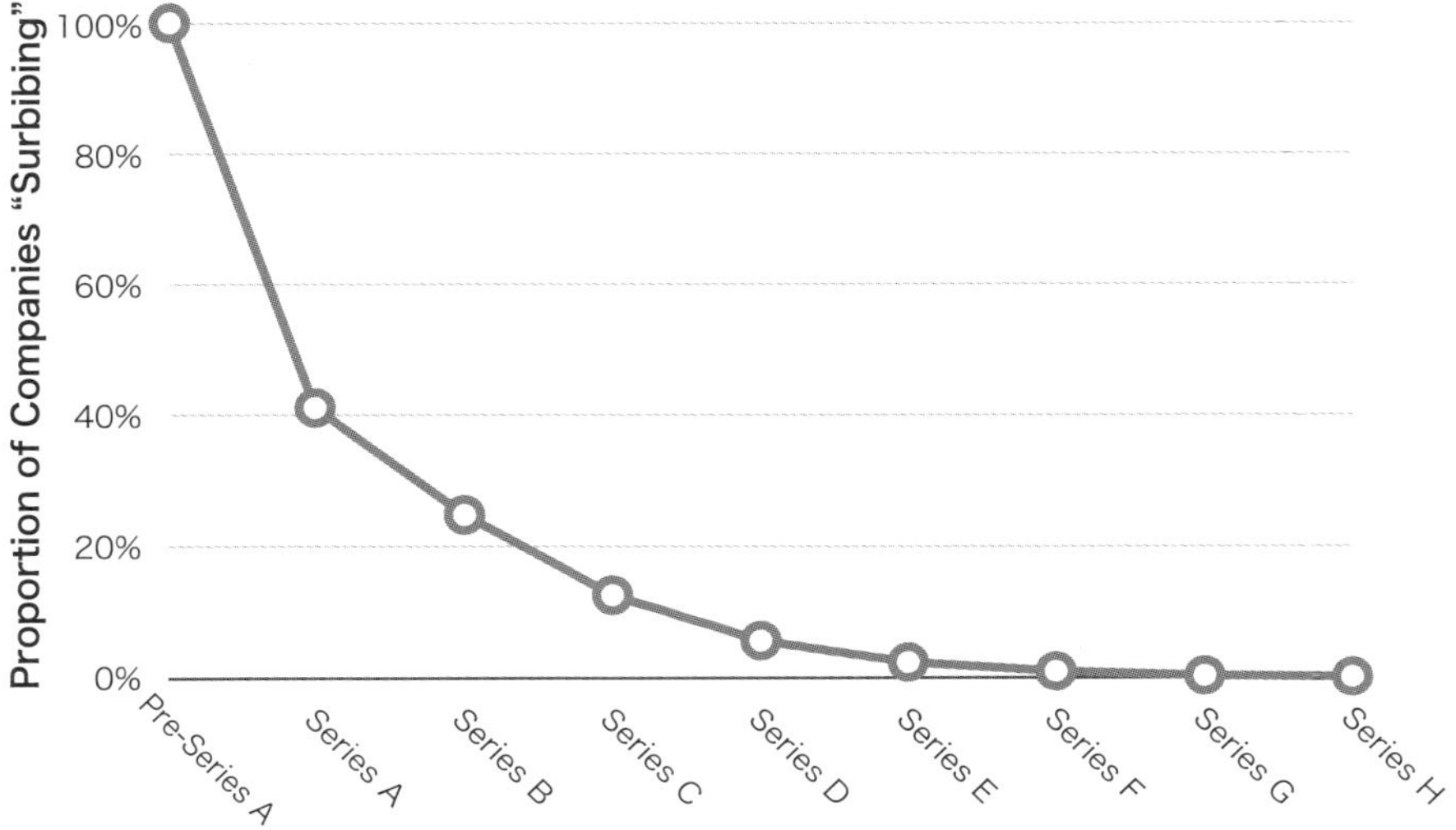

"Here's how likely your startup is to get acquired at any stage" by Jason Rowley（Techcrunch https://techcrunch.com/2017/05/17/heres-how-likely-your-startup-is-to-get-acquired-at-any- stage/）

事業計画の完成とターゲット先投資家の選定

まずは事業計画を説明する資料をパワーポイントで綿密に作り込んでいった。そこには、

・事業として何を目指しているのか。
・なぜそれが世の中で必要であると思うのか（所謂、現行市場のペイン（pain＝痛み）の説明）。
・設立から今までにどういう実績があるのか。
・今後具体的に何をどういうタイムフレームで展開していくのか。
・どういうチームがいるのでそれが可能となるのか。
・プライシングはどう考えるのか。
・そのためにいくら必要であるのか。

といったことを、わかりやすく、ロジカルに、簡潔に示すものが必要である。

創業者のパッションは、もちろん、創業者しか語れないので、そこを創業者と改めてよく議論をし、言語化・ビジュアル化していった。彼の運用会社での若手実務担当者として感じた業務の非効率性などが原点となっているので、ここは大事なポイントであった。

今後の事業展開のストーリーの議論は、メンバー全員で改めて本当によく議論をした。この議論では、エンジニアの視点というものが非常に興味深かった。金融界あるいは運用業界の「常識」というものを、尽く「それって意味ないですよね?」「それって必要ですか?」というように、テクノロジーの視点で切り崩してくる。私のように既存の金融業界の仕切りや慣行に慣れていると、決して出てこない発想である。しかし、恐らく昨今のDXの議論でよくいわれる、抽象化して共通のレイヤーを見出し、それをテクノロジーで括っていくという議論をまさにしていた訳で、非常に知的に楽しい時間であった。

最終的に、「コスト、透明性、カスタマーコミュニケーションという投資信託の諸課題をテクノロジーの力で解決する」という基本コンセプトが固まり、そのための具体的なプロダクトの説明、それに必要な人員とコストなどを数字に落とし込んでいき、事業計画は固まっていった。

この過程では、先に書いた、創業期に入社してくれた興銀の後輩であり公認会計士であり元金融庁でもあるメンバーがそのマルチなエクスパーティーズをフルに発揮し、獅子奮迅の活躍をしてくれた。

事業計画が完成すると次は実際に投資家、具体的にはVCや金融機関・事業会社への出資依頼行脚である。我々の場合には、インキュベイト・ファンドが一連の準備に常に伴走してくれ、候補となるVCの選定から場合によってはアポ取りまで一緒に行った。村田パートナーと担当アソシエイトがいなければ、とても出来なかったであろう。

投資家回りの開始、即、資金調達完了?

こうして、まず一巡目で説明に行く20社ほどのVC等のアポイントを取り、往訪することとなった。最初の先は、有名な独立系のVCで、社長自らも出てくるということであった。我々の側は、初回ということもあり、かなり緊張し、また気合も入っていた。村田パートナーと時間より少し前に現地で集合し、時間通りに先方オフィスに入った。

何度もリハーサルをした通り、創業者のこの事業にかけるパッションから入り、スライドに基づいて、一通りの説明を終えた。どう反応するか、緊張の一瞬である。

すると先方社長から「この件はもう既に他の投資家をかなり回っていますか?」との質問であった。「いや、御社が初めてで、これから順次回らせていただく予定です」と我々が答えると、「他社さんとの話、一旦ちょっと待って貰って、全部うちでやらせて貰うということは可能ですか」とのことであった。

我々の側は一瞬、意味が分からず戸惑っていたところ、すかさず、村田パートナーが「我々(インキュベイト・ファンド)も追加で出すつもりではありますが、細かくはまたデュー・デリの過程で話しましょう」と交通整理をしてくれた。

後日オフィスに行き追加質問もしたい、追加で資料ももう少し欲しい等の事務的なやり取りをして、ミーティングは早々に終わり、我々は先方オフィスを後にした。皆明らかに高揚していた。

「これっていきなり投資家訪問初日でシリーズAも終了ってこと？ いやあ、参ったなあ」（と言いつつ、往訪メンバー全員、顔は緩みっぱなし）。「しかし、スタートアップの資金調達って、普通はもっと色々な苦労やドラマがあるって言うよね。断られて千本ノックのように投資家訪問するとか、ね」（と、言いつつも全員引き続き、嬉しくて仕方がない様子）。「明日以降の他社のアポどうする？ キャンセルかなあ」等々、終始このような「浮ついた感じ」でオフィスに戻った。この時は、まだその後に起こることは何も知らなかった。人生こんなものである。

数日後に約束通りオフィスに当該VCの担当者が来訪し、追加資料も読み込んだ上での質問を幾つか受け、順調に終了した。我々はいよいよもって増長し、「やっぱり、今、スタートアップのファイナンス環境は少しバブっている（加熱気味になっている）よね」などと、ここまで来るともう殆ど当事者ではなく評論家のようなことすら宣っていたが、事件はその後に起こった。

その翌日、村田パートナーから電話があり「落ち着いて聞いてください。先方社長から、今回のことはなかったことにしてほしい、と連絡がありました」とのことである。我々が「切望」していた、ネットフリックスでもよくある、スタートアップの「ドラマ」の始まりである。

晴れてスタートアップ・ドラマの主人公になった我々は、もはや事態を客観視する余裕など全くないままに、もう完全に狐につままれたような気分であった。

今もってして、そのVCの突然のdeclineの本当の理由は分からない。永遠にわからないであろう。しかし今冷静に考えると、スタートアップの資金調達においてはある意味、まさによくある事例の一つであった、ということではないであろうか。例えば、そのベンチャーキャピタルがもう1社別途で出資をしようと思っていた先があり、よく精査すると両社の事業領域が被ることが分かった、というような事例である。投資ポートフォリオにある2社が同じ事業カテゴリーで競合関係になり、市場シェアを奪い合うこと（所謂「カニバる」）は避けたい、と考えるのは当然のことである。今考えると、我々の場合も恐らくそういうことだったのではないか、と推察している。もちろん、今は何の恨みもないし、仕方のないことであった。ただ、当時の我々が、有頂天から奈落の底に引きずり落とされたのは間違いなかった。

しかし、こうした時に頼りになるベンチャー・キャピタリストが側にいてくれると本当に有難い。村田パートナーから「落ち込む必要は何もないし、落ち込んでいる場合でもない。当初予定通り、やることをやるだけです」との話があり、我々も冷静さと気合いを取り戻した。

そして、当初予定通り、アポを取った投資家を着々と回っていった（アポはキャンセルしないで本当によかった）。この後に回った先は、銀行や証券会社である。その系列のＶＣ、事業会社やその事業会社、その系列のＶＣが中心で、大きな組織としての定型の意思決定プロセスがある先ばかりで、最初の先のような「即決」というようなことはなかった。基本的に「資料を精査して、追加質問をします。他社さんの動向も教えてください」というような、至極当たり前の常識的な対応がほとんどで、デューデリジェンスのプロセスを粛々と進めていった。

もう一つのドラマ ―上場会社の完全子会社？

投資家回りも中盤戦を迎えていた頃、もう一つのドラマがあった。あるインターネット関連の有名上場会社及びそのベンチャーキャピタルが我々に興味を持った。我々としても事業上のシナジーが非常にある先なので、願ってもない先だと考えていた。

しかし、当時のこの会社がスタートアップに出資する際の基本原則は「出資するならばマイノリティー出資ではなくマジョリティをとって、完全に子会社化する」ということであることが交渉の過程で判明した。「その条件で構わないならば、前向きに考えます」とのことであった。

創業から1年半である。いきなり上場会社傘下に入ることは、考えもしなかったシナリオであった。その世界では誰もが知るプラットフォーマーであり、大変光栄な話であった。また先にも述べたように、何よりも事業上のシナジーが大きく考えられる先であるため、会社の成長にとっても良い話であるのは間違いなかった。

しかし、子会社になるということは基本的にIPOを諦める、ということを意味していた。創業メンバーは皆「一緒に事業を立ち上げ、会社をIPOさせよう」との熱い思いでこの会社に参集しており、「上場会社の子会社として、基盤を安定させてやっていこう。事業シナジーは非常にあるから引き続き残って頑張ってやっていこう」と言って果たしてみんな残留してくれるだろうか？相当優秀な人材を集めており、普通に外資系コンサルでも、大手金融機関でも通用する人材ばかりである。

また、創業者と私のみが、経営陣の中で唯一個人としてこの会社の現物株を有しており、その取り扱いがどうなるのか、なども悩ましく、仮に当該上場会社が買い取る、という場合でも、その時点での会社のvaluation額などをなんとなく想像するに「それで果たしていいのかな」という疑念も創業者と私に湧いてきた。こうしたことを渋谷の喫茶店で議論したことを懐かしく思い出す。

最終的に、やはり初志貫徹、IPOを目指そう、ということで、このお話は我々の方から泣くなく辞退することとなった。先方の対応は素晴らしく、「これはこれとして一緒に何かやれることがあればやりましょう！」と、非常に素晴らしく、その後何度も、提案などで良好な関係が続くこととなった。

顔ぶれが固まり、条件交渉へ

結局、投資家回り開始直後は「ドラマがない！」などと能天気なことを言っていたのとはうって変わって、これ以外にもここで紹介はしきれないことも含めて様々なドラマがあり、30社以上は投資家説明をしたであろう。

そうした中から「（出資に）興味ある」という投資家（ＶＣや金融機関等）が複数社現れた。徐々に顔ぶれが固まってきたのである。

しかし、スタートアップの資金調達は、ここからがまた大変である。冒頭の事例のように1社で全額、ということではない以上、エクイティ・シンジケーションを行う必要がある。各社からおおよそのロット（金額）は聞いているものの、見ながら検討を行う傾向にある。特に、我々がこの時点で想定していた金融機関系の投資家は、ここがポイントとなる。

他社の顔触れや進捗状況を探りつつ、誰かがリードしないと睨み合って始まらない、という状況であった。

我々にとっての強みは、インキュベイト・ファンドが早々に追加出資すると表明したことである。このことは全体をまとめるのに大きな推進力となった。

またその後、事業会社と金融機関系のＶＣが、ある程度まとまった金額の出資を確約してくれ、これが全体の大きな潮目の変化となった。ある種の横並び文化の中で、出資する、という流れが決まると、逆に「それに乗り遅れてはいけない」という雰囲気となり、潮目は大きく変わっていった。最後の出資比率の調整過程では、ライバルの金融機関同士の競争のようなものも加わり、逆に嬉しい悲鳴のような様相となった。

エクイティ・シンジケーションはある種、ジクソーパズルのようなもので、何か一つのピースが欠けても成立しない。我々のこの時のファイナンスも、1社と土壇場まで協議がもつれ込み、夜遅くまで協議をしたが、合意点が見つからず、いったん白紙にすることを覚悟した。しかし出資側の土壇場での社内調整により、ようやくまとまる運びとなり、いざ契約書に調印と相成った。

シリーズＡ完了！

契約書を締結すれば、あとは出資金の払込みである。我々の新しい株主になっていただく方々は、大手金融機関・大手ネット証券・大手金融機関系ＶＣ等であり、払込みに間違いはないはずであったが、払込日当日の朝は緊張した。

初売上の入金日と同様、経理担当が銀行で記帳をしに行き、皆で預金通帳に金額を確認した。昨日までの残高が一気に増えている。非常にプリミティブな話だが、こういう経験はスタートアップでしか出来ない。大企業に勤務していて、自分の会社が今般増資や借入をした、と日経新聞で知ったとして、自分の会社の預金通帳を見ることが出来るのは、経理部のごく僅かな人であろうし、それとて、ある意味、事務的な作業であろう。

スタートアップの場合は、リアルな感動である。「とりあえずシリーズAまではサバイブできた！」「これから成長を加速化させるぞ！」といった希望が社員に満ち溢れていた。

〔コラム：山本耀司氏の「私の履歴書」〕

日本経済新聞「私の履歴書」の服装デザイナー・山本耀司氏の連載は、最近のものでは出色であった。世界的に活躍する有名デザイナーの回顧録とあれば、さぞや一直線のサクセスストーリーかと思いきや、実際にはそうではなく、回り道や雌伏の時を経て見事開花したことが分かる。

官僚や財界人など既成の組織の中での階段を上がって功成り名遂げた人々にも、無論、その組織の中での人知れぬ苦労や努力があったのであろうが、やはり、裸一貫・腕一本で無から有を生み出した起業家や芸術家の人生には、圧倒的に凄いものを感じてしまう。

その山本さんの最初の挫折は、文化服装学院で新人デザイナーの登竜門である「装苑賞」を見事受賞し、颯爽と斯界デビューを果たしたものの、腕試しに乗り込んで行ったパリで全く相手にされなかった、ということだったようである。

我々の会社の軌跡を、その後は押しも押されもせぬ大成功を収められた天下の有名デザイナーにだぶらせるのは甚だおこがましいが、MUFGデジタルアクセラレータで入賞し、資金調達（シリーズA）も成功裏に終えた当時の我々は、まさに「装苑賞」を獲って颯爽とデビューした当時の山本氏のような心理状態であった。

しかし、その後シリーズBに至るまで、会社は次のステージに這い上がる機会を幾つか創出しつつも、もがきながら進んでいった。

注）山本耀司氏の「私の履歴書」は、2021年9月1日（水）から9月30日（木）の日本経済新聞朝刊に掲載された。

9. 新オフィスへの移転と人員強化

シリーズAの成功 ― 調達資金は採用へ

シリーズAによる資金調達を成功裡に終えた後は、否が応でも会社全体の士気が上がっていた。インキュベイト・ファンドに加えて、3メガバンクグループをはじめ日本を代表する企業グループやベンチャーキャピタルが我々の株主として名を連ねることになった訳である。少し前まで、世間の誰からも知られていない会社であったものが（実際には基本的には引き続き知られていない会社であることには全く変わりはなかったのだが）大きな金融機関グループも株主に名を連ね、「少しだけ」世間に知られる会社になった、という感じであった。責任の重さはもちろん感じたが、それ以上に希望の方が大きかった。まずは一つの大きな関門を突破した、という素直な気持ちであった。

シリーズAの成功はそれ自体喜ばしいことではあったが、一方で、資金調達はそれ自体が目的ではなく、次の成長を成し遂げるための手段に過ぎない、という意見があるのは承知していた。「浮かれている場合ではない」ということである。また昨今、我が国でもスタートアップが何十億円単位の大型の資金調達を行う事例も多いが、そうした資金調達あるいは調達額の多寡に対しての称賛がやや単純すぎないか、という批判もある。

いずれも、要は、調達した資金をどう有効に使って事業を軌道に乗せるかが最も大事である、という意見で、筆者も全くその通りだと思う。実際、投資家との資金調達交渉の過程で、当然、資金使途については説明をする。その施策からもたらされる事業の成長を信じて投資家は投資をする。「こういう新規事業を立ち上げます」「このサーバーの維持費用にコストがかかります」など、資金使途は業種や業態にも拠るであろう。ただ、我々のようなクラウド・ベースでサービスを提供するいわゆるSaaS（Software as a service）企業の場合、通常は大きな設備投資は伴わず、一番の資金使途は通常「人の採用」である。我々も調達した資金で、エンジニア、セールス、プロダクト開発、管理部門などでの採用を計画していた。

しかし、人を増やすといっても当時のオフィスは既にもう手狭で、その時点の全社員9名が全員オフィスで一堂に会することさえもままならないオフィス事情であったため、採用と合わせて引越しを真剣に考えねばならなかった。

オフィス移転　―古い住人、新しい住人

既に書いた通り、我々のオフィスは茅場町、あるいはより広義でいえば、兜町エリアにあった。株の街、ということで、投資信託に係るDXを生業とする我々には願ってもない

場所である。何よりも、我々の顧客の殆どが証券・銀行で、彼らのオフィスの殆どが丸の内・大手町であるなか、東西線でわずか二駅の距離にあり、しかも賃料が大幅に安い茅場町から敢えて出ていく理由はなかった。したがって、場所は最初から再びこのエリアと決めており、ゼロから新たな引越し先を考える手間はなかった。

また、「国際金融センター構想」のもとで、平和不動産が主導して茅場町・兜町にフィンテック企業や新興運用会社を積極的に誘致しており、新オフィス探しはまたしても平和不動産に全面的に世話になることとなった。

紹介された物件は、かつて準大手証券会社が本社としていたビルであった。そのビルが一棟丸ごとリノベーションされて、一階はイベントスペースに、二階以上をスタートアップ向けの貸しオフィスとなっており、家賃も大変割安であったので、あまり迷うこともなく、その物件に決めた。それまでのオフィスとは永代通りを挟んで南側で、至近の距離であったことも良かった。

この証券会社はバブル期に積極経営により急速に業容を拡大し、体育館のようなトレーディングルーム（当該物件とは別の場所）は当時世界最大規模といわれたが、バブル崩壊の過程で倒産した。この証券会社を西の起点にして、永代通り沿いに茅場町から大手町にかけて幾つかの企業が当時次々に倒産したので、一時、永代通りは、「倒産通り」などという縁起の悪い呼ばれ方もしていた。

倒産した会社の本社ビルに入居する、というといかにも縁起が悪そうだが、全く嫌な気は起こらなかった。最上階には入居したスタートアップが共同で利用できるラウンジもあり、すっかりお洒落なビルに生まれ変わっていたことが大きい。

しかし、ビルの細部を探検すると、いくつか面白い発見もあった。例えば、恐らくはかつて役員フロアだったであろう最上階フロアのトイレは、他のフロアのトイレよりも不必要に豪華なつくりで、しかも、男性トイレしかなかった。また、各フロアにいわゆる給湯室のようなものがあったが、まるで今にもそこで女性社員の方が男性社員のためにお茶の用意を始めるような残影が見て取れた。時代といえばそれまでだが、今、こんなオフィス・レイアウトをしている会社があれば、即、社員の誰かにTwitterで投稿でもされて、大炎上であろう。

物件を決めた後に、オフィス・レイアウトやデスクなどを皆で議論して決めていくのは、やはり夢があり、楽しい時間であった。もちろん、華美なオフィスをつくるつもりは毛頭なかったが、レイアウトは仕事の生産性にかなり関係があるのは事実なので、幾つかデザイン会社のショールームを社員何人かで見学し、時間に追われるスタートアップ生活の中では珍しい、まるで「マイホームを買うファミリー」のようなほっこりとした時間であった。

スタートアップがテーマのドラマにも使われたという格好良いショールームも見学したが、結局、せっかく出資していただいたお金を不必要なことには使えない、ということで、オフィス機器は全て中古のオフィス機器卸会社から買い、レイアウトも併せてそこに依頼する、という極めて地味な選択となった（それでもハーマンミラーなどの高級椅子が信じられない安さで購入できた）。

唯一拘ったのは、エンジニア（プログラマー）が作業に集中しやすいオフィスを作ろう、ということだった。その考えから、エンジニアのみに個室環境を提供することとした。これは、創業者が「普通の会社はエンジニアが大部屋などいわゆるタコ部屋のようなところにぎゅうぎゅう詰めで押し込められ、冷遇されている。それを変えたい」という強い意見を持っていて、それを具現化した結果であった。

そのこと自体は大変な英断で、優秀なエンジニアの採用においても大きな効果を発揮したが、エンジニアはオフィスに来たり来なかったりで、結局個室を用意したものの会社に来ず空室のことも多く、セールスやプロダクトなどエンジニア以外で猛烈に働いている社員からは、大変不評であった。何事も難しい。

採用 ― 集まる人材

オフィスの目処が立つと、いよいよ採用活動に本腰を入れ始めた。通常の会社であれば、人材紹介会社を使って候補者の紹介を受けて採用を進める、ということであろうが、当然のことながらスタートアップである我々は極力コストを抑えねばならない。

Wantedly、LinkedInによるダイレクト・リクルーティング、自らのFacebookによる投稿での空きポジション募集など、あらゆる手段を使った。

採用は苦労がなかった、という訳ではもちろんなかったが、一方で、スタートアップに来てくれるような人はなかなかいなかった、というほど苦労もしなかった。

ちょうど世の中でフィンテックやスタートアップなどが注目され始め、ＭＵＦＧデジタルアクセラレータでの受賞、シリーズＡの成功に関するメディア記事などで、少しは知名度が高まっていたのも功を奏したと思う。

元外資系投資銀行のバンカー、大手証券会社の元役員、別のスタートアップの在籍者、外資系コンサルティング・ファーム出身者、日系大手証券在籍者等々、大手有名企業にも引けをとらないような履歴書が集まり、創業期のメンバーに加えて、事業成長のコアとなる多士済々のチームメンバーを採用できた。

昨今話題のジョブ型雇用とメンバーシップ型雇用の対比でいえば、スタートアップの採用は、いうまでもなくジョブ型雇用であり、事業戦略がまずありきで、それを進めるために必要なスキルを持った人材を採用していくことが求められる。

ただし、創業間もない時期のスタートアップは、メンバーシップ型とは違うものの、「このジョブだけやっています」という人間は困るわけで、戦略もつくり、営業もやり、総務もやる、というようなスーパー・マルチ・タスクが出来て、しかも会社と志が一致している人が必要である。

シリーズA後のこの時期の採用は、その段階からは少し抜け出して、事業戦略に沿って事業を推進していくためのジョブ毎に人を採用していく訳であるが、そういう中でも、やはり、「厳密にいえば少しスペック違うけれど、採っておきたい、というような人材もいて、この判断が難しかった。

結局、シリーズA後に人員は約25名まで増員した。オフィスに非常に活気が出た。しかし、これが後になって、売上の伸びが遅れるなかで、コスト面で非常な負担となっていった。

10．主要プロダクト確立への道

我々は誰に何の価値を提供するのか

オフィス移転や採用と並行して、この時期、事業面・戦略面で一番悩ましかったのは、「我々は何を誰に提供する会社なのか」という問いに対する具体的な答えを固めることであった。

もちろん、既に創業から1年半も経っており、売上も立っている状態で、それまで闇雲に事業を展開していたのではない。しかし、「投資信託の分野で非効率な業務をテクノロジー使って解決していく」ということは決まっていたが、シリーズAでの投資家向けの説明においても常に問われたのは、投資信託という事業ドメインの中で、誰に対してどういう付加価値を提供していく会社なのか、ということであった。

一口に投資信託と言っても、投資信託をつくる（設定する）主体である運用会社、投資信託を売る主体である販売会社（証券会社や銀行）、受託会社としての信託銀行、投資信託を買う主体である個人投資家、と様々なプレーヤーがいる。この会社は一体それらのプレーヤーの誰にどういう付加価値を提供するのか、という問いである。

会社設立まもない時期に創業者が作ったキャッチフレーズは「投信の読む・書く・話すを自動化・高度化する」というもので、これは大変秀逸なコピーであった。しかし、それをもう少し解像度を上げて具体的に事業に落としていく段になると、ではそれは具体的なサービスとして何なのか、プロダクトとして一体何なのか、ということが問われていた。

「我々は投信業務におけるインテルのようになりたいのだよね」

「それって、どういう意味？」

「いや、だから、〝インテル入ってる〟という、インテルのCPUが搭載されていれば安心だ、というコピーがあったでしょ？それと同じように投信の業務において必ずうちの会社のアプリが入っているっていうような……」

「だから、具体的にはそれって何をやるの？」

「……」

「やっぱり、完全にテクノロジーの発想で今の投信のオペレーションを再定義したいんだよね。それをミドルとバックのB to Bのオペレーション領域から入っていって、最終的にはB to Cの領域にも進出する、というのがいいのじゃないかな」

「それって最終的にロボアドバイザーになるということ？」

「……」


議論はこのような感じで進んでいた。コンセプト作りのブレインストーミングは夢があり楽しく、構想は気宇壮大に膨らむのだが、それらの解像度を上げていってビジネスに仕立て上げていくことは、いうまでもなく別次元の話である。単価をいくらに設定するのか、どれくらいの顧客が見込めるのか、またそのために必要なリソースをどう確保するのかなど、多くの議論を行った。

最終的には、運用会社向けにも、販売会社向けにもサービスを提供していくことになり、前者には、投資信託の運用状況を月次で報告する月次レポートの自動作成ツール（ロボット・レポート）を、後者には、投資信託の基準価額の変動要因分析を日次で分析するアプリケーション（ファンド・アナリティクス）をまずは提供することになった。いずれも既にプロトタイプはあったものの、それを適切なプロダクトに仕立て上げて、顧客に提供できる状態にするのは、相応のリソースと工数の確保が必要であった。そのために我々が決断を迫られたのは、当時の売上の大宗を占めていた既存サービスの扱いを今後どうするか、であった。

「手間のかかる」キャッシュカウ

前回も書いたが、某大手証券会社向けのこのサービスは、株価について電話で問い合わせをする個人顧客に対して、コールセンターのオペレーターが対応するのではなく、自動応答システム（IVR=Interactive Voice Response System）で株価を自動音声で読み上げて対応するサービス、であった。

この契約を獲得したことが毎月の安定的な売上確保につながり、ひいてはこれがシリーズAの資金調達において大きな原動力となったことは間違いない。いわば、我々にとって、本当に大事な、恩人のような契約である。

しかし一方で、このサービスは、横展開の可能性、つまり、他の会社での売れる可能性はほぼ無いことがわかっており、今後大きな成長が見込めるわけではなかった。これだけならば、安定的な収益をもたらす一方で大きな成長は見込めない、いわゆる「キャッシュカウ」のビジネスという位置づけで、その理解のもとで粛々と大事にしていけばよかった。しかし問題は、このビジネスが「非常に手間がかかる」キャッシュカウだということであった。

株価は時々刻々と値が変わる。当然それに対応した時々の株価を正確に応答しなければならない。また、音声で「ｘｘ会社の株価」と聞かれた際に、その社名は必ずしも正式社名で呼ばれるとは限らず通称名で聞かれることもあるが、それにもきちんと対応しなければならない（例えば、「ファーストリテイリング」ではなく、「ユニクロ」と聞かれたときの対応などである）。

このように書くとサービス提供水準として当たり前のように聞こえるが、これを間違いなく、24時間稼働させることは、非常に大変なオペレーションである。

システムのことであるので、当然、予期せぬバグが起こる。ＩＶＲの株価情報だけを頼りに株の売買を一刻一秒を争って実行する人はいないとは思うが、証券会社にとって情報提供する株価の正確性は絶対に妥協が許されない。したがって我々も、常に高い緊張感を持ってシステムの安定稼働をモニタリングしなければならず、これは少ない人員のもと、リソースの非常な逼迫要因であった。

また、そもそもこの事業は株価情報の提供であるが、我々の事業領域は投資信託であって株式ではない、ということの自己矛盾は常に抱えていた。投信の基準価額での同様IVRサービスも同時に提供してはいたものの一日に一回更新の基準価額の業務負荷は相対的には小さく、したがって、そこから生み出される売上額も株価サービスに比べると格段に小さかった。

つまり、我々は、安定的な売上を会社にもたらしてはくれるものの、本来のコア事業領域とは違う領域での事業に、貴重なリソースを貼り付けていなければならないジレンマを抱えていた。シリーズAで得た資金を元にして、本来のコア事業となるサービスの開発・展開をまさにこれからしなければならない重要な時ではあったが、この足枷のためにリソースを投入できない状況に陥っていた。

苦渋の決断 ―事業のピボットへ

先方証券会社の本件に関わる部隊のオフィスは、我々のオフィスから歩いて行ける距離にあり、何か障害が発生するとすぐに呼び出しがかかり、「出頭」する。通常は担当者が往訪するが、お詫びをしに行く際には、筆者も出頭して何度も謝りに行った。

「困るんだよね。これもう、本部に報告あげなきゃいけないけど、先月もあったでしょう？

もう解約しろと上が言うかもしれないよ」

「すみません……きちんと再発防止策と合わせて提出しますので、そこをなんとか」といったやりとりを、一体、何度やったであろうか。

我々に起因するミスが大宗であり、その意味では、大変迷惑をかけた。また、金融機関にサービスを提供するというのはこういうことか、と身をもって鍛えられ、今でも感謝しているが、一方で、我々としては、このままこのサービスを続けて障害発生の度に謝罪を繰り返していると、永遠に成長性のない事業に人員を貼り付けていなければならない、という切実なジレンマがあった。

障害が起こるたびに「もうやめよう。こちらからサービス提供停止を申し出よう」と何度も真剣に考えた。しかしその都度、「でも今この契約がなくなると、我々の月次売上は一気に創業期と同水準に戻ってしまう」という恐怖心に勝てずに思いとどまり、サービス提供を続けていた。また、このまま不完全なサービス提供体制のままで事業中止を行うということはしたくない、という意地のようなものもあった。

しかし、そうしているうちに、当時の本案件担当者が激務で体調を壊してしまうという事態となった。リソースがなくなり、まさに危機モードに陥ったが、ピンチヒッターで担当を急遽別のメンバー（少し前に参画。筆者がかつて代表をしていた外資系保険会社で社内ＩＴプロジェクトの統括などの経歴）が引き継ぎ、さらに採用したばかりの別のメンバー

（ビッグ4コンサルティング・ファームで金融機関向けアドバイザリー業務に従事）が正規の後任となり、この二人がサービスの安定稼働と保守運用体制の確立を見事に成し遂げてくれた。これで、不完全なまま撤収する、という形ではなくなった。

またこの頃ちょうど、大手証券との間でロボット・レポートの話が進んでおり、その契約が何とか上手くいきそうだという見通しが浮上していた。それが実現すれば本契約を打ち切っても大きな売上減少にはつながらないという見込みがたった。

ようやく懸案の事業についての方針が固まり、シリーズBにより新たな資金調達が終わった後に先方に切り出そうと計画して準備をした。

11．契約獲得と戦略提携　―シリーズBへ向けた二重唱の行く末

シリーズAのクロージングから約9ヶ月。まだ調達した資金の残高に余裕はあったものの、予想される今後のバーンレートの上昇と成長の加速のため、次の資金調達・シリーズBの準備が本格的に始まった。その過程は、あたかも、契約獲得（営業実績作り）と戦略提携交渉という二つの異なる歌詞・旋律が相互に響き合いながら進む、二重唱のような様相で進んでいった。

最終的には素晴らしい出資者に巡り会えた訳だが、途中、二重唱が簡単に綺麗なハーモ

ニーを奏でていたかというとそうではなく、ハーモニーにはならないくらい非常な苦労をし、失敗も多かった。

日経ビジネスに「敗軍の将、兵を語る」という名物連載があるが、ここからは、若干、その趣も滲む回想となる。

トラクションの獲得

スタートアップの資金調達では良く「トラクション」という言葉が使われる。「ｘｘをトラクションにして一気に資金調達へ動く」というような使われ方であるが、要は、目的とすることの実現のための「推進力」「駆動力」のことである。資金調達においては、会社の財務状況や事業計画を投資家に説明することが基本だが、その際、「直近でこの会社と大型の契約を獲得した」、「著名な金融機関から賞を受賞した」というような追加参考情報が資金調達実現への推進力、即ち、トラクションとなる。

我々の場合、シリーズＡの際には、ＭＵＦＧデジタルアクセラレータ受賞と大手証券会社とのＩＶＲ契約獲得がまさにトラクションとなり、資金調達を成功に導いた。

シリーズＢにあたっては、二つのトラクションを考えていた。それは事業の両輪となる二つの主要プロダクトで契約実績をつくることである。主要プロダクトは具体的には、投信の基準価額の変動要因分析ツール（ファンド・アナリティクス）と、投信の月次レポートの自動作成ツール（ロボット・レポート）であり、前者は投信の販売会社（銀行あるいは証券会社）、後者は運用会社との契約獲得を想定していた。

戦略提携 ―「座組み」の構築と資金調達

トラクションに加えて、シリーズBにあたってのもう一つ考えていた重要なことは、戦略提携であった。スタートアップの世界で良くいう言葉でいえば、「座組みの構築」ということである。つまり、ある会社と組んで、それぞれの強みを提供しながら、共同で市場にサービスを提供していくという試みである。

シリーズAの際には、一部事業会社（金融機関等）からも出資を受けたが、どちらかというとVCからの調達が中心であり、株主と事業やサービスを共同で構築していくという色彩はあまり無かった。

しかしシリーズBでは、まさに事業の成長にダイレクトに関係する先と戦略提携をし、共同で事業を構築し、かつ出資も得よう、ということを考えていた。

具体的には、「大手携帯キャリアとの戦略提携」、「大手印刷会社との戦略連携」、「大手銀行との戦略提携」、「ネット証券との戦略提携」などがあり、何れも、出資を受けると同時に共同で投信に関連するビジネスを立ち上げていくことを想定していた。

「三勝八十敗」――トラクション獲得と座組み実現への困難な道のり

既に書いた通り、シリーズAの際の大手証券会社とのIVR契約締結も困難の連続であった。大企業と零細スタートアップとの時間軸の違いや交渉バーゲニング・パワーの違いなどから、契約実現までに相当な力業を要した。

しかし、どちらかといえばIVRの場合は先方にそもそも課題とニーズがあり、「こういうことを解決できないか」と持ちかけられたことに対して解決策を提供する、といういわば受託案件に近い案件であった。したがって、先方の要求をある程度飲めば、最後はようやく契約に漕ぎ着けることが出来た（もちろん、実際にはそれほど単純ではなかった。また、上記の通り、それはそれで、大きな火種を残すことになった）。

一方で今回の契約獲得は、我々が事業の基幹プロダクトと定めたものを顧客に売っていく、という話なので、受託案件ではなく、完全にいわゆるPMF（=Product Market Fit、自社のプロダクトやサービスが顧客や市場に受け入れられ、適合（フィット）している状態のこと）を我々が築けるか、という会社の浮沈がかかった真剣勝負であった。Netscapeの創業者であり著名な投資家でもあるマーク・アンドリーセン（Marc Andreessen）は、「スタートアップにとって重要なことはただ一つ、PMFに到達することである」と言ったが、我々もまさにその重大なステージに差し掛かっており、だからこそ、そのハードルも高かった。

結論からいうと、ファンド・アナリティクスを提案した銀行・証券会社は約30行・社で契約獲得は1行のみ、ロボット・レポートを提案した運用会社も約30社で契約獲得は1社のみ、という戦績であった。

また、戦略提携については、上記の座組み候補先以外にも幾つか提案をし、その数凡そ20社。その中から、最終的にシリーズBの出資先となった1社に出資をいただいた訳である。以上振り返れば、いわば、三勝八十敗。ユニクロの柳井社長の著書のタイトル『一勝九敗』（新潮文庫）よりも遥かに悪い「打率」であった。

もちろん、この三勝の中には、大金星のようなものも含まれている。最終的に出資を受けた先との件はもちろんとして、それ以外でも、メガバンクとの間でファンド・アナリティクスの契約を獲得したことはまさに大金星であった。

ファンド・アナリティクスの足掛け1年超にも亘るロングラン交渉を実らせたのは、株主であるベンチャーキャピタルの支援に加えて、既に紹介したアクチュアリー資格を持つ創業メンバーや、大手証券会社でのストラクチャードファイナンス業務という花形の仕事を投げ打って当社に参画してくれた別のメンバー、優秀なエンジニアとプロジェクトマネジャー達の文字通り寝食を忘れた取り組みの賜物であった（「寝食」は忘れていたが、「飲」

あるいは「呑」の方面は忘れていなかったという説もある）。また顧問であり、興銀の大先輩である金融工学の大家にも、実際に作業をしてもらうなど、本当に貴重なインプットを受けた。

しかし、「三勝八十敗」は明らかに「失敗」の連続であった。柳井社長の著書には「失敗を生かすも殺すも経営姿勢次第である。失敗は誰にとっても嫌なものだ。目の前につきつけられる結果から目をそらし、フタをして葬り去りたい気持ちになる」「しかし、フタをしたら最後、必ず同じ種類の失敗を繰り返すことになる。失敗は単なる傷ではない。失敗には次につながる成功の芽が潜んでいるものだ」とある。失敗からの「学び」を少し振り返ってみたい。

原則と例外 ―「ノー・カスタマイゼーション」という原則

従来の受託案件と違い、SaaSである基幹プロダクトの提供によるPMFの実現を目論んでいた我々は、とにかく、「顧客が要求する自社仕様へのカスタマイズ要求は基本、受け入れるべきではない」との原則を決めていた。つまり「ノー・カスタマイゼーション」である。各社毎に様々なカスタマイズの要求を受け入れていたのでは、リソースが何人いても足りず、それでは受託型のビジネス・モデルで事業がスケールしない、と考えていたためである。

しかし、検討する顧客側は各々大きな金融機関や運用会社であり、各社毎に既存の業務フローが細かく決まっている。それに対して一介のスタートアップが「こういう仕様で決まっているのでそのまま使ってください」と言ってもなかなか受け入れてはくれないのが現実である。特に、運用状況のレポーティング（報告書）というミドルオフィスの基幹業務に関係するロボット・レポートに関しては、各社各様の確立された既存の業務の「お作法」があり、これを反映してくれないと使えない、という声が大きかった。しかもその要望は、長年専門職として当該業務に精通している現場の人々からのもので、それは無視出来ないものであった。

担当となったメンバーは、外資系保険会社でシステムの要件定義などの経験も豊富であり、これら顧客要望をよく聞き取り、最終的には「ある程度カスタマイズ受け入れは止むなし」との判断で、柔軟に対応して何とか契約締結に持って行こうとした。しかし、マネジメントである筆者が、その判断をもう少し早くしても良かったと思う。

シングル・ベットの危険性　―常にプランBの備えを

寝具の話ではない。single bet、つまり、単一のものに賭けること、である。もちろん、我々は賭け事をやっていた訳ではなく、契約獲得についての話である。

ロボット・レポートには、成約の可能性が高い案件パイプラインとして運用会社2社との案件があり、最後まで成約に向けた詰めの交渉を行っていた。特にそのうちの1社については、大手運用会社であり実現すれば画期的な話となり、我々の会社への収益インパクトも非常に大きかったため、この案件の成否が戦略提携案件やシリーズBの実現に直結していた。戦略提携候補先各社や出資検討先も、この案件が成約するかどうかを非常に気にしており、逆にいうと、成約が確認出来るまでは提携や出資は留保したい、という様相であった。

この案件は、ビッグ4のコンサルティング・ファームで金融機関向けのアドバイザリー業務を長年やっていたMMが担当しており、先方運用会社の社内意思決定構造、検討状況などかなり詳細に掌握し、我々も確度は間違いなく高い、と踏んでいた。

しかし、最後の最後で、「今期ではなく来期に延期する」とのことで成約に至らなかった。先方からしてみれば「案件は継続検討でまだ生きていますよ」ということなのだが、これに賭けていた我々からすれば、「来期」というは「永遠の未来」に聞こえた。

先方に対する恨み言をこの場で言いたいのではなく（むしろ、今でも真剣な検討に対し、非常に感謝している）、やはりプランB、つまり、想定通りに運ばない事態の際の打ち手を常に考えていなければいけない、と考える。当たり前のことのようであるが、日々がギリギリの状態で走り続けているスタートアップのマネジメントの判断としては、その当たり前のことが今思うとやはり出来ていなかったような気がする。

座組み提案「千本ノック」――チームの疲弊

戦略提携交渉は、先に書いた通り、携帯キャリア会社、大手印刷会社、大手銀行、ネット証券と複数先との話が同時並行に進んでいた。先方からは「どういう具体的な座組みが考えられるのか」「どういうメリットがあるのか」「プライシングは」等々、ミーティングを重ねる毎に様々なリクエストが到来し、それをその次のミーティングまでに考え、スライドに落とし込んでいく。いわば、「座組み提案の千本ノック」状態であった。

戦略提携や出資の検討のためには当然のリクエストであるが、大手のコンサルティング・ファームならいざ知らず、スタートアップが少ないリソースでこれに対応していくのは、大変難しかった。

その過程で一番の中心になったのは、ファイナンス及び戦略の責任者であったメンバーだったが、やはりビッグ4コンサルティング・ファームから当社に参画し、米国公認会計士資格も有する優秀な彼でも、相当にきつい日々だったと思う。ミーティングを行う度ごとに、かなり重い「宿題」が出る訳である。

もちろん、筆者も一緒に考え、手を動かす訳だが、一つ一つが会社の命運を賭けたミーティングになるので、本来は営業や契約獲得に集中させたいメンバーなども準備に投入することになった。こうなると、サッカーに例えれば、ボランチも含めてかなり敵陣近くまでラインを上げて、また全速力で戻る、ということを繰り返すようなことをやっており、チームはこの時期、本当に疲弊していた。

これに対する振り返りとして「ではどうすれば良かったか」という問いに対する答えは難しい。例えば、「千本ノック」状態にならないよう、提携候補先との交渉の議論をきっちり交通整理する、などは思いつくが、果たして現実的であったかどうか、自信はない。また、提携候補先の選別をもう少し行い、リソースの配分を上手くやればよかった、なども思いつくが、こちらから「選別」などはできる状態ではなかった、というのが正直なところである。

結局、やはり、それでもそうするしかなかった、と思う。そういう状況の中、それを文句もいわずにやってくれたチームに感謝したい。

指揮系統一元化 ― 平時のCEO、戦時のCEO

我々の会社をつくったのは創業者であり、筆者は会社設立直後に自らも出資して参画した共同経営者、という立ち位置であった。社長は創業者であり、筆者は会長という役職であったが、業務分担でいえば、営業や商品開発、エンジニアの担当はNで、筆者は管理部門を担当する、というのが正式な職務分掌であった。この分業は、創業以来、上手く回っていた。

実際には、営業に筆者が出ることは日常茶飯事で、会社が成長軌道に乗って順調に歯車が回っている時は、何ら問題はなかった。

しかし、トラクションとなる案件成約の進捗で苦戦し、戦略提携の方も案件成約に引きずられる格好でなかなか決まらないという状況では、この役割分担のままでお行儀よく事態の推移を見ている、という訳にはいかず、やむにやまれず、筆者も営業の前線に出たり、本来創業者の担当領域の分野にも出張ったりすることをやらざるを得なかった。

以前にも紹介したベン・ホロウィッツの有名な本、『HARD THINGS』（日経ＢＰ社）にも「平時のＣＥＯ」「戦時のＣＥＯ」という言葉でＣＥＯのタイプが論じられており、各々の求められることは全く違う、と書かれている。

その意味で、シリーズＢに向けたこの曲面では明らかに「戦時のＣＥＯ」が求められていたが、結局、筆者が本来の管理部門の役回りを超えて動くことになった。

このことが結果として、社内での指揮系統一元化の観点から混乱を生じせしめた面があったかもしれない。社員からすれば、「一体どちらがリードしているのだ」という当惑である。これについても今振り返って明確な解があるかと問われれば、答えは難しい。（しかし、最後の出資交渉では、まさに創業者が戦時のＣＥＯとして獅子奮迅の働きをして、交渉をまとめた）。

12．おわりに

苦労したシリーズＢも、最終的には東証マザーズ上場の会社による出資を得ることができて、我々の会社は当該会社の子会社という形で新たなスタートを切ることとなった。シナジーも大いにある、願ってもない「座組み」での出資の決断には大変感謝している。それを機に私自身はこの会社の経営の現場からは離れることになった。

昔から好きなテレビ番組に「鳥人間コンテスト」というものがある。動力には全く頼らない自作の人力飛行機で飛行時間・距離を競うコンテストである。会場は琵琶湖で、特設のスタート台から走って琵琶湖畔に飛び立ち、まずはペダルを一生懸命漕ぎ、飛行を軌道に乗せようとする。風にうまく乗ることが出来れば、飛行機はふわっと上昇する。なかには飛行時間１時間超を超す人力飛行機もあれば、飛び立ったやいなや、湖面にまっしぐらに下降して墜落するものもある。これを見ていると、つくづく、スタートアップ経営との共通点を感じる。

風に助けられる「運」もあるが、運だけでは絶対に飛行は長く続かない。まずは自力で、スタート直後に息が切れるくらい一生懸命ペダルをこぐことが大事である。離陸直後に墜落するのは、恐らく設計ミスも大きな要因で、スタートアップに例えればそれは、そもそものビジネス・モデルが間違っていたか、あるいはチームの人材構成が間違っていたかであろう。

また、この風というのは「運」ばかりではなく、多くの人の直接・間接の応援・支援、あるいは人の縁、というものもある。

私の場合は、それらは創業者との出会いであり、インキュベイト・ファンド村田代表パートナーとの出会いや、仲間たちとの出会いであった。また、顧問としてサポートしてくださった元大手運用会社の社長、日銀出身の知人、興銀の二人の大先輩、某エグゼクティブサーチ・ファーム幹部らにも、本当に常に励ましや、サポートを受けた。

これまで書いてきた通り、スタートアップを巡る環境はここ数年で急激に好転し、資金調達の環境や、スタートアップを始める起業家の数は増えている。しかしながら、まだ圧倒的に、人は足りない。やはり、日本は大企業が人材の多くを抱えている。この連載の読者の中には大企業勤務の方も多いと思われるが、是非、少しでも等身大のスタートアップの様子を感じ取り、何か特殊な人が飛び込む世界ではもうないということが伝われればと考える。

私自身を振り返っての感想を一言でいえば、「大変かといわれれば大変だけど、ゼロから何かをつくり出すことは、何事にも変え難いほど楽しく、最高に知的な作業である」ということである。マネックス創業者の松本大氏が、楠木建・一橋大学教授との対談で、自身の「好き嫌い」について、「小トルク・高回転型で、不確定要素とチャレンジが好き」という趣旨のことを述べているが（『「好き嫌い」と経営』（楠木健、東洋経済新報社、2014年））、それを読んだときに「筆者もそういうタイプだな」と思った。こういう人は、是非スタートアップに取り組んでもらいたい。

私の現在の仕事は、外資系人事・組織・運用コンサルティング・ファームの日本の代表であるが、現在の仕事に関係する大きなトレンドとして、いわゆる、ジョブ型雇用がある。ジョブ型雇用は、会社と社員が「ジョブ」を通じた相互に対等な取引関係であることで、市場メカニズムにより適切な報酬・労働条件と労働価値の交換を促すエコシステムである。このようなエコシステムへの移行は、今後、日本企業においても進展していくものと思われるが、オープンなエコシステムであるジョブ型雇用の進展の中で、スタートアップへ関わる人々も増えることも是非期待をしたい。

最後に、私にとって今回のチャレンジで一番お世話になり「強いフォローの風」となって支えてくださった方の名前を記しておきたい。故関原健夫・元興銀取締役、元みずほ信託銀行副社長である。スタートアップに参画した直後に、有楽町の某倶楽部で顧問就任の相談をした際、暫く考えた後、じろっと睨んで「分かった」と快諾を得た。爾来、陰になり日向になり支援を受けた。安らかに眠られている京都・東山から今も世界の動きを見据えておられるような気がしてならない。関原氏に本稿で御礼とともにご報告をさせていただきたい。

あとがき　2024年のスタートアップの現状と当時を振り返って

2020年に私がスタートアップをエグジットした当時、日本のスタートアップ環境はようやく国際的な水準に近づきつつある段階であった。資金調達環境は大きく改善し、ベンチャーキャピタル（VC）やコーポレートベンチャーキャピタル（CVC）が積極的に動き出していた。しかし、スタートアップにとって「ヒト」がまだ足りないという課題は根深いものであった。創業期のスタートアップが抱える最大の課題は、事業を加速させ、スケールするために必要な人材の確保であり、特に、金融や技術領域で実績を持つプロフェッショナルが積極的に参画する事例は少なく、資金面での支援に比べ、人材面での支援が後手に回っている状況が見られていた。

岸田政権時代の「スタートアップ育成5か年計画」など、政府による支援策が徐々に成果を上げてきており、特に、税制面での優遇措置や規制緩和は、スタートアップにとって追い風となっている。しかしながら、これらの施策だけでスタートアップが活性化するわけではなく、重要なのは、優秀な人材がどれだけスタートアップに参画するか、そしてスタートアップがどれだけ「日本の未来を創る」というビジョンを持てるかであろう。

私が参画した2016年当時は、まだ「フィンテック」という言葉自体が新しく、一般に広く浸透していない状況であり、私の会社のメンバーも、投資信託や金融サービスに精通しているというよりは、テクノロジーに強いエンジニアや、起業家としての情熱を持つ若手が多くを占めていた。事業を立ち上げ、成長させる中で感じたのは、スタートアップの成功には技術力やアイデアだけではなく、業界の知見を持つプロフェッショナルが必要不可欠だということであった。資金調達やコンプライアンス、アライアンス形成といった重要な要素を持続的に支えるには、大手企業で培われた経験やネットワークが大きな価値を持っている。

スタートアップが日本経済にとって重要である理由は、単に新しいビジネスや雇用を生むだけではない。スタートアップは、日本の大企業が抱える課題を解決するためのイノベーションの源泉となり得る存在である。デジタル化の加速、気候変動への対応、新しい働き方の模索など、社会が直面する問題を解決するために、大企業だけではスピードや柔軟性が不足しているなか、スタートアップはその機動力を活かし、これらの課題に迅速に対応する能力を持っている。

しかし、現状では依然として、日本の優秀な人材は大企業や官公庁に集中していると言えよう。これは、終身雇用制度や企業年金制度が根強く残る日本において、リスクを取ってスタートアップに飛び込むことがまだ一般的ではないためと思われる。2020年には所謂一流大学の一部の優秀な学生が起業を選択肢にする動きが出始めましたが、依然として大多数は安定したキャリアを選んでいる。こうした状況を変えるためには、スタートアップが挑戦する価値がある場所であるという認識をもっと社会に広げる必要があるであろう。

先ほども述べた岸田政権の取り組みの一つとして、スタートアップへの支援を強化し、企業内での起業支援や社内ベンチャー制度の推進があったが、これだけでは不十分であり、日本が本格的にスタートアップを経済成長の柱として位置づけるためには、教育機関や産業界全体が協力して、優秀な人材がスタートアップに参加するためのインセンティブをさらに強化する必要があるだろう。例えば、スタートアップに参画することで得られるスキルや経験が、将来のキャリアパスにおいても有利に働くような仕組みを作ることが求められると思う。

私自身、スタートアップに参画した経験は、キャリアの中で最もエキサイティングなものであり、大企業での経験やネットワークを活かしつつ、ゼロから事業を作り上げるという挑戦は、他では得られないものと言える。また、フィンテックという新しい分野に飛び込むことで、テクノロジーと金融の融合がもたらす可能性を肌で感じることができた。この経験が、現在のビジネスにもポジティブな影響を与えていることは言うまでもない。

スタートアップに関わる環境は大きく変化し、政府の支援や社会的な認知が進んできたとはいえ、まだ課題は多く残っている。スタートアップが日本経済の成長エンジンとなるためには、さらなる人材の流入と、社会全体でのスタートアップに対する理解の深化が不可欠で、特に、優秀な人材がリスクを取り、スタートアップに挑戦することで、これまでにないイノベーションが生まれ、日本の未来を創る力となることを確信している。

これからの更なる変化を注視していきたいと思う。

Part 2

スタートアップ
エコシステムとVC

「スタートアップエコシステム」育成の課題とボトルネック

幸 田 博 人

Startup Ecosystem

1. はじめに

本書籍では、実際にスタートアップに取り組んだ方々の失敗を含めたチャレンジについて、詳細にお話しをいただきつつ、そうした取り組みを金融面からサポートしているVC（ベンチャーキャピタル）のトップの方々のインタビューなどから構成されている。スタートアップは、様々な関係者とのコラボレーションでブレークスルーできる可能性が出てくるもので、ある種の生態系としての「エコシステム」の視点が最も重要となる。本章において、日本における「スタートアップエコシステム」の全体像を示し、その「エコシステム」の中で、何をポイントとして考え、そのポイントの現状レベルを確認し、そして課題を見出し、その課題に、官民あげてどう取り組んでいくかを考えていくことは、極めて有意義であろう。その観点で、以下、全体感を体系的に読者の方に理解していただくべく、本章を用意したものである。

日本は、平成30年の期間にわたって、デフレで低迷の時代と評される。この停滞の要因は、それまでの高度成長期からバブル期の成功体験とも言うべき形に惑わされ、新しい取り組みにチャレンジが十分にできなかったことが主因である。それは、日本型雇用制度、東京一極集中型経済、デジタル社会への取り組みの遅れなどの旧来型の社会・経済構造の仕組みからの脱却が、十分にできなかったことを意味している。成功体験にこだわりすぎた面に加え、変革が必要なことは理解しつつも、既存の枠組みに遠慮し、本格的に手を入れることに躊躇したことが要因と言えよう。新しいイノベーションや研究に出遅れ、既存のサービスや商品の段階的な改良に集中したことが問題であった。このため、新しい産業を創出することを目指しつつ、イノベーションを産み出す観点からも、スタートアップ企業の成長をスピーディーに図るという取り組みの重要性が、ようやくこのタイミングで、政府や民間の主要層から強く認識されるようになった。

ポイントは、スタートアップへの成長資金の供給のための金融基盤をいかに強化していくかが問われ、また、人材育成も重要な課題である。社会・経済構造の変革に向けた日本の人材教育・人材育成としては、①日本の雇用制度の問題、②人生100年時代、③テクノロジーの進展の三つの視点が不可欠である。特に、終身雇用制度が事実上終焉したなかで、世代を問わず「リカレント（学び直し）」や「リスキリング（職業能力の再開発）」の期待が高まっている。特に、スタートアップエコシステム育成の観点からは、「アントレプレナーシップ教育」を通じて、社会をイノベーティブに変え、日本の人材教育を、プロアクティブな視点を入れることが重要であろう。

本稿[1]では、産業構造におけるスタートアップの位置づけを踏まえつつ、スタートアップの育成に向けて、「スタートアップエコシステム」に如何なる取り組みと課題があるかについて、論じていくこととしたい。

1　本稿は、筆者の「月刊資本市場」のいくつかの寄稿、①「日本の構造問題を踏まえたリスクマネー供給～脱炭素社会も展望、リスクマネー供給年間1兆円に向けて～」（2021年10月号）、②「『資産運用立国』実現とスタートアップ企業の成長に向けて～好循環としてのエコシステムの確立を目指す～」（2024年4月号）と、「産業新潮」のいくつかの寄稿、①「「アントレプレナーシップ教育」への期待」（「変革に向けた日本の人材教育・人材育成の方向性」第3回（2021年12月号））、②「日本の将来を人材から考える～社会の変革に向けて～」（「不透明な時代環境と求められる人材育成～アントレプレナーシップの重要性～」第6回（2024年12月号））などから再構成し、アップデートをした内容として執筆したもの

2. なぜ日本の「スタートアップエコシステム」ではユニコーンが育たないのか

日本の「スタートアップエコシステム」の位置づけ

これからの日本社会、経済のあり方について、サステナビリティの視点から具体的なロードマップをバックキャスティングアプローチで描くことが、企業価値向上と不可分であるとの認識は、定着しつつある。日本のおかれている厳しい現状、すなわち人口減少、高齢化の急速な進展、地域の縮退、更には、デジタル社会に向けた取り組みの遅れ、カーボンニュートラルへの道筋の難しさなど山積みの社会課題に、スピーディーかつ果敢に取り組んでいくことが必要となる。グローバルな経済の中で、日本の長きに亘る景気低迷の間、諸外国の成長は著しく、もはや日本経済の地位は大きく後退したことを受け止めて対処していくことが必要である。インドや中国といった新興国のみならず、米国、EUと比べても日本のGDP成長率は低迷を続けており、特に、一人当たりGDPで見ると、1990年では日本は世界第8位であったが、2022年には32位まで低下している。上位10か国はこの間に一人当たりGDPが平均4・2倍に増加しているが、日本は1・3倍にとどまっており、マクロ面で見ると取り残されていることを念頭におく必要があろう。大企業においては、その取り巻く環境の厳しさに、サステナブル経営を強く意識し、また資本市場（投資家）からのエンゲージメントを踏まえたＰＢＲ向上に向けた取り組みなどが加速化しており、大きなビジネスモデルの変化につながりつつある。

スタートアップがマクロ経済に与える影響としては、イノベーションを促進し、さらには経済の競争力の向上、上場の場合は株式市場を牽引するとともに新規雇用を創出する点があげられる。スタートアップが経済成長のドライバーとして有効に機能しているアメリカの状況を見ると、１９８０年から２０１０年において、新設1年未満の企業は年平均290万人の雇用を創出している。これは、米国民間雇用の50％に相当する。日本が再びグローバルな経済成長に追いつくためには、スタートアップによるイノベーションの促進が不可欠である。

「スタートアップエコシステム」の現状認識と課題として、メガスタートアップの創出という観点で、以前、政府が示した課題認識としては図表３－１がある。

人材、事業、資金という観点からの課題認識が明確に示されているものであり、人材については、①起業家・起業数の伸び悩み、②質・量ともに限られた人材のプール、事業については、①研究成果・技術がなかなか事業につながらない、②迅速な成長・市場展開が不十分、資金については、①資金量、②流動性についての課題認識を有している。エコシステムとしては、この三つの課題を連携して同時並行的に対応していくことが求められるところであるが、そう簡単には乗り越えていないことが見てとれる。

図表3-1　スタートアップエコシステムの現状認識と課題

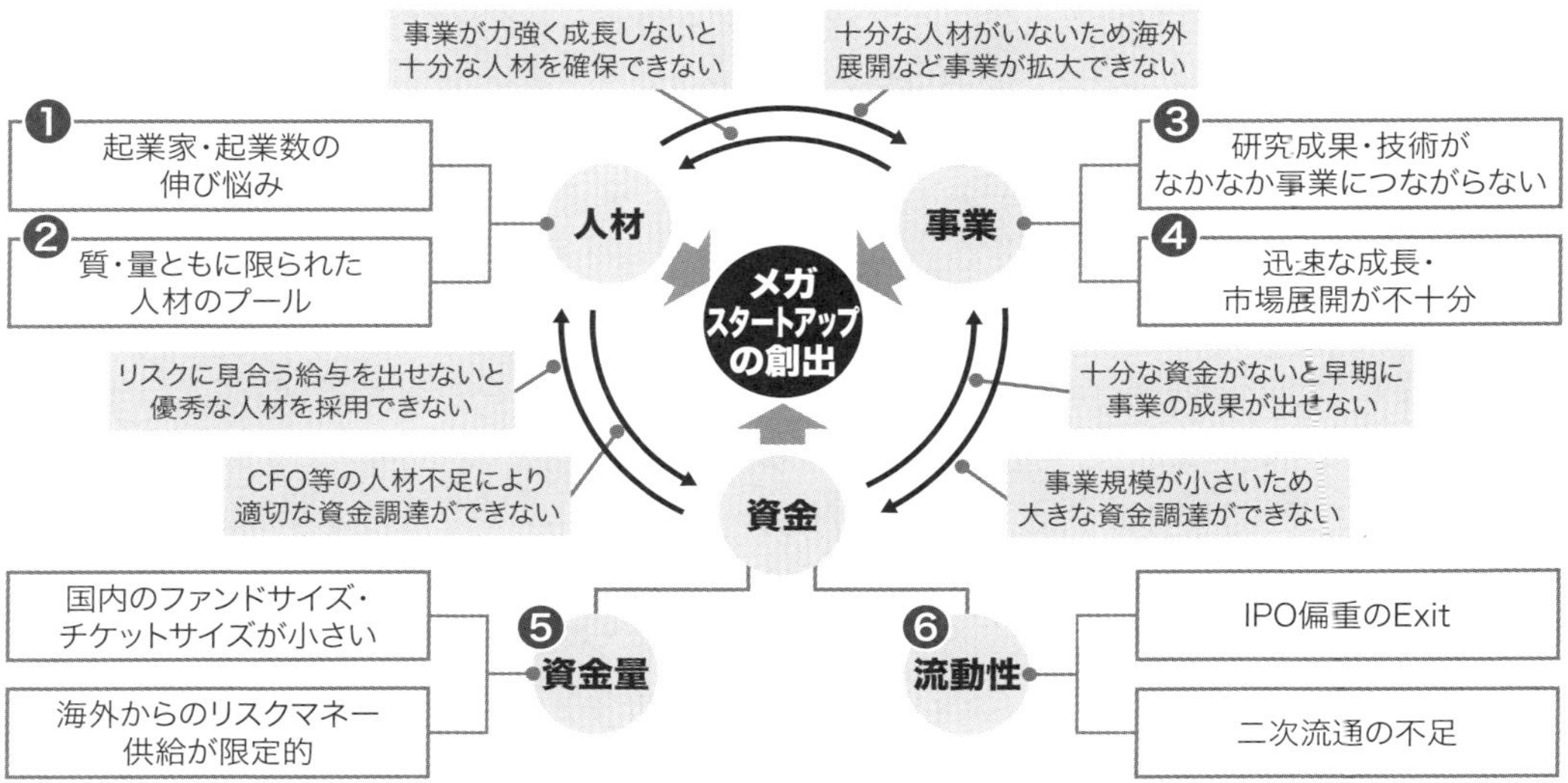

出所：政府総合科学技術・イノベーション会議　イノベーション・エコシステム専門調査会（第4回）（2022年4月25日）

「スタートアップエコシステム」の観点での人材については、大企業、アカデミズムの研究者、コンサル人材や会計士人材などの様々な人材の出入りが特に意味をなすこととなろう。新卒一括採用、年功序列型、安定志向、定年制というこれまでの日本型雇用システムは変わりつつあり、大企業志向は弱まり、個々人の専門性や能力、スキルはかなり重視されるようになりつつある。しかしながら、横断的に物事を考えてプロジェクトを行う能力、社会解決型能力、チーム組成力やネットワーク力など多種多様なタレントの裾野の広がりこそが重要であろう。そういう観点で、雇用の流動化を進めて、多様な人材を前提としたスタートアップ企業への人材流入の仕組み形成を通じて、スタートアップ企業にチャレンジする人材を広げられるかどうかにかかっている。そうした人材獲得の観点からも、金融面からの資金の供給で、スタートアップが人材を量的に増やしていくことをサポートすることに意味があろう。

エコシステムの様々なデータ分析と政府の課題認識から見えてくることは、現時点では、まだまだ日本は、「スタートアップエコシステム」の観点での出遅れは否めない。最近の5年程度の施策の中で、キャッチアップするべく取り組みは進みつつあるものの、限界的な域は、まだ超えていない状況にあろう。

特に、日本経済を牽引する大きな企業が生まれてこないことに対する懸念は大きい。CB Insightによると、2024年9月時点におけるユニコーン（時価総額10億ドル以上の未上場企業）は、世界全体で1、237社であるが、そのうち米国が676社で1位（55％）、中国が164社で2位となっており、日本はプリファードネットワークス等のわずか8社にとどまる状況である。ここからもイノベーションの基盤としての「スタートアップエコシステム」が十分に機能していないことが窺える。

「スタートアップエコシステム」を支える金融機能

スタートアップの資金調達規模としては、コロナ禍の時でも、2010年代前半から較べて大きな伸びを示しているところである。図表3－2の通り、2019年と2020年は、それぞれ約6、000億円規模であったものが、2021年に約8、700億円規模、2022年に約9、700億円規模に到達し、1兆円規模が視野に入った。これは、日本のスタートアップにおける資金調達が一つの到達点に達しつつあることを意味している。2023年の調達金額は約8、000億円程度と過去最高額となった2022年をやや下回っているが、2014年以降の10年間で見ると、資金調達総額は6倍近くまで拡大している。このようにスタートアップの資金調達規模が高水準となっていることは、「スタートアップエコシステム」にとって明るい材料で、大きなステップアップであることは間違いないところであるが、海外と比べると、まだまだ低い水準である。

図表3-2　日本のスタートアップの資金調達

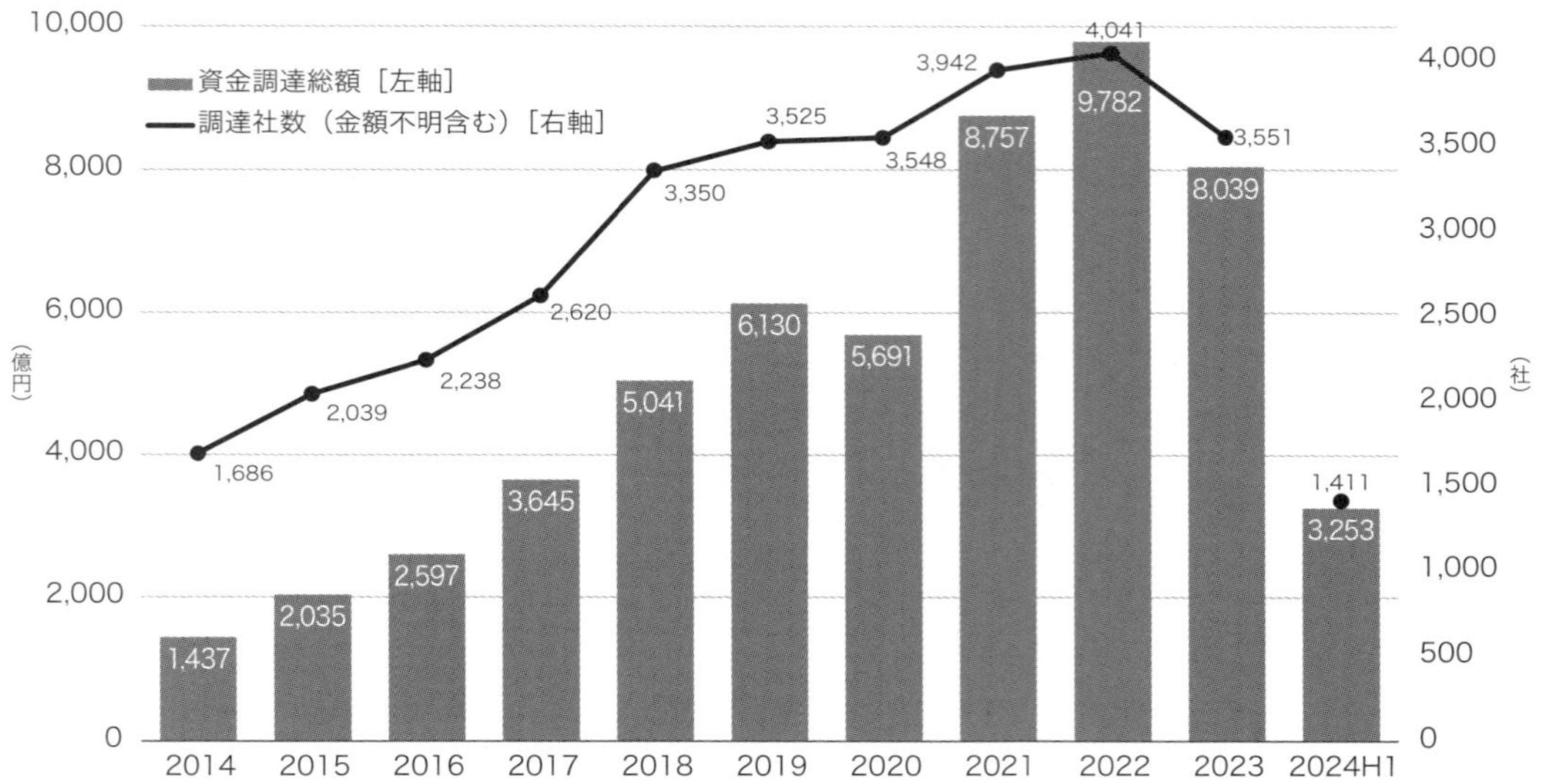

注：2024年7月19日時点

出所：INITIAL「 Japan Startup Finance 2024上半期」

またスタートアップ全体の資金調達規模に占めるＶＣからの資金供給はまだまだ4,000億円程度であり、米国だけでなく、中国や欧州と比べても極めて小さい規模にとどまっている。ＶＣとしてのもう一段のリスクマネー供給の規模拡大を量的にも必要としている（図表3－3）。スタートアップの資金調達の量の確保から、ＶＣ1兆円規模（スタートアップの資金調達に占めるＶＣ比率は4～5割程度であることからスタートアップの資金調達規模は約2兆円程度になる）に向け、①民間パートナーシップ型ＶＣの広がり、②ＣＶＣ（コーポレート・ベンチャーキャピタル）の拡大、③官民ファンドの呼び水的な投資拡大、④バイアウト型ＰＥからのグロース投資など、裾野を広げていくことが必要であろう。そのためには、日本の金融機関や国内機関投資家がＶＣ投資を積極的に行うことに加えて、海外機関投資家の資金呼び込みを組み合わせて、実現していくことが重要である。しかしながら、資金面からの流れは、ＶＣ投資1兆円（スタートアップ調達規模2兆円超え）は、未だ、道は遠い。2022年11月に政府が策定した「スタートアップ育成5か年計画」では、「5年後の2027年度に10倍を超える規模（10兆円規模）とする」目標を掲げている。まずは、ＶＣ投資1兆円（スタートアップ調達規模2兆円超え）を目指し、様々な取り組みが進むことを期待したい。

政府では、「資産運用立国」の施策の中で、成長資金の供給と運用対象の多様化の実現という政策項目が組み立てられている。これは、図表3－4に示されているように、日米

図表3-3　ＶＣ投資の国際比較（金額）

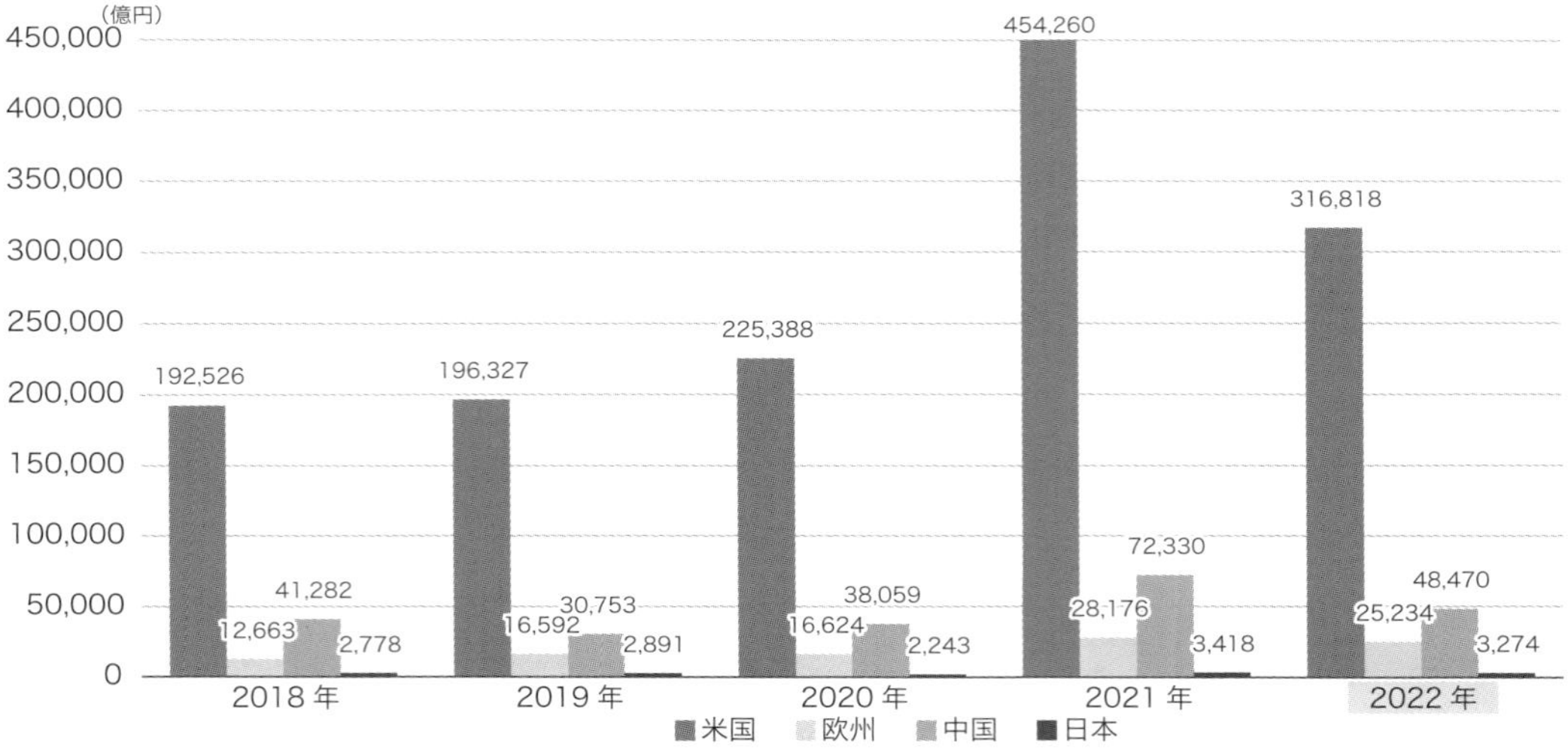

注：【欧州】PE 業界統計：欧州内の投資家［VC を含む PE 会社］による投資（欧州外への投資も含む）。
日本のみ年度ベース（４月～翌年３月）。

出所：ベンチャーエンタープライズセンター「ベンチャー白書2023」

間におけるVCの投資家層の大きな違いがあり、日本のスタートアップに向けた成長資金のボトルネックとしてクローズアップされる。

日本は、事業法人や銀行など金融機関からの資金供給が投資家層の中心にあるのに対し、米国においては、年金基金、財団など機関投資家中心の構成となっている。これは、日本のVCファンドの規模が小さいことに加え、VCファンドの運営などにおいてもグローバル標準には、まだまだレベルアップできていないことが背景としてある。そういう点を乗り越えるため、政府施策においては、機関投資家からのVCファンドへの資金供給に向けて、制度面での取り組み整備を推進している。具体的には、VCファンドの公正価値評価導入や「ベンチャーキャピタルにおいて推奨・期待される事項」[2]策定などを通じて、内外機関投資家からの資金の供給がスムーズに行われるための仕組み作りなどを推進することで動きだしている。

日本の今後の社会構造は人口減少などの構造問題によって経済・社会構造が大きく変わらざるを得ない。戦後の社会発展を支えてきた競争力の基礎は、安定した社会を指向し、それが格差を広げないことや中間層の幅広い存在、東京と地方の連携などにつながること

2 ベンチャーキャピタルに関する有識者会議「ベンチャーキャピタルにおいて推奨・期待される事項」（2024年10月17日）

図表3-4　機関投資家からＶＣファンドに対する投資

▼日本（2022年）

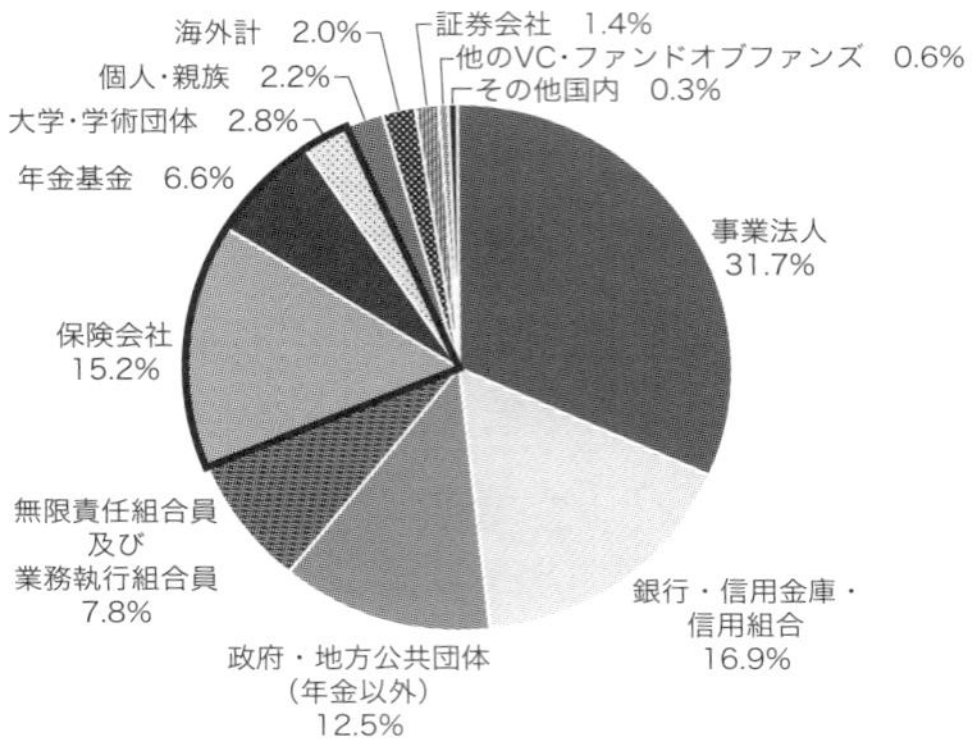

出所：一般財団法人ベンチャーエンタープライズセンター「ベンチャーキャピタル等投資動向調査」より四半期ごとの各主体による資金供給額を加算して金融庁算出

注：非開示分を除く割合

▼米国（2020年）

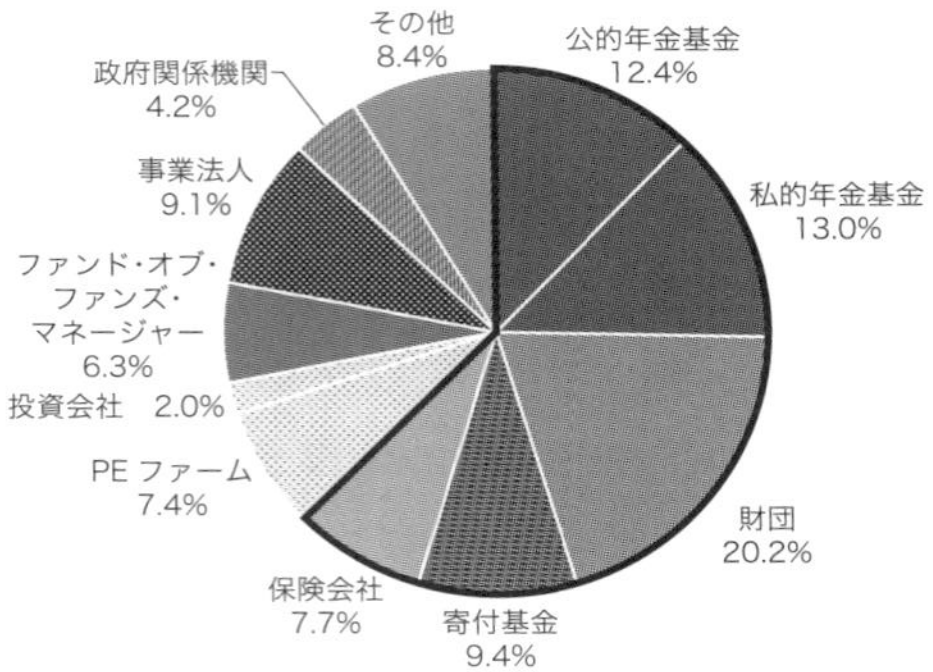

出所：Preqin（2020）「Preqin and First Republic Update: US Venture Capital in Q1 2020」

注：集計対象は2010年～2020年ビンテージの米国VCファンド

出所：金融庁　資産運用に関するタスクフォース資料(2023年10月)

などであるが、そうした基礎部分に係る今後の不確実性は間違いなく高まっている。このような環境で期待される金融のあり方は、従来のような間接金融的なアプローチ中心からエクイティによるリスクマネーの供給に本格的に切り替えていく必要があろう。

既に顕在化しているが、銀行を中心とした間接金融中心の金融仲介ではリスクマネーの供給にも限界がある。我が国においては、間接金融を中心とした企業金融が依然として重要な役割を担っている。この点においては、企業活動を安定的に支え、社会のある種のセーフティーネットを果たしている面はあるものの、その一方で新陳代謝を阻害している面も相応にあると考えられる。企業が成長していくためには、資金調達が不可欠であり、かつては、銀行、信用金庫、政府系金融機関等が、産業を成長させていくために長期的な金融をつけてきた。その過程で銀行からその事業会社へCFOや社長を派遣する等の人的リンクを強化し、あるいは政策保有株式を持つことによって、長期金融とガバナンスを効かせることで、企業と一体になって成長させる構造にあったともいえる。このようなメインバンク的な産業金融モデルが1990年代の前半までは有効に機能してきたが、その後の銀行の統合や政策保有株式の持ち合い解消の流れのなかで、企業が自立型になっていった。その中で大企業は自社株買い、あるいは経費削減によって収益を上げていく動きが増えてきた。事業を拡大させる成長モデルに向かわなかった背景には、エクイティ資金を供給するベンチャーキャピタルやプライベートエクイティ等のリスクマネー供給主体の広がりが欠けていたことが、間接金融の変化の後押しにつながっていないことにもつながっている面がある。

現在、日本の金融構造として組み込まれている間接金融中心主義からの転換には、一定の時間を必要とする。間接金融が、社会や地域の安定に資する面での貢献は必要だとしても、その間、リスクマネー供給の補完には、官民ファンドの役割の重要性は、より増していると考えている。この点については、民業補完的なアプローチは維持しつつも、思い切った資金供給などの取り組みの意義は大きいと考えられる。産業金融的な資金供給の側面は、政策的な必要性が高い事業に対してリスクマネーを提供することに大きな意味がある。これについて、現状、官民ファンドを民間投資の呼び水として、2022年度末で6兆円を超える規模の出資と貸し付けが官民ファンドを通じて行われている。前述の通り、日本では年金資金からのベンチャーキャピタル投資が少ないため、これを補完しているのが産業革新投資機構（JIC）等の官民ファンドともいえよう。新産業を創出するための成長投資の資金を民間のベンチャーファンドだけで支える状況にはなかなか至らないなかで、官民ファンドが過渡的ではあるが産業金融の重要な役割を担う存在となっていると評価すべき面はあろう。

図表3－5は、JICが、「スタートアップエコシステム」を強く意識して、シームレスな形態での資金供給のあり方を提示したものである。スタートアップを取り巻く市場課

図表3-5　JIC 官民ファンドによる成長への下支え

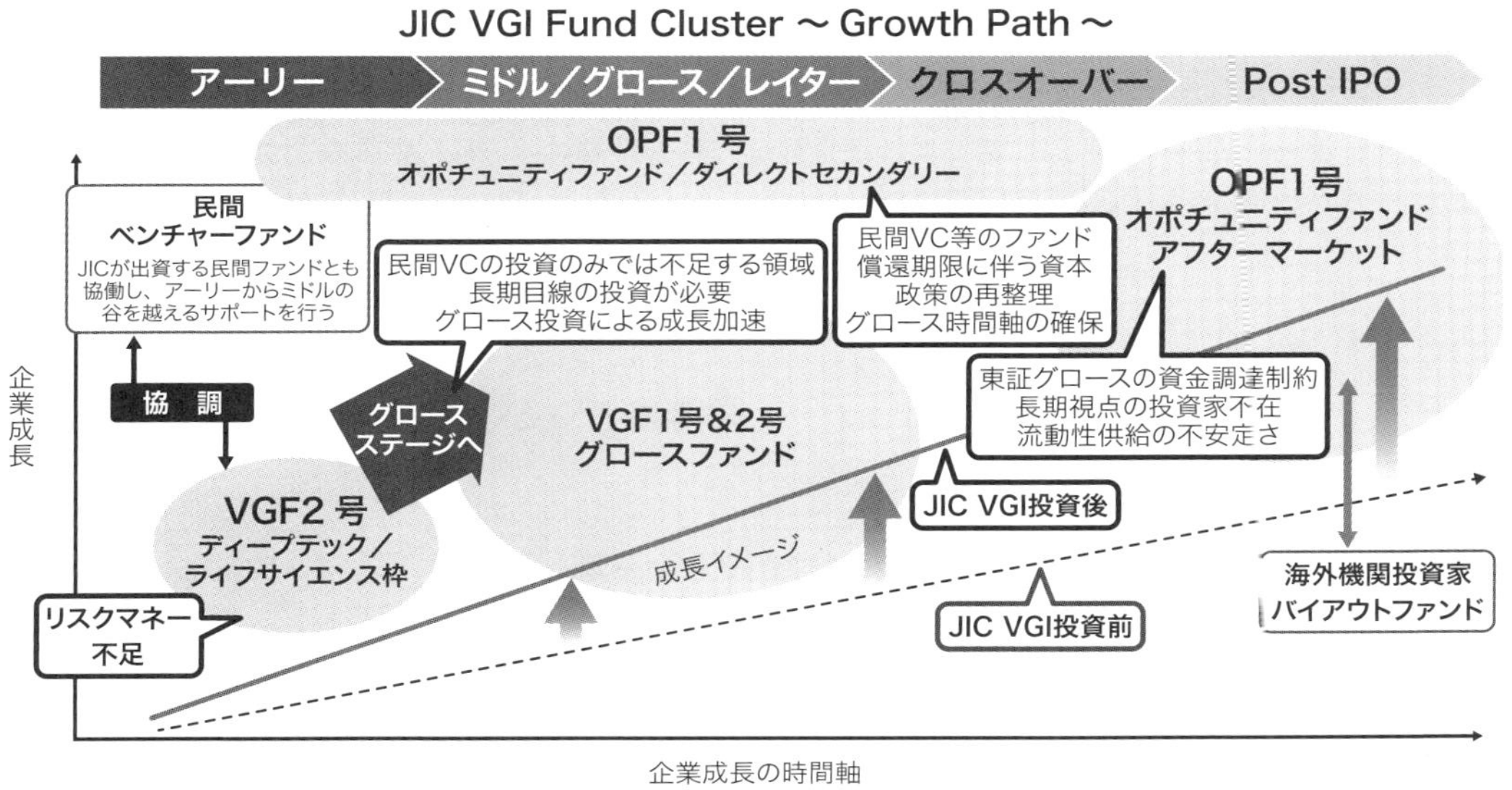

出所：JIC 定例記者会見資料（2023年12月20日）

題の解決を企図した資金供給を念頭に、アーリーからミドル／グロース／レイターフェーズ、クロスオーバー、アフターマーケットまでを一気通貫して資金供給を支え、ユニコーン創出を目指している取り組みが示されている。官民ファンドとして、「スタートアップエコシステム」を循環的に動かしていく仕掛けとして機能し始めようとしている。こうした取り組みと、民間の金融面での変革を進めることで、当面は、より金融面からの「スタートアップエコシステム」を支える機能が強化されると考えている。

3. アントレプレナーシップの重要性

「アントレプレナーシップ」とは何か、その位置づけ

「アントレプレナーシップ教育」の「アントレプレナーシップ（entrepreneurship）」とは、一般的には「起業家精神」や「企業家精神」と翻訳され、新しい事業を起こすという意欲を持ち、リスクにチャレンジする精神を意味している。日本においては、長年、アントレプレナーシップが低いことを一つの要因として、起業家が出にくい、あるいは、出てきても育たないということが取り上げられ、また、その原因として、教育面の問題や文化やカルチャー面の問題として、語られることが多い。世界のアントレプレナーシップに関する

ランキング（図表3－6）においても、世界で26位の順位で、G7主要国中6位、アジア諸国中6位と、厳しい水準にある。その要因として、在学段階でのアントレプレナーシップ教育は44位、卒後のアントレプレナーシップ教育は30位、商業的・法的整備は47位、文化的・社会的な規範は39位と、諸外国との落差は大きく、軒並み30位以下に沈んでいる。

また、産業の新陳代謝を評価する点では、起業だけではなく廃業の状況を把握する必要がある。日本の開業率と廃業率を見ると、そもそも両者の指標はともに、絶対率ベースが一桁台半ばと低く、新陳代謝全体が進んでいない。開業率は、1980年代は6～7％程度あったものが、1990年代以降5％前後と長期低迷しており、廃業率も、3％台まで低下している。また、「開業率－廃業率」は1ポイント程度と、極めて近接している（図表3－7参照）。

このようにマクロ的なデータでは、開業レベルは、廃業レベルから大きくプラスにはなっておらず、日本の停滞色が強いことは否めない。英国、米国では、開業率も、廃業率も、日本の2倍程度はあり、事業の新陳代謝が活発であることが見てとれる。日本の場合、事業に対する新陳代謝が不十分であり、起業の活発化が進んでいない。さらにはイノベーションの創出力が弱いなど先行きの展望は十分には開けていない。

事業に対する新陳代謝が進まない要因として、日本におけるアントレプレナーシップ意識が高くないことが取りあげられる。図表3－8は、ベンチャーエンタープライズセンター

図表3-6　世界における日本のアントレプレナーシップのポジション

世界のアントレプレナーシップに関するランキング
→C7主要国：6位　アジア諸国：6位（調査数137か国）

Global rank	Country	Score	Global rank	Country	Score
1	United States	86.8	14	France	67.1
2	Switzerland	82.2	15	Germany	66.7
3	Canada	80.4	16	Austria	64.9
4	Denmark	79.3	17	Belgium	62.2
5	United Kingdom	77.5	18	Taiwan	62.1
6	Australia	73.1	19	Chile	58.3
7	Iceland	73.0	20	Luxembourg	58.1
8	Netherlands	72.3	21	Korea	58.1
9	Ireland	71.3	22	Estonia	57.8
10	Sweden	70.2	23	Slovenia	56.5
11	Finland	70.2	24	Norway	56.1
12	Israel	67.9	25	United Arab Emirates	54.2
13	Hong Kong	67.9	26	Japan	53.3

出典：Global Entrepreneurship Index 2019（The Global entrepreneurship and Development Institute）

起業家的な枠組みの条件に関するランキング（54カ国中）

項目	日本	米国	イギリス	ドイツ	カナダ	イスラエル
在学段階でのアントレ教育	44位	13位	20位	36位	9位	27位
卒後のアントレ教育	30位	12位	26位	25位	20位	34位
商業的・法的整備	47位	10位	25位	3位	16位	15位
文化的・社会的な規範	39位	1位	19位	32位	10位	2位

出典：Global Entrepreneurship Monitor 2019/2020 Global Report

出所：文部科学省「アントレプレナー教育の現状について」（2021年7月）

図表3-7　開業率・廃業率の推移と国際比較

▼ 日本の開廃業率の推移（1981〜2021年）

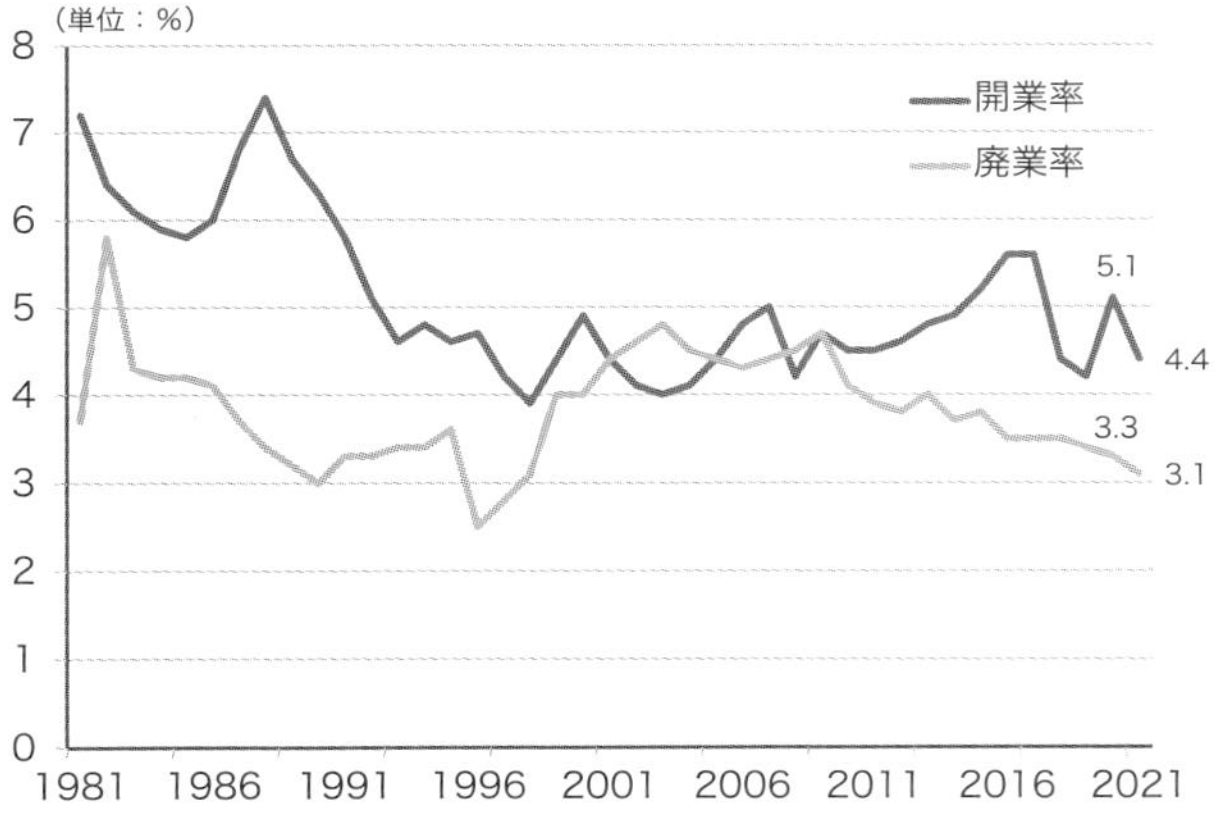

▼ 開廃業率の国際比較

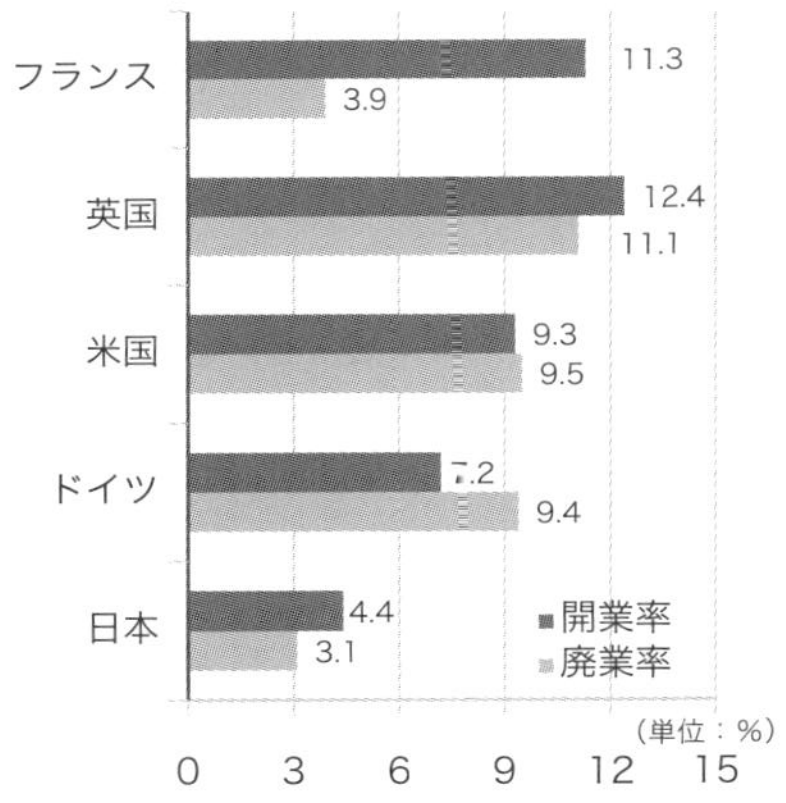

原資料：日本：厚生労働省「雇用保険事業年報」のデータを基に中小企業庁が算出、米国：United States Census Bureau「The Business Dynamics Statistics」、英国・ドイツ・フランス：eurostat。右表で、日本は2021年度、英国は2021年、その他は2020年。

出所：中小企業庁編「2023年版中小企業白書」

図表3-8　日本で起業が少ない原因

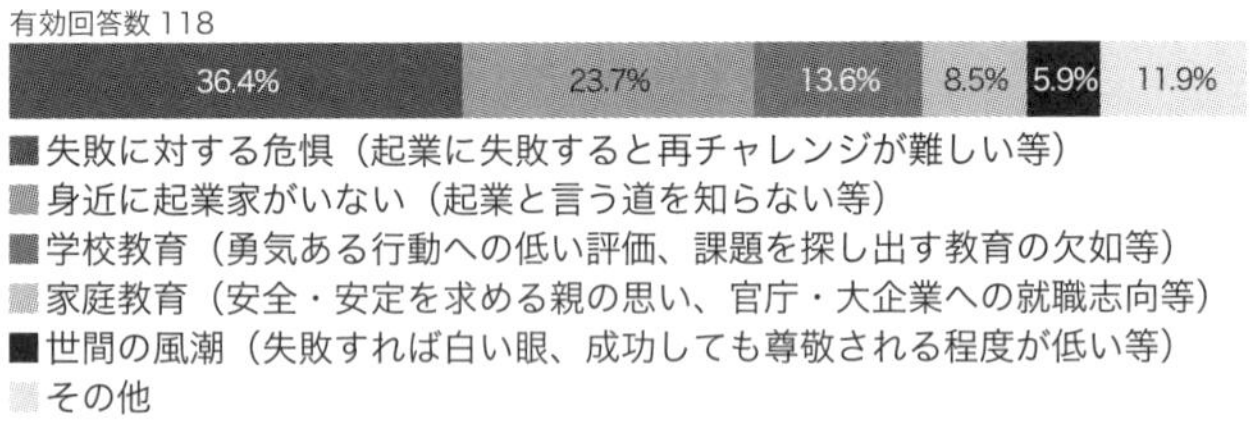

(%)	2019	2020	2021	2022	2023
失敗に対する危惧	32.9	37.6	39.2	47.9	36.4
身近に起業家がいない	14.3	19.5	10.8	21.5	23.7
学校教育 (勇気ある行動への低い評価…)	20.3	15.0	20.0	9.1	13.6

出所：ベンチャーエンタープライズセンター「ベンチャー白書2023」

がベンチャーに対して実施した「ベンチャー企業の経営環境等に関するアンケート調査（2023年度）」の結果である。日本で起業が少ない最大の原因についてみると、第1位は「失敗に対する危惧」が約37％、第2位の「身近に起業家がいない」が約24％、そして、第3位が「学校教育」が約14％の水準となっている。「失敗に対する危惧」がトップとなっているが、この原因は、身近にロールモデルが存在する、あるいは、学校教育のプログラムで「アントレプレナーシップ教育」が浸透してくれば、こうした「失敗に対する危惧」は、もう少し減少してくるものと思われる。

「アントレプレナーシップ」教育の現状と課題について

「アントレプレナーシップ教育」は、どの程度行われているのであろうか。文部科学省の委託調査（2020年度）を材料に見てみたい（有限責任監査法人トーマツ『持続的・発展的なアントレプレナーシップ教育の実現に向けた教育ネットワークや基盤的教育プログラム等のプラットフォーム形成に係る調査・分析』による）。4年制の大学で、「アントレプレナーシップ教育」が行われている大学は約3割弱の水準であり、7割の大学においては、「アントレプレナーシップ教育」は行われず、かつ今後も、その未実施の大学の9割においては、今後も実施する予定はないと回答している。その未実施の大学の7割は、「アントレプレナーシップ教育」実施の必要性は認識しているものの、リソース（ヒト・モノ・カネ）不足や他に優先すべき教育内容があることを理由に挙げている。こうした委託調査から出てくる現状認識は、やや寒々とした状況であり、前述した、「アントレプレナーシップ」が日本において広がりを欠ける環境である。また、国内大学における「アントレプレナーシップ教育」が、限界的にしか行われていない現状は、特に、学生の「アントレプレナーシップ教育」の受講率が、わずか1％であり今後の道のりがいかに遠いものであるか、如実に示されている。なお、日米比較ベースでの「アントレプレナーシップ教育」の実施状況を見ると、米国では360大学以上に対し、日本は60大学以上に留まっている。

このように、日本においては、「アントレプレナーシップ教育」は、まだまだ不十分で広がりを見せていない。これを、単に「アントレプレナーシップ教育」を拡充していくという観点のみで議論していくだけでは、その広がりや効果をもたらすまでに、相応の時間もかかる。そういう観点を念頭におくと、「スタートアップエコシステム」という概念で大学発ベンチャーを増やしていく取り組みの重要性が浮かびあがってくる。

新しい事業やビジネスを作り出すためには、ただ単に、事業のヒントやアイデアがあっても、それはきっかけにしか過ぎない。そうした事業のシードを組み立て、育て、広げて、事業を成長軌道に乗せていく必要がある。そのためには、ベンチャー企業が成長していくための枠組みや仕組みが循環的な形で機能していくことが重要となる。米国のシリコンバレー型モデルでは、大学としてのスタンフォード大学、カリフォルニア大学バークレー校の存在、その周辺に、様々な人材の集積（弁護士、デザイナー、ベンチャーキャピタリストなど）などが、イノベーションを創り出し、商品・サービスのアイデアの事業化を後押ししている。こうした「スタートアップエコシステム」と、「アントレプレナーシップ教育」を、うまくリンケージして広げていくことが大事である。文部科学省の2021年度～2025年度の「スタートアップエコシステム形成支援」として「アントレプレナーシップ教育」を推進するという施策は、そうした考え方に基づくものと認識できる。

日本においては、本格的な人口減少社会が到来し社会・経済構造も大きく変化し、さらには、デジタル社会の到来や脱炭素社会実現の取り組みなど、旧来型の延長線では地盤沈下が生じるため、新しい発想などを取り入れることが、強く求められる。産官学連携的視点を前提に、本格的に「アントレプレナーシップ教育」という枠組みが重要になってくる。「学び」の総合的かつ体系的な枠組みの構築が問われている。

4. おわりに

日本の経済・社会構造の大きな変化に向けてチャレンジする人材を、どれだけ作ることができるかどうかにかかっている。起業をして、スタートアップが成長していくこと、あるいは、停滞している企業が活性化して、新しいビジネスモデルを作って、トランスフォーメーションを進めていくことなどが求められる。そうした中で、そうしたプロアクティブな人材基盤をどう構築していけるかということが問われる。ある種の新陳代謝のサイクルがうまく回せていけるかがポイントである。

「資産運用立国」の実現には、スタートアップの成長の枠組みをリンケージさせることが欠かせない。日本の産業構造の大きな転換を推進させるためにも、スタートアップへの投資をステージごとにシームレスでつなげて拡大することが不可欠である。本論考では言及していないが、大学発ベンチャー企業の上場件数は伸び悩んでおり、産官学連携の強みを日本が十分には活かせていない事態を変えていくことは、「スタートアップエコシステム」の観点でも、重要な視点となろう。そうしたことを含めて、日本の経済・社会構造の柔軟さと多様性を確立し、「スタートアップエコシステム」が日本の基盤を支えていくことで、日本全体の価値向上につなげていくことを期待したい。

参考文献

・INITIAL「2023 Japan Startup Finance」（2024年1月）
・岡村秀夫「グロース市場の活性化に不可欠なIPOでの資金調達促進」（週刊金融財政事情2023年4月25日号）
・金融庁「金融審議会　市場制度ワーキング・グループ・資産運用に関するタスクフォース　報告書」（2023年12月）
・忽那憲治、長谷川博和、高橋徳行、五十嵐伸吾、山田仁一郎著『アントレプレナーシップ入門―ベンチャーの創造を学ぶ』（有斐閣、2013年12月）
・東京証券取引所「市場区分の見直しに関するフォローアップ会議　第8回　東証説明資料①」（2023年2月）

・内閣官房「資産運用立国実現プラン」（2023年12月）
・野村拓也「実行フェーズに入った資産運用立国実現プラン」（週刊金融財政事情2024年2月13日号）
・長谷川克也著『STARTUPS101 スタートアップ入門』（東京大学出版会、2019年4月）
・ベンチャーエンタープライズセンター「ベンチャー白書2023／ベンチャービジネスに関する年次報告」（2023年12月）
・文部科学省 科学技術・学術政策局「今後のアントレプレナーシップ教育・スタートアップ創出の推進（案）」（2020年8月）
・文部科学省 科学技術・学術政策局「アントレプレナーシップ教育の現状について」（2021年7月30日）
・有限責任監査法人トーマツ「持続的・発展的なアントレプレナーシップ教育の実現に向けた教育ネットワークや基盤的教育プログラム等のプラットフォーム形成に係る調査・分析」（令和2年度委託調査）
・ベンチャーキャピタルに関する有識者会議「ベンチャーキャピタルにおいて推奨・期待される事項」（2024年10月17日）
・木村雄治編著『産業の変革をリードするプライベート・エクイティ』（イノベーション・インテリジェンス研究所、2024年9月）

・幸田博人／木村雄治編著『ポストコロナ時代のプライベート・エクイティ』（金融財政事情研究会、２０２２年２月）
・幸田博人編著『プライベート・エクイティ投資の実践』（中央経済社、２０２０年３月）
・幸田博人「日本の構造問題を踏まえたリスクマネー供給～脱炭素社会も展望、リスクマネー供給年間１兆円に向けて～」（月刊資本市場　２０２１年10月号）
・幸田博人「『資産運用立国』実現とスタートアップ企業の成長に向けて～好循環としてのエコシステムの確立を目指す～」（月刊資本市場　２０２４年４月号）
・幸田博人「「アントレプレナーシップ教育」への期待」（「変革に向けた日本の人材教育・人材育成の方向性」（産業新潮　第３回（２０２１年12月号））
・幸田博人「「日本の将来を人材から考える～社会の変革に向けて～」（「不透明な時代環境と求められる人材育成～アントレプレナーシップの重要性～」（産業新潮　第６回（２０２４年12月号））

ベンチャーキャピタルのトップに聞く

（2021年12月19日 収録）

創業経営者にとって魅力的なVCとは

中嶋 淳

アーキタイプベンチャーズ株式会社
代表取締役

（インタビュアー　幸田 博人）

中嶋 淳

1989年株式会社電通入社。企業コミュニケーション立案を担当したのち、1994年からインターネットビジネス・スペシャリストとして100社以上のマーケティング・事業戦略立案、サービス/ブランド構築に携わる。2000年、株式会社インスパイアに創業直後から合流。事業会社に対する新規事業コンサルティング、スタートアップ企業へのインキュベーション業務を担当。2005年同社取締役副社長就任ののち、2006年アーキタイプ株式会社（現アーキタイプグループ株式会社）設立、代表取締役に就任。2013年アーキタイプベンチャーズ株式会社設立。

Archetype Ventures

Archetype Venturesは、日本で初めてのB2B Techに特化した独立系VC。Seed Plusステージに投資し、起業家と死の谷を共に乗り越えるHands-on型 VCとして、2013年の設立以来、現在までに4つのファンドを通じ累計約200億円を運用、50社以上に投資している。

はじめに

幸田　今回はアーキタイプベンチャーズを立ち上げられた中嶋淳さんにお話をお伺いします。独立系ベンチャーキャピタル（以下、ＶＣ）が日本でも定着し始めている中、中嶋さんにお話を聞き、読者の皆さんに知見やヒントが示せればと思っています。

1．ＶＣに関心をもった経緯（電通時代）

幸田　中嶋さん、まず電通に入られて、そこで、いろいろご経験されている中で、ベンチャー企業やスタートアップ企業にご関心を持たれて、新しいチャレンジを始めた経緯からお話しいただけますか。

中嶋　１９８９年に電通に入社した後、１９９２、１９９３年ぐらいからインターネット関係の仕事を始めていました。当時はまだ、それこそYahoo!もNetscapeもAmazonもGoogleもない時代でしたが、インターネットを触ってみて、次のコミュニケーションツールとして大きな可能性があると思いました。

もともと僕は学生時代から、企業コミュニケーションが活性化することで世の中が平和になっていくだろうという思いから、**「世界平和を自分のミッションにしたい」**と言っていました。企業と企業、企業と社会、企業と生活者というコミュニケーションの仕事がしたいと思ったときに電通という会社があったのです。広告というメディアだけでは限界があると思ったときに、インターネットが1992年ごろに出てきて、将来的に企業のコミュニケーションや、コミュニケーションを超えた企業活動において重要なツールになると感じ、どっぷりのめり込みました。毎日朝から晩まで、いわゆるネットサーフィンをして、日本だけでなく世界中のインターネットのサービスを見ていました。

当時、米国でインターネットのポータルサービスをビジネスとするベンチャー企業が次々に起業したという話を聞きました。**1995年頃、電通にエクイティ投資のラウンドの話が来たのです**。とにかく絶対投資したいと思って社内調整をしたのですが、インターネットって誰がやっているんだとか、そんな変なベンチャー企業にお金出して大丈夫なのかということで、残念ながら投資には至りませんでした。

そのとき、われわれの側にエクイティ出資を求めるまでに、彼らがどうやってビジネスをしてきたんだろうと思って調べ、そこで初めてVCという存在を知りました。投資会社がこうしたスタートアップ企業を（当時はベンチャー企業という言い方でしたが）

支えている。そういう社会的な機能を持つ企業があるということを初めて知り、これは面白いと思ったのがきっかけです。

その後社内でインターネットの仕事を手がけるうちに、主にアメリカからいろいろなスタートアップ、ベンチャー企業が出てきました。それらのサービスをすばやくお客さんに提供し、企業もまた日本のマーケット開拓で電通の協力や出資を求めて来たので、毎月何件ものサービスが出てくる瞬間を目の当たりにしていました。私は当時30歳代前半で、インターネットは成長産業になり、世界中から怒涛のようにインターネットで起業した若者が出てくるだろうと思っていました。

原石となるアーティストを発掘してレコーディングの機会を与えるプロデューサーのような仕事は、今後絶対必要になると確信していました。広告会社で、コミュニケーションやマーケティングをある程度学んできた人間として、この領域でやっていけるのではという思いがあり、1999年ぐらいから、VCを自分でやってみたいと思っていました。

たまたま2000年頃、Microsoftの日本の社長だった成毛眞さんが退任、インスパイアという、新しいスタイルの投資とコンサルティングを行う会社を始めるという記事を読みました。その直後、Microsoftの友人が辞めて起業するときに僕のところに来て、今度、前の会社の社長がベンチャー投資の会社を始めたので出資のお願いに行く。応援でプレゼンを手伝ってくれないかという相談があり、成毛さんと初めてお会いしました。

僕の友人の事業的な優位性や将来性などを電通のインターネットビジネスの人間として語り、「こういう（すばらしい）会社に投資しないのは駄目ですね」と話をして帰ったのですが、少し話し方が無礼だったのでお詫びのメールを書いたところ、もう一回話そうということになり、そのときに「来い」と言われ、いろいろ経緯はありましたが結局入社することになったのです。

2. 次の展開 ~電通からインスパイア時代（アーキタイプ独立前）

幸田　電通という、巨大な広告会社に入られて、インターネットビジネス関係の仕事をして、新規ビジネスの領域に携わられたのは、幸運だったと思います。そういう中で、大企業の中での電通は、かなりオープンな企業で、また、海外とのネットワークも含めていろいろ積極的だったと思います。こういう「新しいビジネスに対する関心はそれなりにあっても、新しいことへの踏み込みは躊躇する」というのは、日本の企業としての、ある種の制約みたいなものがあったということでしょうか。

中嶋　そうですね、いわゆる**ノット・インベンティッド・ヒア**（Not Invented Here, NIH）**症**

候群というものがあるんですが、自分の会社で作っていない、まして洋物でしかもインターネットなんていうのは、いわゆる主体がないと考えられるわけですよね。責任者がいないビジネスだという位置づけになってしまう。そんなところと仕事をする、しかも投資するのか。ほとんど理解不能というのが、当時はあったと思います。もし投資の検討をしたとしても、実際は1年かけて自社でやるという、そういう文化だったので、**シリコンバレーのスタートアップのスピード感ある投資プロセスに全然乗らなかった。**

幸田　中嶋さんのいろいろなネットワークは当時から、外部とのオープンな関係で作られたのだと思います。一方、電通は、新卒採用方式や終身雇用という伝統は強い中で、辞めて外部に独立されるような方も比較的いらっしゃるような会社だと理解をしています。その辺りの柔軟性というか自由度みたいなものは当時からあったということですか。

中嶋　僕の同期は、社風に合わなくて入社してすぐ辞めてしまった人以外、辞めた人はそれほどいませんでした。ただインターネットブームが起こったときに、少しずつスタートアップに行ったりとか、IT系に行く人間が増えてきて。そうした流れに乗ったとは思っていませんが、私も辞めることになりました。私をよく見てる上司は、もうこいつはいつか辞めそうだな、というのは分かっていたようで、「辞めます」って言ったら1

日で役員決裁まで通って、誰も引き止めてくれませんでした（笑）。

幸田　アメリカあるいはシリコンバレーから、かなり刺激を受けた面と、一方で電通として、日本国内でビジネスを立ち上げるときの社内の制約など、日本企業における壁は、当時感じられてらっしゃいましたか。

中嶋　まだ**1990年後半でしたので、日本でもVCは大手が一部存在していたぐらいで、コーポレート・ベンチャーキャピタル（CVC）を作るような会社も少なく**、電通もその後CVCを作ってはみたのですけど、スタートアップに投資をするのは、ほとんどなかったと思います。1990年代に起業した人たちは、基本的にVCからの調達はほとんどないですよね。

当時は、売上をたててPLで頑張りながら上場した会社がほとんどだと思います。GREEですら上場までにVCは1社なんですよ。グロービスさん1社だけで1億円だけです。あとはKDDIさんがその後、最後に3・5億円出したぐらいで、それぐらいで上場する時代だったと思います。2000年代前半でも、そんな感じでした。ましてや90年代なんてほとんどVCがなかったので、そういう意味では隔世の感があります。

幸田　様変わりですね。20年前の難しさなど、いかがですか。

中嶋　それで、私はインスパイアに入って、インスパイアはもともとパイプス（Private Investments in Public Equities, PIPEs）だったんです。あまり良い言い方ではなくて申し訳ないのですが、上場企業の中で株価の低迷している会社に投資をして、その投資のお金でコンサルティングの原資を提供、つまりインスパイアのコンサル機能を提供していたわけです。ただ僕はその部門ではなくて、大企業の次の武器となるような新しい技術、サービスへの投資、要はスタートアップ投資部門でしたので、そこから今のオープンイノベーションのような文脈について考えるようになりました。そこでは5年半ぐらい経験を積みました。

技術系のスタートアップに投資をするなかで、これは絶対に次のマーケティングの鍵になるだろうとか、生産を改善するだろうとか、そういう視点で仕事をしていました。２０００年ごろのことです。

幸田　当時ちょうどＩＴバブル、その後のＩＴバブル崩壊といわれるタイミングですね。

中嶋　そうですね。２０００年の頃はまさに本当にＩＴバブルの絶頂期の頃で、成毛さんはすごくセンスのいい方だったと思います。ＩＴ系ばかりに投資してても駄目だということで、日本をよくするには日本の従来型の産業を維持してきた上場企業、だけどなかなかＩＴの波に乗り遅れて株価が低迷してるような会社を応援しない限りはよくならないということで、キラキラしたＩＴ系に投資しないファンドを始めたのです。もちろん投資だけでは会社はよくならないので、今でいうＤＸ、デジタリゼーションを進めていきました。あらゆるコストを削減したり効率化を進めていく中で、**日本の企業は長らくR&D投資を削減していたので、メーカーさんもどこも独自の卓越した技術やサービスがないことが課題だろうという結論になりました。**

幸田　投資に加えて、コンサルというアプローチの仕方は、今の企業価値向上に通じるようなところがあると思います。そのときに感じた投資と企業価値向上の視点はどういう点がポイントでしたか。

中嶋　当時、まだ30代前半から半ばで、まだ若いということもあったのですけど、やはり優れた技術、大学発・研究所発の技術ですとか、非常によくできたソフトウエアに目がいってしまって。これは絶対に企業の形を変えていくだろうと思って、投資して、一緒にセールスに行くのですが、結局プロダクトアウトなんですよね。

僕自身もプロダクトアウトな形で投資をしていましたし、金融投資家も、大体特に研究所発とか技術者発のプロダクトはそういう形になっていたように思います。しかし、面白いけれど導入は…とか、これ3年前だったら導入するよとか、この前新しくリプレイスしたばっかりだよということで導入には至りませんでした。

企業価値を向上させるには、もう少し大企業が、次の5年、10年を展望して何を考えているのか、また、どこに自分たちの足りないところがあるかを感じて、何を探しているのかを知らないと、投資検討しても駄目だと思いました。

そんなこともあって2006年に、アーキタイプという会社を起業したときには、大企業の新規事業の事業開発コンサルティングから始めました。新規事業部門の人たちと日々接しながら、彼らが何を考えているのかを把握し、投資のマップを作っていきました。

幸田　中嶋さんから2006年に独立したお話が出ましたが、この2000年代前半からリーマンショックの手前までの期間は、日本にとっては、アメリカの今のGAFAとの格差がこれだけ開く大きな要因になったと思います。この時代に投資を進めていき、ビジネスアイデアなどの取り組みと組み合わせていくことができていれば、随分と様相は変わっていた気はします。当時、インターネット系として、楽天やライブドアなどの新興企業が出てくる中で、東芝や日立や富士通などの大企業が、自分の領域の中で新しい取り組みに慎重であった面もあると思います。楽天などに続く企業を応援できなかった構図は、２０００年代前半にはあったと思います。結局、ＧＡＦＡとの大きな差が、２０００年代前半に事実上生じてしまったと思います。そのあたりどうでしょうか。

中嶋　２００６年は、まさに幸田さんがおっしゃったライブドアショックが２００６年の１月にあったのです。あのまま進んでいれば、テレビ局とＩＴ系の融合という形で何か新しい時代が起こったかもしれませんでした。結局、統合の計画が破綻したことで、２００６年の前半はいわゆるＩＴ系のスタートアップにものすごいアウェーの風が吹きました。周りにいた起業家からも相談受けて、例えば、出資するといった企業から断られたとか、オフィスが借りられなくなったとか、銀行の口座が作れないとか、複合機のリースもできないという、まさに四面楚歌だったのです。

２００６年から２００７年ぐらいは、ＩＴ系スタートアップへの風向きがものすごく悪かった時代なのです。それは起業家だけではなくて大企業の中でもそういった新規ビジネスを推進しようとした人たちも同じように冷や飯を食わされたと思います。**おっしゃるとおり、その1、2年は、日本がその後のＧＡＦＡに負けたきっかけになっただろうという気はします。**

もう一つ、当時の大企業にもＣＶＣとか投資担当はあったのですが、技術系のベンチャー企業が大企業に行くと、みんな「うちでも作れる」って言うのです。うちでも作ろうと思ったら作れるから投資は検討しないと言うのです。いや、これ作るのにどのぐらい時間かかるんですかという、時間軸なしのあくまでも技術的な可能性であって、これは工学博士とかの出身の方々の社内キャピタリストが多かったので、**時間という概念が当時の技術投資とかスタートアップ投資にはなかったと僕は思っています。早く出して早く勝つという、そのあたりの発想がなかったのだと感じています。**

3. 独立（アーキタイプ設立）・その後のアーキタイプベンチャーズ設立

幸田　2006年1月にそういうタイミングで独立されて、まずは、何を目指しましたか。

中嶋　やはりインスパイアのときに学んだ中で、アメリカには大企業がスタートアップの技術をいち早く導入して大きく変わったという事例がたくさんありました。例えばIBMがMicrosoftのOSを採用したとか、あるいは、Googleの初期は、ビジネスモデルがなかったのでYahoo!に検索エンジンをOEM提供していた時期があったようにスタートアップの新しいイノベーションと、大企業で新しいことをやりたいことが合致し、世の中を変える事例はアメリカではたくさんあっても、日本にはない。**大企業は大企業にしか発注しないという日本の仕組みを変えたいという思いがありました。ですから、最初から大企業の新規事業開発とスタートアップ投資を両方やって、それぞれの足りないところをつないで連携しよう**という、今でいうオープンイノベーションを設立当初から志しました。大企業向けの新規事業コンサルとスタートアップ投資を両方やるという、非常に無謀な事業を始めたのです。

幸田　その当時、周りを見渡して、**そういうスタートアップ投資とコンサルを組み合わせる形態は少なかった**のでしょうか。

中嶋　そうですね、両方やっている会社はありませんでした。オフィスに同居しながら500万円、1000万円を投資するモデルは、Yコンビネータがアメリカでアーキタイプ設立の1年前に行っていました。実は、アーキタイプベンチャーズとして2013年にVCを始める前に、コンサルティング会社のアーキタイプで自己投資をしていたのです。当時はBSから投資していたので、たくさんの企業への投資はできず、結局25－26社ぐらいしか投資できませんでした。

2006年は、BSからの投資を含め、ベンチャー投資をしている会社は、ほとんどありませんでした。また、スタートアップと同居する、インキュベーションスペースを持つ会社もなかったですし、シードにクイックに出してくという、今でいうアクセラレーター的な投資をする会社もなかったという記憶がありますね。

幸田 アーキタイプという社名は、どういう由来になるのですか。

中嶋 これは〝原型〟という意味です。起業家の創業の原型をしっかり形にしようと。大人がいじり回して違う会社にするのではなく、彼らの見つけた原石をしっかり磨いて世の中に出していきたい。**起業家や新規事業の担当者のアイデアを、投資家や上司からつぶされないようにしっかり守って形にしていく支援をしたいという思いから、アーキタイプという社名にしたのです。**

幸田 中嶋さんの会社自身も、本当にアーリー企業ということでスタートして、2008年にリーマンショックになって、ここはどう乗り越えられましたか。

中嶋 やはり厳しかったです。借り入れをしたりしながら生き残ったという感じでしょうか。投資も別にファンドではないので、お金がないときは投資しないという意志決定も含めて何とか食いつないだという感じはありますね。

幸田　ということは、いわゆる**自己資金投資というか、投資家由来の資金でないというところのメリットが、リーマンショック等をうまく乗り越えられる一つの要因だった**ということですね。

中嶋　おっしゃるとおりです。

幸田　でも周りのVCのかたがたも、随分あの頃は苦労されていましたね。

中嶋　結局、投資先、投資支援先のビジネスが厳しかったということだと思うのですが、あとはVCファンドの投資家資金の募集が厳しかったこともあったと思います。ですからファンドレイズができたところは普通にやっていたように記憶しています。

今、「これだけコロナ禍が続いて厳しくないですか」と聞かれますが、新しい課題解決に取り組む起業家も出てきますし、VCとしてはお金を調達できていて投資しますので、答えは「あまり変わらない」です。

幸田　そのあと、投資家からもお金を集めてアーキタイプベンチャーズというＶＣを立ち上げられたのは、２０１３年になります。

中嶋　２０１０年、２０１１年ぐらいからだんだんシード投資をするＶＣが増えてきて、また大企業ＣＶＣがいろんな形で出てきました。**独立系ＶＣでもシードから投資するという会社が増えてくる中で、自己資金でやっていくのに限界もありました。**

幸田　２０１３年のアベノミクスの成長戦略という中で、徐々にそういうベンチャー企業の資金調達あるいはＶＣも少しずつ盛り返していくという時代に入ったと思います。そのときに中嶋さんの立ち位置としては、先ほど言われたようなベンチャー投資、スタートアップ投資と、そこからの企業価値向上に向けて大企業のオープンイノベーションとつなげて実践していくということを、進められたということですね。

中嶋　自己資金投資のときはBtoCも1、2件やってはみたのですが、やはり大企業の新規事業をお手伝いするという立場でスタートアップ投資を考えていくと、BtoBのほうが親和性が高いという実感がありました。ビジネス開発、ビジネスデベロップメントや営業サポートはかなりできていたので、BtoBに特化したいと考えていました。それに共感してくれる今のファンドのパートナーが見つかったので２０１３年にアーキタイプベンチャーズをつくりました。

幸田　様々な大企業が本格的にＣＶＣの取り組みを始めたことに関して、中嶋さんはどういう形で連携していくことを想定したのでしょうか。

中嶋　基本的にやることは変わっていません。**投資はBtoBで、プロダクトアウトではなく、顧客課題や問題解決にしっかり向き合うスタートアップに投資する。**大企業側は新規事業コンサルティングを通じて当時少しずつ始まりつつあったアクセラレーションプログラムを実施します。企業内イントレプレナーを育てながら社内起業家を増やすなどのフレームを更新します。

こうして**起業サイドと大企業をどこかのタイミングでマッチングし、両サイドから新しい事業が生まれるような仕組みをつくりたい。これは創業から変わっていません。**

4．大企業とスタートアップ企業との連携について

幸田　今言われた企業内イントレプレナーをつくるのは非常に大事なことだと思います。そういう視点は今、大企業に入ってきていますか。

中嶋　日本の大企業の新規事業は、コンサルティング会社にアイデアを100個ぐらい考えさせて、三つぐらいに絞って、5億円、3億円、2億円と、合計10億円ぐらいの投資をして、2-3年で終わらせるということが長年繰り返されています。しかも、三つ投資を始めて三つとも成功せよというのが日本の大企業の経営者のマインドです。とある上場企業のCFOに対し、「三つ投資して三つ成功するのだったらベンチャーキャピタルのような業態は存在する必要がないですよね。」と言ってしまったこともありました。

われわれも、もちろん全部成功してほしいと思って投資をしますが、投資した後の社会環境の変化、まさに今回のようなコロナ禍での環境変化、規制緩和や技術革新、あるいは経営陣の化学反応が悪かったというようなことで、思ったよりグロースしないケースがあるわけです。投資家に資金を返さないといけないので、「三つではなくて30個に投資します。いきなり2億円、5億円ではなくて、ちゃんと半年、1年、1.5年といっ

たマイルストーン投資みたいなものは、もっと大企業の新規事業部でも進めるべきですよね」という話をしています。最近はそういった企業さんが少しずつ増えてきたという実感もあり、アーキタイプとしてもそういう方針でコンサルティング事業を進めています。

新規事業も変わりつつあります。例えば提携とか買収をしても、大企業側に事業を推進したいという思いを持った人物やチームがいなくて、経営企画の人がこれよさそうだからと買ってみて、中ぶらりんになって飼い殺し、のような買収は、アメリカでも結構多かったと思います。これは本当に大企業・ベンチャー企業の両サイドにとって全然ハッピーではない結果です。**自分たちでこういうことがやりたいと思い、社内で検討するチームがいることが大事です。**そういう会社が出資したり買収したりするほうが確実にイノベーションが起こると気付き、スタートアップ投資だけをしても、日本でM&Aが進まない理由もそのあたりにあると思いました。**大企業が社内にどんどん事業の種をつくらないと、スタートアップのエグジットもままならないなということを実感して、大企業の事業の種づくりを進めています。**

幸田　イントレプレナー的なことでいうと、会社全体で根づいているのがリクルートだと思います。絶えずそんなことをしていて、いろいろ考え、立ち上げています。一方で、コンサバティブなのが金融機関や製造業の伝統的なところと思います。この違いは、もちろん業種の問題とか環境の問題だと思いますが、**やはり根っこは文化や会社組織の構造的問題など会社の在り方に起因している部分も大きい気がします。**どうでしょうか。

中嶋 まさに幸田さんがおっしゃったとおりだと思います。例えば製造業でもミッションクリティカルな、例えば自動車みたいなところですと、やはり命を守る技術領域にはそんなに中途半端にスタートアップの技術を導入できないということになると思います。

一方、例えばこれが非自動車産業のメーカーさんが新しく自動車を異分野でやってみようというときは全然文化が異なるので、取りあえずそういうスタートアップと組んでやってみようと思うでしょう。そこの根幹には、いわゆる「パーパス」をはじめ、企業が目指すゴールの違いがあると思います。

ただ、**今は、もはやそんなことを言っている場合ではないということで、ほとんどの産業が、こうしたスタートアップやイノベーションを起こす仕掛けをやっておかないとまずいということが、自明になっていると思います。**

幸田 そういう意味では中嶋さんが始められた頃から比べると、だいぶ様変わりということですね。そのときに、中嶋さんとして、知見をどのように提供するか、もちろんお客さまの課題が何かということをよく聞き出すのはあるとしても、そこにソリューション的なことを提供していくときに、切り口だったり専門性だったり、いろいろな要素があると思います。その辺りはいかがですか。

中嶋　アーキタイプでは、いわゆるスタートアップ投資のリーンなアプローチで大企業にコンサルティングを提供します。**問題発見と問題解決をどう作っていくのかというところと、そこにどれだけ早く集中していけるかというところですね。顧客インタビューなどを一緒にやりながら、大企業側が考えるプロダクトやサービスに市場があるか、まずはプロトタイプ化を提案しています。**大企業的な「じっくり考え大きな予算を獲得」というモデルではないのですが、手堅いステップを踏みながら事業の可能性を拡大できるという感触があります。

そのプロセスの中で、ベンチマーク調査をしながらこんなスタートアップもあるので、事業化の可能性があるのではとか、あるいは、この領域は投資せず自分たちでやりましょうということもあります。

幸田　そのときにスピード感ということですね。

中嶋　いやもうそれに尽きますね。ですから、**意思決定が早くできる仕組みというのは、**

実はアイデアを事業化するフレームワーク以外に、社内のいろんな部門がどういうふうにそれをオーソライズしたり応援していくかという、ロジスティクスや管理部門やレギュレーション作りにキーというか秘密があるのではないかと思います。

最近よく思うのですが、DXを推進しようとするよりも、スタートアップ的なアプローチで社内の業務を変え、新規事業を社内でつくるプロセスをどんどん承認したほうが、本来DXが目指すゴールに近づくのではないでしょうか。

5. 大企業とDX（デジタルトランスフォーメーション）について

幸田　今お話の出たDX、デジタルトランスフォーメーションですが、中嶋さんがこれまで取り組まれたマーケティングについて、ITをベースにしてBtoBやDXとの親和性が非常に高いエリアだと思います。ここ3年ぐらいDXといわれながら、デジタル化というのは、どちらかというといわゆる効率化とかRPAみたいなものとか、コスト削減系が主流で、大企業の中で新しい付加価値を付けていく、商品、プロダクトを変えていく、そういうユニークなものへの活用を十分には見いだせていないのではないかと観察しています。そこはどうでしょうか。

中嶋　ＤＸであるかＤＸでないかという観点よりも、そのＤＸが、売り上げ向上につながるのか、あるいはコスト削減につながるのかという、その二つで見ることが多いです。ただ、コスト削減のほうが何となく手っ取り早いように感じるのですが、多少コストが下がるだけではＤＸはなかなか進みません。劇的にコストが下がったり、コストが下がったことにより、**空いた時間をアイディエーションなど新しい事業をつくる時間として企業のアップサイドにつながったなど、インパクトがあるコスト削減をしてこそＤＸだと思います。**ですから20パーセント削減、ではなくて、50パーセントのコスト削減を目指してしてくださいと、いつも投資検討先には言っています。

もちろんトップライン＝業績が上がるということなので、やはり経営者的には嬉しいようです。

それからＤＸは別に大企業だけのものではありません。ＤＸもしくはデジタライゼーションについて、ＶＲやＩｏＴやSaaSを見ると、大手は大体導入が決まっているので、これもう新規市場がないというケースが多いのですが、幸田さんご承知のように日本は結構、産業ごとにフラグメンテーションが多くて、大手の企業がいるけど、実は大手の企業トップテンを合計しても市場の２割しかないとか、残りの６割７割は中小企業が構成しているという業界が結構あります。**トップ企業は、アメリカのサービスとかSaaSを導入済みなので、トップ企業の次のグループへのアプローチを取るスタートアップへ**

の投資が有効だと思っています。

幸田　少しマクロ的な話になりますけど、日本のＤＸの遅れはもう世の中で散々語られてるわけですけど、レガシーの多さからなかなかうまく進まないという、根本的な課題と、今言われたような中小企業が手作業やかなり古いまま業務を行っているという構造問題については、時間はかかるということですね。

中嶋　あとは何でしょうね、**そもそも自分たちのビジネスを物を売ることからサービスを売ることに変えるという意志決定がトップから降りてきていないからなのでしょう。**たとえば Adobe みたいな映像編集ソフトの会社が、CD-ROMとかダウンロード型から完全にクラウドに変わるみたいな種類の意思決定ですね。ダウンロードモデルから従量課金に変えるですとか、いわゆるイノベーションのジレンマではないですが、自分たちが新しいことをやろうとすると、自分たちの首を絞めるような大きな決断を、経営陣が意思決定できないのが、実は一番問題ではないかと思います。

大企業のアクセラレーションプログラムは、トップによる意思決定として、自社の競合になるようなサービスや、自社のお客さんのサービスとカニバる領域を提案してもよいという前提がない限り、本質的なＤＸはなかなか起こらないという気がします。

例えば、リクルートでいえばIndeedですよね、もともとそれまで求人マーケットで彼らは自分たち独自のモデルを構築していましたが、それを全然違うレイヤーで自分たちのビジネルモデルをディスラプトする会社を買収して事業構造を変えたということは、極めて重大な意思決定だと思います。あれぐらいの意思決定がないと本質的なＤＸは難しいのではないかと思います。

幸田　社会環境の変化と、それから企業自身の競争力の劣化が目に見えてきて、そういう必要性にようやく気付くと遅いということも、よくあります。

中嶋　経営陣も社長も、任期が終わって、自分がやっておくべきだったと気付いたときには任期満了でおしまい、というほうが多いと思います。

幸田　社会環境の変化と自分の会社の置かれているポジショニングをどう検証するかは、上場企業であれば、今後はコーポレートガバナンスとかいろいろ枠組みがある一方で、まだまだ道途上のところも多いと思います。

6. 今後のVCの課題

幸田 今後のVCの課題について、話を進めていきたいと思います。

中嶋 VCとして自分も足りないなと思って学んでいるのは、上場した企業のその後の成長にどれだけ貢献できるかです。

私も最初設立したアーキタイプで投資した2社の社外取締役ですが、上場後の成長戦略で、M&Aや資本政策あるいはマネジメントのモチベーションをどうやって維持するかなど、VCとして接するのと異なるイシューが沢山出てきます。

スタートアップ投資の後社外取締役になって事業戦略など含めた様々なサポートをしますが、よくあることとして、上場前にVC関係者は姿を消し、辛いときからずっと見てくれていた投資家や取締役という相談相手がいなくなって、取締役会の運営がうまくいかなくなることがあります。**アーリーステージ専業のVCでも、上場後、PE（Private Equity）的な動きも含めたアドバイスができるような人材が、もう少し増えれば良いと思います。**

幸田　かなり大事なポイントです。**ＶＣのエグジット問題と、ベンチャー企業の上場後の成長問題**が、日本経済にとって、非常に重要なテーマだと思います。

中嶋　逆に幸田さんにお聞きしたかったのが、親子上場の今後についてです。親子上場を許容するホールディングの方がいいのか、親会社1社あってそこの完全子会社にしたほうがいいのかという話です。最近、ソニーさんがソニーフィナンシャルをＴＯＢして子会社にしました。今の吉田社長がＣＦＯの頃、ソニーファイナンスの事業はノンコアなので、上場子会社のままで良いと考えていたが、社長になって改めて考えた結果、金融事業は重要なドメインなので完全子会社にすると決めたそうです。こういう素早い意志決定をきちんとできたのがすごいなと思っています。社長在任の3年～5年の間に決めるべきことを就任前に考えておければと思います。ですから、**大企業の経営陣の方には、一度はスタートアップ投資を経験して頂きたいです**。

幸田　典型的にいえば日立やソニーのように、選択と集中を徹底してやるという大企業は、基本的には、グループ一体運営を重視していると思います。一方で、ソフトバンクグループのように、成長を進めていく中で、緩やかにグループを結成していく流れの中で、親子上場の意味はあるので、必ずしも一律に親子上場がデメリットばかりということではないと思います。もちろん、コンフリクトなどの手当は必要だと思います。中嶋さんの話にあった「大企業の経営陣の方には、皆さんのトップに立つ前の経験としてスタートアップ投資は必修に」というポイントは、今後の大企業のイノベーティブな成長の観点からは不可欠かと思います。

(1) 社会課題との関係

幸田　まとめとして、中嶋さんに三つの各論的な論点についてお伺いしたいと思います。最初のテーマで、今後、人口減少問題など日本の社会課題はかなり山積みで、また、コロナ禍の中で新たな社会課題も出てきている中、先ほど中嶋さんから話があった「顧客に聞きながら考える」ということで、社会課題として構造的に捉えつつ、マーケットの広がりや将来性とリンクして見ていかなければいけないと思います。企業価値を上げるために、将来の社会課題の解決に向けてより意識的に取り組むことが必要だと思います。この点について、中嶋さんからコメントいただければと思います。

中嶋　投資の視点で申し上げると、やはりＳＤＧｓ、ＥＳＧだと思います。これまでは、どちらかというと生活者の課題とか企業の課題をどう解決するかが論点だったかと思いますが、これからは、**社会の課題や地球課題といった様に課題を大きく捉え、大きな観点で事業が構築できる経営陣かどうかが大切だと思います**。日本だけではマーケットがそれほど大きいか疑問に思われるかもしれませんが、新興国ではオポチュニティが山ほどあると思います。チャンスはあります。日本を市場としなくてもいいわけですね。それができるチームか、われわれも重視しています。

僕が投資したかった海洋養殖の会社は、日本とシンガポールで同時に事業を立ち上げて、シンガポールをメインに東南アジアの養殖の事業者に対して価値提供していくという会社でした。そういう大きな視点で事業を考えられる起業家がまだ日本には足りないと思っていて、どう発掘しどう支援するかは、大きな課題として持っています。

幸田　そういう大きな取り組みが可能な起業家の方々に、どういう形で「学び」、経験を積んでもらうか、あるいは大企業の中の人材であれば、外に向けて関心を広げてもらうかなど、幅広い視点を持てる人材を増やしていかないと、日本全体にとっては旧来型の仕組みのままで大きく変わらないことになると思います。**ネットワークを広げる、オープンな場をつくるなどで、「学び」を広げていくことで、社会課題の解決に向けた取り組みを具体的に動かしていくことが重要だと思います。どうでしょうか。**

中嶋　国民全員、社会人すべてが起業家になれるかというとそうではないと思います。優秀な人は既に留学や、コミュニティーに参加するなど、いろいろ動いているという実感があります。

（2）大企業とCVC

幸田　第二のテーマです。様々な大企業がCVCをつくって、オープンイノベーションを進めていますが、苦労されているところも、それなりに多い気がします。そうしたボトルネックを解消するために、コンサル会社などにアドバイスを求めて、CVCの組織構造や人材面のインセンティブスキーム作りなどのサポートを受けることなどもあるようです。こうした取り組みは、大企業のCVC立上げ時の難しさとして、理解できないこともないですが、一方で、違和感も感じます。さきほど中嶋さんから話のあった「経営企画がやるから力が入らなかった」話と通じているところがあります。この辺り、**大企業のオープンイノベーションのスタンスの問題や、あるいは出島方式で始める**とか、こういうところの課題はまだまだ山積みというのが私の印象です。実際に、大企業と様々な接点を持たれている中嶋さん、どうでしょうか。

中嶋　私のところにも実際、何度か、「CVCをつくりたいのでアドバイスしてください」、「コンサル契約してください」という会社がありました。しかし、全部自分でつくったという思いのあるCVCの担当者だからこそ、きっちり起業家に向き合えるはずということで、全部お断りして、その代わりに、「CVCの方にインタビューしたいのであればご紹介します」と、同行してディスカッションなどは全て無料で行いました。

アーキタイプのコンサルも同じようなスタンスです。**われわれがいないと社内で新規事業がつくれないという仕組みはおかしい、アクセラレータープログラムが運営できないのはおかしい**ということで、ナレッジトランスファーをしっかり進めて、だいたい3年ぐらいでわれわれの支援が不要になるようにしています。

そういう事例を沢山作ると、大企業も変わっていき、だんだん幸田さんご指摘のような保守的な会社が減っていくのではないかと思います。でも、**実際一番の問題点はスペシャリストをつくりたくてもつくれないという日本のこれまでの人事制度です**。今回ようやくジョブ型の仕組みが本格的導入される中で、ようやくCVCを5年とか10年やりたいという人材のあり方が認められてきています。この前、商船三井が始めたCVCでは、社内の新規事業プログラムの1期生として、新規事業でCVCを担当したいという30代前半の方が社長になっていました。**人材問題のあとは、謎のマジックワード、「シナジー」の定義問題でしょうか**。

幸田　世の中が動きだしたことは、よくわかりました。**ベンチャー企業と大企業との事業シナジーについては、それを前提にし過ぎることは、必ずしもプラスに働かない場合も多い気がします。**

中嶋　「シナジーは狙えません、フィナンシャルリターンしか求めません」という枠組みで、CVCを始めた会社があります。**「フィナンシャルリターンを求めるぐらいの割り切りがないと結果的に親会社にいい案件は来ませんよ」**ということです。シナジーがあるかないかをずっと検討して何か月も検討するよりも、これが儲かりそうだから取りあえず投資しますと、短い意思決定で決めたほうが結果的にいい案件が親会社に来るといいます。これはこれで正しいなと思いました。

シナジーっていう言葉が絡むと事業部門とのデューデリが始まってしまうので時間がかかります。またいつものように、結局は、「社内でもできます」とか、「社内で検討しています」で、終わってしまいます。

(3)　ベンチャーエコシステム

幸田　最後のテーマとして、マクロな話でまとめたいということで、「ベンチャーエコシステム」について、お伺いします。日本において、全体としてはスタートアップ企業の調達する資金調達の規模がここ数年、5,000億円水準となっていて、2010年頃と比較して5倍程度の水準となっています。一方で、米国ではもっと広がっていて、今、日本の水準とは、30~40倍違うという状況です。

「ベンチャーエコシステム」の中でも、リスクマネーを更に広げていくということが重要かと思いますが、その点について、どういう取り組みが必要でしょうか。また、生態系としての「ベンチャーエコシステム」として、人材面やメンター的な仕組みなどの課題もあるかと思います。この点もご意見お願いします。

中嶋　エコシステムについては、たくさん論点があるので、なかなか難しいのですが、3点申し上げます。第1点として、人材面でいうと、さきほどの課題と重複しますが、上場後の企業成長を見守ることができるような人材の必要性があります。米国だと、創業上場経営者みたいな方がアントレプレナーとして、VCに携わっているケースも多いです。日本も増えてはきているのですが、VC関係者は、まだコンサルや金融とかの出身の方々が圧倒的に多いので、やっぱり**「ゼロから1」、「ゼロから100」だけではなく、「ゼロから1万」まで大きくしたことがあるような創業経営者の方々がVC業界に来る、それを魅力的と受け止められるようなVC業界にならなければいけないと、**ずっと思っています。

第2点として、当社もそうですが、まだまだ小さい規模のVCが多いことも課題だと思います。この点については、デービッド・アトキンソンが、日本の社会問題について言及するときに、日本は欧米に比べて圧倒的に中小企業が多いから、一人当たりの生産性が悪いんだと指摘していることと通じています。VC業界も同じような面があると思います。**もっと大きな規模のパートナーシップファンドが、今後出てこないと難しい**ですし、そうなることで、機関投資家の資金もVCに投じられるだろうと考えています。

第3点として、SaaS、AI関連の投資についてですが、とくにSaaSについては手堅さから、投資がかなり継続的になされている一方、SaaSで解決できる問題もそろそろ終わってきているのではないかと思います。**今後はいわゆるディープテックとかリアルテックといわれるような、本当に社会課題を変えるような骨太なスタートアップ企業に投資しないといけないと思います。**VCとしてのファンドのビジネスの10年前後のリターンを出すモデルには、やっぱり限界が来ていると思っています。

やはりディープテックは、10年ではなかなか形にならないこともあります。これは、通常のGP-LP方式の10年期限の運営の下での限界は見えてきていて、15年とか20年の仕組みをフィジブルにできるか、さらには、国が政策的にどうサポートしていくかというのもあるかと思います。

また、10年間のファンド期限を前提に、エグジットとして、基本的に上場時点で売りますということではなくて、上場後もずっと持ち続けたいということまでも含めて、GPとLPの合意があれば、たとえば米国のセコイアキャピタルでも最近始めたようなことが日本ではできないのかと思います。いわば、**オープンエンドな仕組みで中長期投資をするというスキームがあることで、機関投資家の方々のお金の出し方やアクティビティも変わってくる**と期待しています。アーリーステージの株式をいいバリエーションで買ってくれるファンドなども出てくるとありがたいです。

幸田　セコイアキャピタルも、隆々たる実績とプレゼンスがあるからこそ、こうしたことができるわけです。日本のVCが、そういうところにチャレンジできるまでには、もう少し時間が必要かと思います。

本日は、中嶋さんとしての投資の世界との関わり合いから、その後の創業やアーキタイプの成長、また、マクロ的な論点としての「ベンチャーエコシステム」などの話、大変有意義でした。お忙しいところ貴重な話をいただき、ご指摘の内容なども、次のイノベーション創出やベンチャー企業の成長に向けて活かしていければと思います。ありがとうございました。

推薦図書5冊

『耳こそは全て　―ザ・ビートルズサウンドを創った男』　**ジョージ・マーティン著**

The Beatlesのほぼ全てのプロデュースを手がけた世界最高のインキュベーターのストーリー。

『夢の潮流』　**横井宏著（絶版）**

衛星デジタル音楽放送という新しいフォーマット上で新しい音楽配信事業を手がけた鬼才の事業計画書。

『「エンタメ」の夜明け』　**馬場康夫著**

東京ディズニーランド誕生の仕掛け人達のすさまじい戦略と実行力を知る良書。

『eボーイズ―ベンチャーキャピタル成功物語』　**ランダル・E・ストロス著**

2000年直前の熱気あふれるシリコンバレーのVCの生き様を描くドキュメンタリー。

『今日は死ぬのにもってこいの日』　**ナンシー・ウッド著**

アメリカインディアンの死生観の詩集。凝り固まった視座を見つめ直すときの必読書。

ベンチャーキャピタルのトップに聞く

（2022年3月2日 収録）

「コンサル ＋ 投資マネー」で VCの新興国ビジネスをサポート

椿　進

アジア・アフリカ・インベストメント&コンサルティング
Asia Africa Investment & Consulting（AAIC）
代表パートナー

（インタビュアー　幸田 博人）

椿　進

東京大学教養学部基礎科学第一学科卒。ボストンコンサルティンググループ（BCG）、パートナー・マネージングダイレクターとして、ハイテク、情報通信、インターネット、メディア・コンテンツ分野において、事業戦略、M&A戦略、新事業立ち上げ、グローバリゼーション等のプロジェクトを実施。2006年より上場会社代表取締役社長に就任。タカラトミー、竜の子プロダクション、アトラスなどの社外取締役を歴任。2008年に現アジア・アフリカ・インベストメント＆コンサルティング（AAIC）社を創業。代表取締役社長/代表パートナー就任。

中国・東南アジア・インド・中東・アフリカなどの新興国において、新規事業育成、市場参入支援、M&Aおよびパートナー探索支援、事業転換支援など、コンサルティングと投資を通じて実施。2014年には日本初のアフリカ専用のファンドを組成。

ビジネスブレークスルー大学、ビジネスブレークスルー大学大学院経営学研究科経営管理専攻（MBA）教授。

AAICのミッション

「新しい成長モデルを創造する」
- 日本の強みと新興国・新分野の成長を結びつけます
- 知恵とお金と人を通じて、新しい価値を創造します
- 新分野（だれもやっていないこと、新しいこと）に挑戦します

「至誠により、天地を動かす」
- 高い動機で働く、天を相手にする
- 社会に貢献し、自らも成長し、物心ともに幸せを目指します

「将来へのヘリテージ（遺産）を残す」
- 新興国・新分野で活躍できる人材を輩出します

アジア・アフリカ・インベストメント&コンサルティング（AAIC）

AAICグループは、2008年3月に創業し、日本およびアジア・アフリカなどの新興国を中心に世界各国において、戦略コンサルティング・実行支援事業、投資・インキュベーション事業、人材・グローバルネットワーク事業、その他事業を行っている。当社は、世界・新興国で活躍できる人材を育成し、切削琢磨し、リーダー及びプロフェショナルとして活躍できる場を提供し、持続的な成長と価値創造の実現に貢献することを通じて、各スタッフが「やりたいことが実現でき、持続性・収益性があり世の中に貢献できるカンパニー」を目指している。

はじめに

幸田　グローバルベースで、海外の社会課題の解決に向けて取り組まれている日本のベンチャーキャピタルは、まだまだ数少ないと認識しています。椿さんに、海外でのエクイティ投資に取り組まれている背景や今後の課題などについてお聞きすることで、読者の皆さんに、グローバルな視点を今後、より強く意識していただき、リスクマネー供給のあり方について考えていく一つの契機としていければと思います。

1．これまでの経緯（主にコンサル会社時代）

幸田　90年代初頭に大学を卒業された後、ボストンコンサルティンググループ（以下、BCG）にお入りになられ様々な経験を積み、また、サンフランシスコオフィス勤務でのシリコンバレーとの関係作りなども含めて、どういうことに関心を持たれたのか、その時に強く感じたことなど、最初にお話しいただければと思います。

椿　私自身、バブル世代でして、日経平均が最高値の3万8、915円になって、どこにでも就職できるとか、世界の時価総額トップ10のうち8社が日本だとかいうようなタイミングで、社会人になりました。
　私は理系だったので研究者として普通に大学院に行こうと思っていました。ただ、当時、飛ぶ鳥を落とす勢いだった戦略コンサルタントの大前研一さんや堀紘一さんに興味があって、彼らの本はほぼすべて読んでいました。たまたま、そういう外資コンサル会社が新卒採用もやっているのを知って、この道に入りました。

幸田　ご卒業は。91年ですね。

椿　現役だと89年ですが、いろいろあって91年です。戦略コンサルに入った経緯をもう少し紐解くと、私、実は新聞を読むのが大好きで、小学校6年生ぐらいから、ずっと日経新聞を読んでいました。文化面から経済面まですべて読んでいました。

幸田　そのころから、新聞の読者とは、それはちょっと変わっていますね。

椿　たしか86年ぐらいの大学生のとき、知人の別荘に落ちていた日経ビジネスの特集が日本興業銀行（以下、興銀）だったのです。私は、育ちがずっと鎌倉で、藤沢に興銀の支店があるのは知っていました。特集を読んで、普通の銀行ではない、こういう金融機関なのだと知って大変面白かったのです。それから、日経ビジネスを定期購読しました。そのころから、ビジネスに関心があり、銀行といっても色々とあり、興銀の役割やミッションなども、初めて知ってとても興味をもちました。

そういった中で、バブルの絶頂の雰囲気もあり、「おまえ、受けてみないか」というお誘いもあり、ＢＣＧやマッキンゼーを受けました。ただ、当時はそれらの会社は誰も知らなくて、まだ新卒も年に三人とか四人とか、という時代でした。

ＢＣＧに入社後は、私のバックグラウンドが理系だったので、当時、インターネットがでてくる前でマルチメディアという言葉を使っていましたが、情報通信やハイテク産業などを主に担当していました。

90年代の半ばには、インターネットが出てきて、この可能性はすごいということで、ぜひシリコンバレーに行かせて欲しいとお願いし、赴任しました。まだ、GoogleもAmazonも創業する前で、やっとYahooができた頃でした。Yahooの創業者ジェリー・ヤンさんにも会いに行きました。当時「２週間前に孫さんが来て、２百万ＵＳＤ入れていったよ」と言っていました。それが今のソフトバンクの飛躍の始まりですね。

私はその後、帰国してパートナーとなり、ハイテク分野を主に担当したのですが、

BCGのような戦略コンサル会社では、相応のフィーが払えない会社の相手は難しく、ベンチャー的な世界には、なかなか踏み込めないという状況もありました。

幸田 大企業中心のコンサルの仕事だと、物足りなかったということですね。

椿 シリコンバレーにいたこともあり、日本でもベンチャー企業を支援したいと思っていました。BCGでもネットベンチャーなども担当させて頂き、VCと一緒にプロジェクトもさせていただきました。当時は、堀江さんがまだ東大生でした。まさに東証マザーズが始まる時代です。インターネットが日本でも一大産業になるだろうということで、日本のネットベンチャーを全部探索するというプロジェクトなども行いました。三木谷さんが楽天を創業したあたりですね。

幸田 BCGのような戦略コンサル会社は、当時、企業向けに価値を提供するポイントとしては、どの辺りを意識されていましたか。今のような企業価値向上的なアプローチや組織論なのか、当時の新しいビジネスの流れが、中心的なテーマになっていたのでしょうか。

椿　業界によってかなり異なります。私が担当していた情報通信やハイテク業界では、海外進出などの事業展開支援や戦略構築支援、３Ｇやインターネット分野での新ビジネス創出支援などが多くありました。一方、一部の自動車メーカー、半導体やＦＰＤなどは、次第に苦戦してきたので、それらの事業再編などもテーマでした。

幸田　そういう意味では、**90年代中盤に入り、日本の事業そのものの基盤について転換点にたっていたわけで、事業ごとに成長戦略のみではなくて、どういう戦略でつくり直していくか、競争力構築の視点で何が必要かなどは、本来的にメインテーマだった**ということですね。

椿　そうですね。バブル崩壊もあり、新興国からのキャッチアップもあり、次の事業モデルを模索していた時代ですね。90年代は、インターネットや携帯など様々なテクノロジーが出てきて、ＩＴベンチャーも登場し、スピードも重要でした。しかも、89年には東西冷戦が終わっていたので、グローバリゼーションも大きなテーマでした。大前さんも、グローバリゼーションをひっさげ活躍していました。

円高もあり、日本企業の工場が海外に出ていかないといけないという流れも大きかったです。一方では、家電や半導体・携帯などが苦戦し始めて、どうターンアラウンドするか、業界を再編するかということもテーマでした。金融界も同様ですよね。ヘルスケア分野では、規制緩和もあり外資が直販に切り替えていく時代で、外資の日本事業拡大も一つのテーマでした。イン・アウトとも、グローバリゼーションの大きな潮流がありました。

幸田 今から思い起こすと、いわゆる平成の失われた30年の最初の入り口としての90年代だったかと思います。この90年代は、本来的には、2000年代に向けての日本の経済、産業の新しい取り組みに係る大きな転換点であったことは間違いないと思います。この時代に、今の日本の状況は想定されてはおらず、まだまだぬるま湯の中で、事業戦略、ビジネスモデルの組み立て直しに、いろいろサポートされ、提案されていたということかと思います。必ずしも、今のような日本企業の競争力の劣化の状態は、想定していなかったと思います。当時として、どのあたりに問題や課題があったと考えられていますか。

椿 さすが、幸田さん、素晴らしいご慧眼です。産業面からみた、**平成の30年間の停滞の理由は大きく二つあると思っています。一つは「日本企業が既存基幹産業で負けた」ことです。**特に、電機、家電、半導体、フラットパネル（ＦＰＤ）、ＰＣ、携帯等。元々、日本が何兆円も外貨を稼いでいた産業が、グローバルでは全く同じ条件のはずの韓国（サムスンなど）台湾企業などに、凌駕されてしまいました。今や、半導体もフラットパネルも、世界での日本企業のシェアはほとんどなくなっています。スマホも日本ブランドはほとんどない状況です。何が「物作り大国」だっていう話です。テレビ等の家電も世界ではほぼ負けてしまいましたよね。この負けたことが、平成30年間の日本が成長しなかったことの一つの原因です。日本の通信会社や電機企業の1社でも、今のAppleのように時価総額が100兆円超えの企業になっていれば、このような状況にはならなかったでしょう。

もう一つは、「GAFAMのような新しい企業が1社も生まれなかった」ことです。日本では、インターネットなどの成長産業分野において、世界的な企業が1社も生まれなかった。フォーチュン500に入る会社が数社のみ、世界の時価総額ランキングでトヨタ1社だけが50位内だと、こういう状況にならざるを得ないかと思います。

では、**なぜ日本の既存基幹産業が負けたのか、理由は明確です。完全に経営の問題です。**私はそのハイテク分野の担当のパートナーだったので、大変じくじたる思いがあります。例えば、90年代前半に、日本のメーカーに韓国企業の取組みを紹介しても、最初は全く相手せずに、「韓国企業は、我々の2世代前しか作れない。ただの真似だ。たいしたことはない」という姿勢でした。さらに時間が経過して状況が悪化すると、「韓国企業は、国からの補助を受けている、ウオンが安い、電気代が安い、人件費が安い、しかも、日本人を何百人レベルでスカウトしてずるい」とイイワケをし、さらに時間が経過すると「サムソン1社で、日本半導体5社の総投資額を超えるので、これでは勝てません」と諦めてしまうのです。こうした経緯を目の当りにすると、経営の失敗と言わざるを得ないと思います。

さらに、当時、半導体ビジネスの勝ちパターンは明解で「シリコンサイクルの悪いときに次世代の大規模投資をして、次のシリコンサイクルのいいときにしっかり回収する」、これが基本でした。設備投資して勝つしかないことは、業界の人は分かっていたのです。ただ、問題は、半導体分野の担当者は分かってはいたものの、日本企業の半導体セクションは多くが傍流であり、**役員会で半導体事業が赤字のときに、次世代のために大規模投資をするという意思決定がなかなかできないのです。**日本企業は、業績がいいときに投資はできても、悪いときは役員会を通せない。サムソンの李健熙会長は、これを徹底して実施し日本企業に勝利した。日本企業が、技術が劣っていたことは全くない。正しいタイミングで正しい意思決定ができなかったという問題です。その後、半導体事業は各社分社化し統合を実施しましたが、時期も遅く、ばらばらにすすみ、勝機を逸しました。その時の最大の課題は、統合した会社を強力なリーダーシップで引っぱり、サムソンやTSMCに対抗しうる経営者の不在でした。また、日本のメーカーの特徴で、開発・設計から製造まですべてを自社で実施することを前提としていました。今では、クアルコムやARMなどの半導体大手は設計に特化しています。製造はファンドリー専業のＴＳＭＣなどに委託します。このような分業体制は、今では当たり前ですが、当時の日本企業ではこれも実現できませんでした。国と一緒に、挑戦しようとはしたのですが、当時の予算、それを理解しやりきる経営者が不在でした。本当に残念でなりません。私も大変責任を感じております。

幸田　今の話の中で、日本企業のある種の総合主義や、川上から川下まで全部を自社のコントロール下で行なうことに拘る問題は、今から考えると、専門性とか強みを深めていくことにつながっていなかったと思います。また、そういう深みのある専門性に対するリスペクトが十分に確保できてない感じがします。いかがでしょうか。

椿　日本の多くの大企業の経営者は、自身の専門外の事業領域を深く理解していない。自分で判断ができず、その事業責任者への忖度もあり、大きな意思決定ができない。日本の年功序列の仕組みだと、社長を5年間やって毎年5％成長・利益率10％を目指すことは出来きる。しかし、**抜本的に事業モデルを変える、事業を切り出して他社と業界再編をおこなう、利益がでている事業を売却する、などの抜本的な意思決定がなかなかできない**。それは大手金融機関で起きている、企業の統合時にそれぞれの情報システムが残り、統合できない問題と同じで、経営の問題です。

2. 次の展開（新しいチャレンジ：事業会社での経験）

幸田　次の展開として、コンサル会社であるＢＣＧから離れて、その後、事業会社で様々なご経験を積むことに動かれました。ＢＣＧから出て、新しいチャレンジをされたのは、どういう経緯で、かつ、上場会社の経営のご経験というのはいかがでしたか。

椿　そこから今につながるのですが、元々、私は30代までは、ＢＣＧで自分の力をつけて、40代になったら自分で会社をやろうと思っていました。そういう中で、たまたまクライアントだった上場会社とご縁があって、上場会社の経営を取り組ませて頂きました。これは非常に大きい経験でした。

きっかけは、その会社の投資先企業の合併をお手伝いしたことです。その業界では、トップの会社だけが黒字で、2位、3位はほとんど利益がでていない状況でした。投資先の業界2位の会社の業績が悪くなり、2位・3位連合で集約しようということになりました。長年、その業界で競合していたオーナー系企業同士ですから、決議直前での反対などいろいろありました。こちらが、多くの株式をもっていたので、無事に合併できました。その後のＰＭＩ（Post Merger Integration）等によって財務基盤も安定し、安定した商品ポートフォリオと開発力を持つ素晴らしい会社になりました。勿論、これは両会社の皆さま方の努力をたまものです。こうした経験を経て、資本を使って事業を動かしていくことが、企業価値全体を向上させるパワーがあると実感できたことが、ここでの大きな経験です。

幸田　新卒でＢＣＧに入られ、その後コンサルの限界も感じて、上場会社等で経営者をやられたことは、今の若い人たちが、コンサル会社系志向が非常に強くなる中、その後の新しい挑戦につなげていくことが重要であることを示唆していると思います。椿さんが一つのロールモデルという感じもしました。当時、そういう方は、いらっしゃいましたか。

椿　当時、日本ではまだ少数で、アメリカではＩＢＭを立て直したガースナーさんが有名です。彼はマッキンゼーの後、ＲＪＲナビスコの社長をやりＩＢＭのトップをやりました。欧米では普通だと思います。最初、事業会社を経験し、ＭＢＡを20代後半で取ってコンサルを5〜6年やり、その後、事業会社の経営に携わる。これは欧米では王道のキャリアパスです。私も上場会社の社長をさせて頂き、そこでの経験はかけがえのないものになっています。

3. 会社立ち上げスタートとＡＡＩＣやアフリカファンドの取り組み

（1）会社立ち上げスタート

幸田 その後、今度は、自分で会社を立ち上げたわけですね。アジア・アフリカ・インベストメント＆コンサルティング（Asia Africa Investment & Consulting：以下、ＡＡＩＣ）を立ち上げ、スタートされたということですが、それは、何年のことですか。

椿 ちょうど17年前の２００８年の春です。

幸田 ２００８年は、サブプライムのショックからリーマンショック、金融危機につながる流れです。大変厳しい時代に、こうした新たなチャレンジをするのは、実に大変だったのではないかと思います。

椿 これは、以前から考えていた事業アイディアで、コンサルティングとファンド投資に両軸を置いた会社です。「知恵」と「お金」双方を持って企業をサポートするビジネスモデルを10年ほど前から温めていました。**ファンド（お金）をもって成長や立て直しに**

取り組み、また、コンサル的な知恵も使って成長を支援する、これを実践したいと考えていました。

もともとは、バブル世代として「日本をよくしたい／日本をなんとかしたい」という思いからです。日本をよくするためには、やはり成長が必要です。米国や中国など他国が成長しているのに、日本だけゼロ成長でいいわけがない。成長しないことは全くサステナブルでなく、世界のなかでどんどん日本が貧しくなることを意味しています。国内市場は人口減もあり成長が期待できないため、伸びる新興国、中国を含むアジア、アフリカにおいて、日本人や日本企業の活動をコンサルとファンドを通じて支援するのが目的です。

幸田　そのとき、リーマンショックや金融危機と重なった中、新興国や新しい領域に挑戦していくことは、当時としては、ビジネスを立ち上げることはなかなか厳しかったと思います。

椿　はい、そのとおりです。2008年春に会社をつくったときに、アジアのファンドを立ち上げようとして、まさに資金を募集する時に、リーマンショックが起きました。各投資家とも出資どころではなくファンドの設立を見送りました。その後、しばらくはコンサル事業を中心にしていました。２０１０年ごろからプライマリー投資を開始し、さまざまなご縁とご協力があって日本初のアフリカ専用ファンドを立ち上げることになりました。創業時からだいぶ遅れて、ようやく両翼の事業が立ち上がったということです。

（2）アフリカでの投資について

幸田　アフリカに、最初に行かれたのは、いつ頃になるのですか。

椿　２０１１年の終わり頃です。それまで、アジアを中心に活動をしていましたが、ちょうど日系企業のアフリカ進出のニーズも出てきた頃でした。そんな時に、大前研一さんのやられているビジネス・ブレイクスルー大学のある会議で、佐藤芳之さんという人に出会ったのです。佐藤さんはアフリカでビジネスを50年以上やってこられた方で、ケニアでマカダミナッツ事業において大成功された方でした。「一度、来なさい」、「ぜひ、行きます」ということで、すぐにご自宅のあるナイロビに伺うことにしました。社員からは、「今、アフリカに行ってどうするのか」、「こんな忙しいときに」など、強く止められましたが、それでも旅程を短縮して行きました。その時、佐藤さんに、当社のアドバイザーになってくださいというお願いをし、ご快諾いただきました。

さらに、佐藤さんからは「アドバイザーもいいけど、今、ルワンダからマカダミアナッツ事業の話がきているから一緒にやろう」というお誘いを頂きました。2012年ごろです。まだ、ファンド組成前で、自己資金で始めました。このルワンダのマカダミアナッツ事業がアフリカでの最初のビジネスであり、最初のアフリカ投資です。

幸田　マカダミアナッツへの投資というのは、まずは、農業を一つの切り口とした時に、成長性ということを感じたということでしょうか。

椿　そもそも佐藤さんが、1975年からケニアで始められた事業であり、ケニアの現場を沢山見せて頂き、彼と一緒なら間違いないだろうと確信していました。ルワンダで200haの土地を買ってナッツ事業をやるということは、自分たちではとても思いつきません。また、自ら身銭を切って事業をしてみないと分からないことも沢山あります。実際に、アフリカで土地を買い、人を雇い、工場を作り、加工し、輸出する、いろいろなことが起きるのです。**アフリカで事業を運営するという経営の手触り感が大事なのです。その後、ファンド投資やコンサルティングなどにおいて、そこでの経験はものすごく生きていています。**

幸田　アフリカでのこうした投資は、例えば、法的な枠組みがどこまで整備された仕組みとなっているか、また経済的な権利についてはオフショアの仕組みとリンクすることをどうセットするかなど、まだまだ難易度が高い気がします。そもそも躊躇するところがあることが一般的だと思います。その辺り、踏ん切りみたいなことはあったということですか。

椿　やはりアフリカで50年ビジネスをされてきた佐藤さんの存在が大きいです。それから、一般論としては幸田さんの言われた通りなのですが、実は、各論があります。
私自身、ＢＣＧ時代から含めて、30年近く、中国やインドなどの事業も経験してきましたが、アフリカでのビジネスは、インドや中国より、やりやすいのです。中国は、法律も許認可も日米欧とは、全然、違っていますし、歴史関係も複雑です。政府対応なども、中国もインドも大変です。それと比べると、ケニアなどは旧イギリスの植民地なので、英国法がベースです。日本とは歴史的な複雑な関係がありません。特定な領域、例えば、石油や金や希少金属などの事業は、政治的リスクも高いのですが、ヘルスケアやＩＴベンチャーなど新しい分野は、そこまでそのようなリスクは高くありません。

幸田　ヘルスケアやインターネットなどのＩＴ分野でのコンサル時代の経験が、アフリカの投資の世界の中で、十二分に生きているということになるわけですね。

椿 そうですね。相当、生きています。著書（『超加速経済アフリカ：LEAPFROGで変わる未来のビジネス地図』（東洋経済新報社：2021年5月出版））にも書きましたが、**いわゆるタイムマシンモデルです**。例えば、アフリカでも薬を専門にしたeコマースベンチャーがあります。これは、20年前の日本のケンコーコム㈱（健康食品・医薬品のEC）と全く一緒のビジネスです。同じビジネスが、時間を経て起きているのです。まさにデジャヴですね。日本人は、日本で20～30年前に経験し、中国でも15年前に起き、東南アジア・インドでも10年前に同じことが起きている。三回も四回も復習しているわけです。それが、今、アフリカでも起きているので、先行きが極めて読みやすい。こういうビジネスモデルはうまくいかないとか、このタイミングで業界再編が始まるとか、特にITベンチャーでは、かなり将来を予見できます。

幸田 日本の企業のよく陥りやすいガラパゴス的な世界であるとか、あるいは、システム構築が日本仕様で手を掛け過ぎて、グローバルな観点でスタンダード、標準化がうまくできていないなど、日本の企業展開がグローバルな展開に時間がかかる論点が色々とあると思います。アフリカにおけるベンチャー投資を進めるにあたって、アノリカの仕組みの中で、その辺りは、どう整えてスタンダードを作られたのですか。

椿　アフリカのベンチャー企業では、日本企業的なそういうこだわりはほとんどありません。世界から技術など良いものは取り入れ、アフリカ仕様にアジャストして、スピード感をもって立ち上げようとします。自社仕様にこだわりすぎるとか、関係者の調整が大変で意思決定が遅いということは少ない。ただ、まだ市場が未成熟で思った通りには需要が伸びない、国が沢山あってばらばらなので、ある国で多少成功しても、中国やインドのように、一気に大きな需要を取ることが難しい、などはあります。ナイジェリアは単独の国として、ベンチャー企業が上場できるだけの市場規模があります。しかし、それ以外の国はまだまだ市場が限定的です。いずれにしても、日本的なガラパゴス的な世界によって事業がおくれるというのは少ない。

幸田　アフリカにおける人材面での厚みや広がりはどうでしょうか。

椿　今、運営している1号ファンドの投資先の30社でみてみると、東アフリカでは、欧米人やインド人の経営者が多い。ローカルの経営者も多くが留学帰りです。西アフリカでは、多くの企業家が、留学経験者・海外企業経験者です。今、ナイジェリアでは、欧米の大学を出て社会経験を積んだ人が、戻ってビジネスを起こす例が増加しています。エジプトと南アフリカでは、現地大学をでて起業した経営者がいます。それ以外の国では、ローカルの大学を出て、ローカルだけで、いきなりベンチャーを起業するのはまだ少ないようです。最近は、今がチャンスだと思って、**留学していた人たちが、アフリカの母国に帰ってきてベンチャーを創業しています。まさに、25年前の中国、15年前のインドのようです**。欧米のＩＴ企業で働いていたインド人が、シリコンバレーから帰ってきてインドで創業したように。そういう流れが今、アフリカで起きています。

幸田　そうすると、やはり、アフリカでは、元々欧米との結びつきが非常に強い中で、そうした留学人材も母国に戻ってビジネスを起こすことの優位性は相当あると思います。逆に言うと、椿さんが日本から入ることの限界を感じられる部分もあると思いますが、椿さんとして、そこに余地があるというのは、どう考えていけばいいのでしょうか。

椿　アフリカでは、ジャパンアングルとかアジアアングルとか言うのですが、欧米やローカル（地元）のＶＣだけではなくて、アジアアングルの資金を入れたいというニーズがあります。日本は、欧米に次いで進んでいるという認識はあります。日本企業を紹介してほしいというニーズも強い。そういう意味で、日本はポジティブに受け入れられています。

特に、我々の投資はVC的であるので、我々1社だけで投資してはリスクが高い。よって他のVCと一緒に投資をするのが一般的です。今回は当社でリードを取るから、他の投資家にはフォローで入ってもらうか、などですね。欧米のVC、ローカルのVC、さらにはIFCのような国際機関などとで分担して投資をすることが多い。投資をしたあとも、共同でモニタリングをし、コンプライアンスも複数の視点でみます。バリューアップ時も、我々はジャパンアングルの視点で支援を行います。

あと、我々はタイムマシン的な指導ができるというプラスがあります。シリコンバレーで起きたことがアフリカで起きるというのは、あまりにも時間や環境のギャップがあり過ぎます。やはり、最も近いのは東南アジアでありインドです。5年遅れで、東南アジアとインドで当たったものは、そのままアフリカでも通用することが多い。

幸田　そうするとジャパンアングルとかアジアアングルということでのチャンスがあるというところに、椿さんが1号ファンド、2号ファンドを作られて、アフリカ投資が展開しているということですね。そういったときに、**投資家としての資金調達先は、どうしても事業シナジー的な側面から事業会社を中心にということのファンドの規模の面での限界があると思います**。この辺りは、地道にやっていくということですか。

椿　日本の機関投資家が、このような新興国ファンドに投資してくるのは、もう少し時間が必要だと思います。

ただし、現在、1号ファンドでトラックレコードができつつあり、2号ファンドについては機関投資家も、興味を持ってくださっています。ＳＤＧｓという視点も出てきています。機関投資家のお金が動き出してくると、アフリカ投資も新しいステージに入ると思っています。トラックレコードがしっかりでき、日本企業とのシナジーなどが出てくると、さらに大きく変わってくると思います。中期的な成長は間違いないので、機関投資家にとっても、ポートフォリオに組み込んでもいいタイミングかと思っています。

幸田　事業会社、あるいは、大企業との連携のビジネスモデルが一つの特徴、あるいは強みということだと思います。日本の大企業がアフリカへ投資をしていくときに、いわゆる直接投資ではなくて、ファンドを通じたところからスタートしていくことの意味合いは、どういうふうに捉えればいいでしょうか。

椿　我々は、露払い役でありR&Dなのです。経営者とお話しをすると、アフリカにポテンシャルがあるのは良く分かるし、人口13億人ということも理解している、しかしプライオリティとしては、まずアメリカ、つぎに中国、東南アジア、インドだということになります。いきなりアフリカに人を送り込んで拠点をつくってということは、相当ハードルが高い。ですから、ファンド経由で情報を取り、ビジネスにつながる可能性が出てきたら、そのときに直接投資をする。さらにビジネスが大きく成長してきたら、その時に連結で取り込む、ということは一つの戦略になると思います。参加していただいている事業会社の多くは、そういう視点で見ておられます。我々は、投資するにあたって900社に近い候補をスクリーニングをし、30社に投資をしました。その中で、ユニコーンが1社出てきました。今後、あと1〜2社出てくる可能性があります。ファンドに参加して頂いた複数の事業会社からは、すでにいくつかのポートフォリオに直接投資をしていただいております。このように露払いとして使っていただくことが良いと思います。いきなりアフリカの会社に、拠点がない日本企業が直接投資をするのは、成功確率が低いと思います。我々のような**ファンドを使って情報を収集し、いい案件があれば直接投資をし、さらによければ連結にしていくというのは、有効な事業戦略だと思います。**

幸田　ある種のアフリカ向けのゲートウェイの機能になりますね。事業会社のアフリカビジネスに係る進め方としては、段階的ではあるが、ファンドの機能をうまく使うことがクッションになって、布石を打っていくという位置付けですね。そういう意味では、ヘルスケアやＩＴのエリアは、投資をしてからの成果が比較的早く見えてくることが多々あると思います。今のアフリカのポテンシャリティから考えると、ヘルスケアやＩＴのエリアは短期間での成長を進めていく可能性が高いと思います。

椿　投資のステージにもよりますが、いわゆるヘルステックとか、インシュアテックなどのＩＴ系は、やはりすごく成長が早いです。急成長していきます。もちろん、病院や検査センターみたいな事業は、安定的な成長と利益は出ますが、ユニコーンになることはありません。われわれは、ポートフォリオとして両方を持って運営しています。

(3) 書籍『超加速経済アフリカ』発刊について

幸田　東洋経済新報社から『超加速経済アフリカ』という書籍を出されて、話題を呼んでいると思います。反響は、いかがですか。

椿　本当におかげさまで大きな反響があります。出版社のお力も大きいのですが、発売8か月間で6刷までいきました。Amazonの「世界の経済事情」ジャンルで、半年近くベストセラーでした。アフリカに興味を持たれる方が増えてきていると実感しています。日本人は、今のアフリカを知らな過ぎます。テレビのイメージが中心で、「こんなところに日本人が」とか、内戦や難民とか、そういう認識です。今のリアルなアフリカは、内戦や貧困、動物やサファリも事実ですが、一方で、携帯普及率が100％近くあり、スマホを使って送金・決済しているのも事実です。多くの日本人のアフリカの認識が20年ぐらい前で止まっています。

アフリカで起きていることは、中国で起きて、東南アジアやインドで起きたことが、数年遅れて起きているのです。よって、同じようにベンチャー企業が育ち、同じようにユニコーンが出てくるのです。書籍では、そういうアフリカの今の状況について、コンサル的にスライドやデータや写真をつかって、ファクトをベースに示したので、それが良かったと考えています。

幸田　今回、エポックメイキング的に書籍を出されて、様々な方々にアフリカへの理解を深めてもらうことに注力されていることは、非常にいい試みだと思います。一般的な企業人とか、ビジネスマンから見たときに、例えば、エチオピアという国が、ものすごく経済が発展して成長していることが、2年ぐらい前には随分話題になっていましたが、一転して内戦になって、それで、非常に難しくなるということ、そういう不安定感があると思います。この辺りはどのように認識しておけばいいでしょうか。

椿　こうしたリスクは、新興国であれば、ほぼ一緒と考えています。例えば、アジアのミャンマーと同様のリスクです。ミャンマーよりは、エチオピアのほうが現在の政権は安定しているかもしれません。将来どちらが伸びるかというと、私は、もしかしたら人口1億人のエチオピアのほうが伸びるのではないかと思っています。また、ウクライナみたいな突然の紛争も起きてしまうわけです。我々、ウクライナでもプロジェクトがあって、現地のベンチャーに投資しようとも考えていました。今はそのような状況ではありません。欧州でも隣国への武力侵攻がこの21世紀に起きるのです。

幸田　アフリカ全体を捉えたときに、その中に多数の国、あるいは、多様な国が存在している中で、どういう取り組み方をしていくかについては、**アフリカのポートフォリオを意識して投資をバランス良くコントロールしつつ、日本企業のビジネス面でのシナジーとリンクすることが、一番いいのかもしれませんね**。

椿　おっしゃるとおりですね。ポートフォリオ運営もそうだし、それから、地政学リスク・政府リスクが、ウクライナとかミャンマーより分かりやすいと思います。南スーダンとかソマリアは、明らかにリスクは高いといえます。ウクライナは、専門家ほど侵攻はないと言っていたのですからね。アフリカのほうが、そのようなリスクは分かりやすいという面があります。

今、コロナ禍を理由にアフリカに出張していないのは日本企業ぐらいです。（2022年時点）これも、経営者がどのように判断するかですね。外務省や同業他社の状況をみて意思決定するのではなく、経営者自身でサイエンスと合理性に基づいて判断をすべきかと思います。ある上場会社のお客さまは、社長自身がコロナ禍でもケニアに訪問して頂きました。

ことに**日本人は初めての事象が苦手。初物に弱過ぎます**。東日本大震災の原発事故、リーマンショック、尖閣諸島、今回のコロナ禍、などがそうですが、初物だと右往左往してしまう。**本当はそこでこそリーダーシップが発揮されるべきなのですが、経営者はそのような経験値が少なく「想定外」に対応できない**。ただ、日本人も経験を積めば、適切な対処ができます。よって、カントリーリスクなども経営者が経験を積めば適切に対応できるようになると思います。

幸田　とにかく始めないと始まらないということですね。

椿　始めないと始まらない。そういう経験値が必須ということです。私がお付き合いした会社のなかで、そういうリスクマネジメントがしっかりしていて素晴らしい日本企業もあります。売上の半分が中国、99％は海外という会社です。ここの人事制度はすごく、入社したら中国でまず7年、次インドで7年やって、次はバングラデシュ7年、シンガポール10年やって定年、というキャリアパスがあるのです。中国・インドでもまれれば、アフリカでもたいしたことはありません。そういう経験をマネジメントが積んでいけばいいのです。

4. 「ベンチャーエコシステム」、アントレプレナーシップなどについて

幸田　「ベンチャーエコシステム」に係る話に進めていきたいと思います。日本の起業家のいわゆるアントレプレナー的な方々も、若い世代を含めて、少しずつ、増え始めていると思います。一方で、日本の需要を前提に、一定の需要があるから、そこまでは成長するが、それ以上伸びることができていないなどの議論は、ベンチャー投資をしているVCやスタートアップ企業の関係者からよく聞こえてきます。グローバルな取組みについて、椿さん、どういうふうにご覧になられていますか。

椿　全くそのとおりです。先ほど日本がこの30年停滞した理由の二つ目ですね。一つ目は

「既存基幹産業で負けてしまったこと」でしたが、二つ目は「GAFAMのような企業が日本から出なかった」ことですね。日本では10億円程度の売上があれば上場できるのです。本当はそれを踏み台にして、もっと世界市場に邁進すべきなのです。

ただ、IT分野では、日本で成功したビジネスモデルが、そのまま海外では通用しないことが多い。それは、私も身をもって体験しましたし、BCG時代でも強く感じました。日本のITベンチャー企業の海外展開は、多くはうまくいっていません。理由も明解です。**IT事業はタイミングが重要で、日本で成功してから海外に出ていっても、その時点で遅すぎる。**日本のニーズで始めた事業モデルは、そのままでは海外のニーズに合わない。もっと単純な理由では、経営者自身が英語でのコミュニケーションができない。日本で勝ってから海外に出るという考えではすでにtoo lateです。ネットビジネスは今や中国やインドのほうが日本より進んでいます。今、成功している小国発ベンチャー（北欧、バルト三国、カナダ、豪州、シンガポール、アフリカなど）は、創業時から、経営陣が多国籍で、英語でコミュニケーションしています。それらは、最初から世界市場をターゲットに事業を構築しています。小国での起業は、最初からグローバルなのです。北欧などは自国の市場だけではあまりに小さいということもあります。だから、**日本市場だけで上場できる日本ベンチャーは、投資家も経営者も海外の経験が少なすぎ、海外のネットワークもなく、海外市場で成功できない。それでは絶対にGAFAM級のベンチャー**

は生まれないわけです。

幸田　その壁を打ち破るとか、あるいは、越えていくのは、今の日本の状況を見ていると、難しいような気はします。どういうところに、ブレイクスルーポイントありますか。

椿　私は、日本人のアントレプレナーの質が劣るとか、技術者が弱いということは全くないと思います。**最大の要因は「起業家のグローバルな経験値が少な過ぎること」**だと考えています。さらに、マネジメント層にグローバルメンバーがいない。信頼できる海外の人脈がない。経営者にそもそも海外をやる気がない場合も多い。いいサービスを作っても、最初から日本人だけで経営し、日本のお客さんを相手にしているだけだと、成長は一定規模でとまります。これからは、創業時から創業メンバーにグローバルが分かっている人や外国人を入れ、世界を狙うという視点で経営をスタートしないと厳しいでしょう。さらに、日本で上場をしてお金ができるとそれで満足してしまう経営者も多い。都心のタワマンに住んで、軽井沢に別荘もって、ポルシェやテスラにのって、日本内の創業者ネットワークに入って、満足みたいな。これでは、世界規模になりません。

幸田　**最初から、ダイバーシティの視点や、グローバルなチームを作ってスタートするな**

どの組み立てをしておいて、海外とつなげとおかないと無理ですね。

椿　おっしゃるとおりです。多くの優秀な日本人は、日本で育って、いい大学を出て、有名企業に入って、それから海外に赴任する。それでは、均一的すぎますし、遅すぎます。

ユニコーンをめざすベンチャー企業は、やはり、グローバルチームを組めるかどうかでしょう。小国のベンチャーは、設立したのはウクライナ人だけど、そのマネジメントチームは、東欧もいれば、北欧もいれば、アメリカ人、インド人もいます。そのつながりは、海外留学で一緒だったなどでつながっているのです。日本の場合は、英語能力が十分でない、留学に行った人が少な過ぎる、よってグローバルな人脈が少な過ぎます。アフリカ人の留学帰りのほうが、幅広いグローバルなネットワークを持っています。

そういう問題が、今、露呈されてきて、なかなか日本からメガベンチャーが出ない構造になっていると思います。メガベンチャーになるには、日本の市場だけでは絶対ならない。グローバル市場を取らないといけない。グローバル市場を取るには、日本で勝ってから出ていっても、全く遅いのです。

幸田　確かに、日本のマーケットがそこそこ存在していることで、日本国内指向の強さをもたらしていることなどについては、それだけにとどまらないように変えていくことが必要だと思います。また、教育環境をどうグローバルとリンクさせるか、また企業でのキャリアの作り方をもう少しグローバル指向に変えていくことなども大事だと思います。若い人にグローバルな経験を積ませることで、緩やかに外部のグローバルなネットワークを広げていくことにつなげていくことが大事ですね。

椿　おっしゃるとおりです。早期からグローバルなネットワークができれば、グローバルで勝負できるベンチャーが生れる可能性は高まると思います。海外のメンバーと事業を立ち上げる可能性も広がります。

幸田　だから、やはり、「ベンチャーエコシステム」のつくり方が下手なのですよね。

椿　そうですね。だから、そこは人脈やネットワークこそ大事です。そういう点では、**本当はもっと早く、中学・高校ぐらいから、毎年クラスで2〜3人を交換留学に出すべきです。**1年間でも半年でも良いと思います。3年経てば、クラスで9人行けますよね。学年に1人、2人が、留学経験がありますでは少なすぎです。1クラスで9人いれば、大勢力になります。同時に交換留学で日本のクラスにもつねに留学生がいる。英語を話す友達の輪も間違いなく広がります。これを10年続けたら大きく変わりますよ。そうやって、外国人と話す、英語でコミュニケーションする、ちゃんと信頼できる友達が海外にいる。こういうことになれば、それらの仲間から、東欧、北欧の人とアメリカ人と日本人で創業しようというのが、自然発生的に出てくると思います。それは、単なる人材紹介やマッチングの話ではなくて、高校・大学から、自然な形で英語と人脈を身につけてもらうことが大切です。

幸田 そういうことに対して、国や自治体や企業が補助すること含めて、10年、20年の計で行うべきだと思います。

椿 中高の交換留学は、交換してホームステイを組み合わせればいいだけでしょう。今だってすぐできるので、**これを10年すれば、本当に、日本のベンチャーの世界は間違いなく変わると思います。**

5. まとめ：AAICの今後について、

幸田 最後にいくつかお聞きして終わりにしたいと思います。

一つ目は、現在のＡＡＩＣの取り組みと、その課題認識、また、今後どういう展開を進めていきたいかについて、お話しいただければと思います。

椿　おかげさまで、われわれの1号ファンドは順調に進んでいます。今度の2号も、今、ちょうどファーストクローズドが２０２２年3月末にできました。ようやく、多くの日本の企業が、アフリカにも興味をもっていただき、将来のアフリカの可能性を模索しようという雰囲気が生まれてきています。我々としては、この2号ファンドをしっかり運営していきたいと考えています。もちろん、1号ファンドで投資をした投資先の成長にもしっかり貢献していきたいと思います。

あと、もう一つは、我々は日本人が新興国で活躍するための受け皿になりたいと思っています。実は、今、プロフェッショナルとして海外で働きたくても、日本人の若手が働ける場が少ないのです。日本で大手外資コンサルに入っても、グローバルプロジェクトにはあまりアサインされないのです。私がＢＣＧに入社したときは、アジアにはほぼ東京オフィスしかなかったため、中国やアジアなどのプロジェクトに多くの東京オフィスのスタッフが関与できました。今は、アジアのほぼすべての国にオフィスがあるので、日本のコンサルタントはほとんどアサインされないのです。これは他のプロフェッショナル会社でも同様です。ファンドやコンサルといったプロフェッショナル系で、日本人がグローバルで仕事をしたいといっても、その場が限定的です。私としては、日本人のプロフェッショナルを目指したい、新しいビジネスを起したい方々の受け皿になれたらいいなと思っています。それをミッションとしています。帰国子女はどんどん増えているのに、そういう人たちが活躍できる場が、少ないのです。我々としては、そういう場をどんどん作って拡大再生産ができるようにしていきたいと思っています。

幸田　二つ目の点ですが、アフリカという切り口は、ここからがさらに大きなチャンスだと思います。日本の企業、あるいは、行政とかを含めて、アフリカに対する理解を、どう広げていくか、ここのチャレンジを後押しすることについて、椿さんのコメントをいただければと思います。

椿　やはり、百聞は一見にしかずなので、アフリカに来てもらうのが一番いいです。日本人にとって、東南アジアが分かりやすいのは、旅行で台湾やタイやシンガポールに行ったりして、ある程度、知っているからです。ところが、アフリカになると、ほとんど人は行ったことがない。行ったことがあってもエジプトのピラミッドや、サファリとかがせいぜいです。逆に、ヨーロッパ人は普通にバカンスでアフリカに行っています。言葉も通じるし、旧宗主国ですから、ハードルが低い。ぜひ、最初は遊びでも観光でもいいので、まず、行ってみることです。

私としては、今回のこうしたインタビューの機会や、また、セミナー・書籍などを通じて、皆さんのアフリカの認知を広げられればと思っています。あとは、アフリカ案件で成功例が出てくると、日本人は動き出してくると思います。特に最近は、グリーン／CO2削減やアグリ、SDGsなども注目されています。そういう意味では、アフリカで農園を運営するとか、グリーン水素をつくる、といった視点でアフリカを検討してもらってもいいかもしれません。

幸田　本日は、椿さんが、投資の世界への関心を若い頃から持っていた話から、その後のアフリカでのベンチャー企業に対する投資の取り組み、また、グローバルな視点を、日本の「ベンチャーエコシステム」にどう組み込んでいくかなど、幅広い観点での話、大変有意義だったと思います。アフリカの今後のポテンシャルを踏まえて、こうしたアフリカ投資にどう取り組むかなども、さらに重要になると感じました。長時間ありがとうございました。

推薦図書5冊

「知的欧米社会でのビジネス」　**今北純一　著**

私が学生の時に読んだ本で最も影響を受けた本です。大学の大先輩ですが、どのようにプロフェショナルとして、グローバルの社会で戦ってきたが分かる、人生の指針になった本です。

「安売り王一代」　**安田隆夫　著**

ドン・キホーテの創業者の安田氏の著書です。どのように日本で第3極の小売りグループができたのかが、赤裸々に書かれております。どうしてドン・キホーテが成長したのか真髄が書いてあります。また「絶望脱出法」など人生を考える書としても大変有益です。

「盛大なる人生」　**中村天風　著**

明治・大正・昭和初期に活躍された、思想家・教育家です。いかに人生を生きるかの指針になった本の一つです。

「幾山河」　**瀬島龍三　著**

陸軍大学校首席卒業、大本営作戦課参謀、シベリア抑留、伊藤忠商事会長、第二次臨調委員など、戦中から戦後にかけて大活躍された方です。山崎豊子の「不毛地帯」のモデルに人物でもあります。大きな歴史の潮流のなかで、どのように日本のために生きるのか、天命を全うするのか、を考えされられる本です。

「超加速経済アフリカ」　椿進　著

手前みそながら、今のアフリカを知るいいきっかけになる本です。日本再生のヒントもあると思っております。

インタビュー追記（2024年）

お話しした内容は今も全く同じ考えです。その後に起きた二つの件についてお話をしたいと思います。

一つは、多くの日本企業が本気でグローバルサウスに取り組みつつあることです。中国がこのような状況にあり、東南アジアもある程度すでに手がけているので、日本企業からのインドとアフリカへのお問い合わせが急増しています。

例えば、インドでは大手化粧品会社、高級家庭用機器メーカー、大手住設メーカー、大手ゼネコン、中堅産業材機器メーカー、大手飲食チェーン、大手食品メーカーなど、さまざまな業種からの本格進出・さらなる拡大の検討が始まっております。

また、アフリカでは、久光製薬さまが初アフリカ大陸のサロンパスを、24年4月末にナイジェリアで上市しました。4か月ほど経過しましたが想定以上で推移しています。（ナイジェリアのラゴスでのビルボード広告。Just Do it をもじってJust Patch it としている）

大塚製薬さまもポカリスエットを23年から本格的にナイジェリアで発売開始。日本のアニメ監督を使った素晴らしいＣＭや、マラソンイベントの協賛など着実に展開しています。オロナミンＣはエジプトから本格発売しています。

ダイキンさまもインドで家庭用・業務用・商業用すべての分野でトップシェアを実現し、今はナイジェリアに工場を建設中で、いよいよアフリカ大陸で生産もして本格展開を始めております。

商船三井（ＭＯＬ）さまは、ナイロビに拠点

を置き、東アフリカでのヘルスケア物流ハブを実現すべく、ローカル企業とも提携し本格的に事業を展開しつつあります。

などなど、いよいよ日本の大手企業がグローバルサウス市場に本気で取り組み始めており、心から嬉しく思っております。

二つ目は、弊社のアグリ&グリーン事業です。2023年からルワンダの第一農園に続き、タンザニアで第二農園を開始しました！

タンザニアのンゴロンゴロ（NGORONGORO）自然保護区に接しているコーヒー農園を引き取り、運営を開始しました。約100年前の植民地時代にドイツ人入植者が開拓した、約1760ha（千代田区1・5倍）の大農園です。標高は約1400〜1800mある素晴らしい農園です。

低木はコーヒーの木。大木は100年前に植えたもの。

（写真は、下の低い木がコーヒー、大木は100年前に植えた街路樹が大きくなったもの、シェードツリーの機能もかねている）

ここでは、Smart Village Projectというコンセプトで、コーヒー・マカダミア・アボカド等の農作物の生産だけでなく、ゼロカーボンの実現、近隣のコミュニティー開発も企図しています。「Villageから持続的なウェルビーを実現する／農村ごと良くする」プロジェクトです。

ここには常駐している日本人数名と現地スタッフ300名強（収穫時には計600名）で日々奮闘しております。国立公園に接した素晴らしいところにありますので、ぜひ、みなさんいらしてください。（ostiglobal検索）

みなさまの、グローバルでの更なる発展と成功を心から期待しております。

農園のTopから見下ろした雄大な風景

ベンチャーキャピタルのトップに聞く

（2023年6月27日 収録）

VC・スタートアップ・大企業の人材リボルビングがエコシステムを育む

海老澤 観

モバイル・インターネットキャピタル株式会社
代表取締役社長

（インタビュアー　幸田 博人）

海老澤 観

1978年～1982年　早稲田大学理工学部電気工学科卒。1982年ソニー株式会社に入社し、光ディスクのエンジニア、HQ技術戦略、PlayStationのネットワークサービス立ち上げ、HQ事業戦略、R&D技術企画、HQ技術戦略に参画。2018年モバイル・インターネットキャピタル株式会社代表取締役社長に就任。2024年から同社取締役会長。2020年から中央大学ビジネススクール（経営大学院）客員教授、2021年からSynspective株式会社独立取締役を務めている。

モバイル・インターネットキャピタル株式会社

テクノロジー領域への投資実績を豊富に有するベンチャーキャピタル。1999年11月にNTTドコモ、インターネット総合研究所、みずほ証券の3社による出資で設立。1999年は、iModeサービス開始、日本初商用ブロードバンドネットワークサービス開始（ADSL方式）。2024年までに5つの旗艦ファンドと1つのサブファンドを計6つのファンドを運用。ファンド運用総額356億円（6本累計）、支援企業数 約150社、うち上場社数22社（2024年9月末現在）。

はじめに

幸田　本日はモバイル・インターネットキャピタル株式会社（以下、ＭＩＣ）の代表取締役社長であります海老澤観さんに登場いただきました。テーマは、「ベンチャーエコシステム」のＶＣから見た課題と将来に向けてということをテーマにします。同時に、海老澤さんは、大企業での豊富なご経験もありますので、そうしたご経験も含めてお話を伺っていきたいと思います。

海老澤さんは、大学卒業後に、ソニーに就職をされています。理系のご出身でありますので、テクノロジーの進化なども含めて、まずは海老澤さんのソニーでのご経験について、自己紹介も兼ねて、どういうご経験を積まれてきたか含めて、お話しいただければと思います。

1．ソニーでの経験から

海老澤　海老澤でございます。私は、１９８２年にソニーに入社しております。最初の15

年間は光ディスクのエンジニアで、その後、2年半ほど本社の技術戦略をやり、続いて、プレイステーションのネットワークサービスの立ち上げに7年ほど青山の方に行っておりました。2000年代の後半に、また本社に戻ってきて、そのときはネットワークサービス立ち上げた後だったので、今度は事業戦略ということで、そちらに5年ほどお世話になっていたところ、研究開発の企画の部署の方が定年になるということで、その後釜をやれということになりました。研究開発の企画部署をやっていたところ、前にもやっていた本社の技術戦略も自分の手元で扱いました。最後の仕事は、村田製作所への電池事業譲渡ということで、これを2017年の9月に一応クロージングして、2018年3月末にソニーを卒業しました。このような経歴でございます。

幸田　ソニーに入社されたのは1982年、その後2018年までソニーに勤められたということで、約36年大企業のソニーでのご経験と理解しました。その間、電機産業の隆盛や、1990年以降のバブル崩壊、更には、電機産業が徐々に競争力を失い、1990年代後半ぐらいから2000年前後のいわゆるインターネットやITの大きな波のご経験を積まれてきたということかと思います。

先ほどお話がありました、プレイステーションに、海老澤さんが携わることになったのが2000年頃、その手前の1990年代後半ぐらいから、日本は停滞色に入りつつあったといえます。そうはいっても、当時、日本の電機産業は半導体を含めて競争力がある中でグローバル化の展開も相当していたと思います。1990年代、総合電機産業が、日本の経済を引っ張ってきたという中で、徐々に難しさが見えはじめたあたり、今から振り返ると、そのあたり、どういう状況だったかをお話しください。

海老澤　1997年に光ディスクのエンジニアを卒業し、本社の技術戦略ではIT系の方を担当しました。ですから純粋ハードウエアは97年までだったと思います。その頃、インターネットが出現してITバブルが西海岸で起こる時期ですが、それとクロスオーバーする形でやはりハードウエア単体での大規模なビジネス領域の創造というのが、もう限界に達していた。その潮目が変わるのが、ちょうど、その頃だったと思います。

94年がちょうど初代プレイステーションが世の中にでます。その後ソニーの中では、紫色のPC、VAIO-505、最後が、事業領域が小さいですけど、99年の初代AIBO。その後に事業領域を創り出すような圧倒的に新しいハードウエア商品は出てきません。そこの切り替わりは何かというと、**サービスがビジネス領域の中心を作って、それをサポートするのがハードウエアであるという方向にシフトしたのだと思います**。その時代、すでにハードウエア単品しか持ってない人たちの限界が生じたのではないかという気がします。

その後の実はソニーの復活みたいなところにつながるのですが、プレイステーションのネットワークサービスは、最初のうちは全くビジネス的な貢献はしませんでした。しかし、今となっては、ハードウエアとゲームソフトの販売による売り上げよりも、ネットワークサービス売り上げのほうがゲームセクターは大きいわけです。サービス中心に転換できる種を持っていたかが大きなポイントであったと思っています。

幸田　今、言われたハードウエアとソフトウエアとの時代の転換点というようなことが、1990年代後半ぐらいから生じ始めたと思います。それは、もちろんインターネットという存在がすごく関わっていたと思います。ハードウエア思考からソフトウエア思考にという発想の転換は、ソニーのような大企業、製造業においても、当時は、やはり、ものづくり的な発想の要素が非常に強かったということなのでしょうか。

海老澤　そうですね。ものづくりとしてのソフトウエアのところまでしか動いていなかったというのが正しいと思います。元々、われわれが入社したときはメカ屋さんが最初に機構を作って、それを電気がサポートして、最後にソフトウエアというところから、中心が電気になって、メカ屋さんとソフトウエアのサポートになっていきました。その後、製造業の基本がソフトウエアというところまで向かっていくのですが、あくまでも、ものづくりのためのソフトウエアだったわけです。アプリケーションサービスとしてのソフトウエアというところには、やはり日本の企業が出ていけなかったというのが大きなポイントではないでしょうか。インターネットにつなぐことはできるのですが、インターネット上のサービスを展開するところまでいかないと、実は本当の価値が出てきません。そこが難しかったということかと思います。

幸田　インターネット上のサービス展開まで進まなかった、そういうことですね。そのときに、例えばソニーはSo-netというインターネットプロバイダーがあったと思いますし、他の電機産業などもそういった分野に出ていったと思います。そうした中で、海老澤さんが、今言われた発想が抜け切れてない中でやっていたということですか。

海老澤　多分そのときはまだ接続するという、やはりハードウエアに近い発想、インフラ構築の面が強かったと思います。シスコであるとかサン・マイクロがハードウエアとソフトウエアのセットを出して、それでユーザーをインターネットによってつなぐというところはあるのですが、つないだ後に何をするか。それこそソニーコミュニケーションネットワーク、So-netさんは『モモ』とかいうキャラクターで一世を風靡したのですが、そちら側をどんどん増やしていくようなアプローチは非常に少なかった気がします。

幸田　よくわかりました。それから、製造業での競争力という観点では、よく半導体分野の取り組みが誤っていたということ、例えば、いわゆる上流から下流まで全部を手掛けるなどを含めて、語られるわけです。当時は、まだ韓国勢も含めて、途上だったと思いますが、戦略的には、ある意味、総花主義みたいなものが、全体としての競争力を失わせたというような面はありますか。

海老澤　そうですね。総花主義というか、私は、付加価値が高い領域に集中しきれなかったというのが大きいと思っています。そのときの半導体の主役はＤＲＡＭです。当時ソニーもＳＲＡＭをやっていたのですが、ＤＲＡＭでは勝てないからＳＲＡＭみたいな亜流やっていました。しかし、結局メモリーでしかなかったということです。メモリーは、記録ができる不揮発性メモリーで、もう一回、脚光を浴びるのですが、その方向ではなくて、やはりインテルのようにＣＰＵアーキテクチャみたいな、プロセス単体ではなくて、その上に何を乗せるのか。ＩＰ（知的財産）の時代に対してのアプローチで引っ張っていく方向性も一つあったと思います。

その為には、**アプリケーションから発想するのが大事なところで、唯一それができたのがプレイステーションなのです**。最先端ゲームを作りましょうって言ってそのＩＰを開発したわけです。自社だけではなくて米国の企業とかと協業することで付加価値のあるＬＳＩが作れた。ＤＲＡＭ単品では難しく、ＤＲＡＭ単品の時代は終わっていたと言えるのではないでしょうか。

幸田　今言われたような付加価値をどう作るかとか、アプリケーションとかソフトウエアからの発想が、根本的に弱かったということでしょう。日本のこの分野の製造業の競争力にとっての大きな論点だったということですか。

海老澤　そう思います。ですから製造業の中で延長線上の開発、ＤＲＡＭの微細化、それから省電力化、そこにばっかり着目してしまっていて、非延長線上の領域で戦うことはやはり不得意だったのではないかと思います。

幸田　その点は、この後の議論とも関わるわけですけれども、**テクノロジーの進展といったときにハードの品質みたいなものをどう追い掛けるかということとは別に、新しい発想とか付加価値を商品やサービスに全く違う形でどうつけるかということの重要性だと理解しました。**後者の方が日本企業は不得意だとしたとき、なぜそういうところが欠けていたか、あるいは弱かったかというのは、海老澤さんは、どういう見立てになりますか。

海老澤　多分、日本人は作業が得意なのだろうということです。やはりＤＲＡＭみたいな半導体開発は巨大戦艦的に、ものすごい大きな組織を動かして、非常に細かい要素技術の開発を積み重ねていくわけです。ですので、延長線上というのは組織力もあって強いのですが、思考における発想の転換、違う発想をしましょうといったときに、これは少人数でないと難しいのだと思います。Appleのジョブズがやっていたのも頭脳となっているのは20人の小チームだったと言われていて、そのくらいのチームだからこそ、いろんな発想が広がるというところがあると思うのです。**大規模という巨大戦艦の世界が得意だったがために、逆に20名のチームの新しい発想というところがうまく回らなかった**という言い方もできるかもしれません。

幸田　その点については、「ベンチャーエコシステム」の議論のなかで、スタートアップ企業にとって、大企業とのコラボレーションがなかなかうまくいかないことと関わっていると思います。また、大企業サイドから見たオープンイノベーションの意気込みはあるけれども、実質的なイノベーションを作り出すようなネットワーク作りなどが十分できていないこともあります。そういう流れは、いまだに引きずっている感じはします。この90年代後半ぐらいからまだずっと続いている感じですね。

海老澤　やはり変わりきれないのではないかという気はします。既存事業の改善はものすごい匠の世界で、日本企業は多分、世界でナンバーワンだと思います。ですからそこにずっと携わっている人たちはいまだに世界のトップにいると思います。半導体の周辺分野の個別要素技術というのは、それらの中に日本企業がナンバーワンというのがいっぱいあるわけです。それは延長線上の勝負をしていて、匠の世界を極めている。しかし、全く新しい発想のビジネスプロデュース力は、日本はやっぱり弱いという感じはします。

幸田　プレイステーションのときのご経験では、そういうビジネスプロデュース的な発想は、当時の中でもあったということでしょうか。

海老澤　ありがたいことにプレイステーションのビジネス自体を見ると、やはり任天堂さんがされていたことが、ソニーにとって、非常に大きな指標であったと思います。最初はそれの改善から入るというのはラッキーだったと思います。ただ、私個人の状況から言うと、90年代の後半から技術とビジネスモデルがセットで考えられるというのができるようになってきて、ビジネスモデル特許を出したりしていました。ビジネス側から技術を見かえすことができるようになったのは、自分にとって大きかった気がします。

幸田　そのときのビジネスと言ったときに、顧客サイドのニーズを、現場で吸い上げていくためのやり方は、当時から一定程度はあったということですか。

海老澤　90年代まではソニーの中ではありました。**創業以来、2000年の前までは、巨大な中小企業だったと思います。大企業に転換していくなかで、そういうイノベーションを現場がつくりだす仕組みが崩れていった**というか、やはり新しいものが出にくくなる。新しいものを作ろうという意識は社員にあっても、それをうまく吸い上げるのは難しくなった気がします。

幸田　ある意味、分かりやすく言うと、スタートアップとかベンチャー的な要素がソニーさんの中に内包していた時代から、大企業としてのソニーさんに変わっていったということですね。

次に、テクノロジーとの関係でお話を伺いします。プレイステーションを立ち上げ、さらには改良を加えていくときに、テクノロジーの面では、当時、どういうポイントでしたか。

海老澤　プレイステーションも含め、ソニーのそれぞれの事業領域でビジネスモデルとかエコシステムが違うところがあって、プレイステーションの一番大きなポイントはプラットフォーマーであるところです。

ハードウエアとして、一度、仕様を決めると5年間持たせなければいけない。そうすると5年間陳腐化しないものは何ですかという議論が始まるわけです。プレイステーション2が製造ラインに乗った瞬間からもうプレイステーション3の構想に入るわけです。それは5年後何を作って、それが10年後まで持たせるという議論になるので、基本は世の中の変化をいろいろ多面的に議論しないとその次のハードウエアの仕様は決まっていかないわけですね。

技術の面だけではなくて世の中がどう変わっていくか。そのときの議論で笑い話があるのですが、プレイステーション3はＩＢＭさんと東芝さんと最終的にチップ作るのですが、ＩＢＭのワトソン研と話していたときにプレイステーション3のチップから、直接、光ファイバーを出して高速通信をやりたいと言ったときに、ワトソン研の連中は真面目に計算してきたのですよ。そうするとプレイステーション3の台数をまかなうためには原子力発電所が2基要りますということでした。でも、そのぐらいぶっ飛んだ発想でないと、5年後10年後の話はできないという気はします。そして、その構想を実現させるのがテクノロジーなのです。

幸田　そういう10年後の姿をイメージしながら、どういうテクノロジーが実際に乗せられるかという、そういうことになるわけですか。

海老澤　そうですね。ですから、ある意味、世の中のロードマップの、そのカッティングエッジの部分の、さらに先ぐらいを取り込まないといけないのです。開発するチップは例えば製造開始時の最先端の半導体のルールで、ぎりぎり性能が出るかというところ勝負します。それが5年後には世代が変わって楽勝で作れるものになる。その為、出だしは、かなり危ない世界であるのが必須になります。

幸田　そういうテクノロジーをうまく乗せながら性能とか品質とかを上げていくことと、実際にビジネスサイドで、製品として成功するかどうかというところの分岐点は、どこにあるのですか。

海老澤　最終的なアプリケーションやサービス側から技術を見返しているのが一番大きいと思います。技術の進化は、あるレベルを超えないと体験が変わらない。中途半端な進化は意味がないわけです。プレイステーション3とか4とかその段階になったらどのぐらいの画質で、キャラクターが何人同時に動いているとか、ボンネットの光の反射の具合がどのくらいきれいに表現できるのか。最終的には、そちら側の話なので、チップの最先端ではないのです。**人間の感動側から逆算しないと、いくら技術があっても駄目な気がします。**

幸田 それは、もう当時からそれなりの発想がベースにあるということですか。

海老澤 多分、一番簡単なのは延長線上で線引きできるものです。表現力みたいなところだけではなくて、プレイステーション3とかで苦労するのは、今度はネットワークでつなぎますみたいな世界の方です。プレイステーション2でネットワークゲームを始めるのですが、そちら側の方はもっと新しい発想が必要になります。ネットワーク越しにつないだ瞬間に何人対戦ができるのかというのは、ネットワークのバックグラウンドはどうしないといけないか。そういう世界のほうがエッジ側になっていったと思います。

幸田 そうした仕事をされているときに、今でいうスタートアップ企業との共同事業的な取り組みなど、当時の中ではありましたか。

海老澤 私が最初にそういう方々とお付き合いしたのは2000年の前ぐらいのときで、

それこそＩＴバブルの時代になります。本社の技術戦略として米国のスタートアップに訪問して評価をするとか、そこら辺です。その後、プレイステーションのネットワークサービスの立ち上げでは、技術的に欲しいスタートアップがあるというよりは、ソニーにある社内技術をまとめてきて何を作るかでしたので、外まで行ってなかった気がします。もう一度本社に戻ってきてからスタートアップの付き合いが再び始まった。そんな感じかと思います。

幸田　当時はまだ日本においても、ベンチャー企業とかインターネット関係は、相応に出てきていましたけれども、技術のエリアで、今でいうディープテックみたいな領域やＡＩなども含めて、広がりのあるスタートアップの時代ではなかったと思います。まだまだ限定的な時代であったということでしょう。

海老澤　まだ垂直統合で大企業が社内にR&Dをいっぱい抱えているような時代ですから、水平分業化の進化とともにスタートアップの位置付けも変わってきたと思います。水平分業化は90年代後半から始まるので、まだ２０００年代初めはそこまで行き切れてないという感じです。

幸田　先ほどお話しいただいたご経歴の中で、プレイステーションの後、もう一回、本社の方で技術的なところをご担当されています。

海老澤　事業戦略の後、R&D組織の企画と技術戦略です。

幸田　そのときのご経験で、テクノロジーと事業戦略との関係など、コメントをお願いします。

海老澤　技術開発の方向性とゴール設定の関係は、一つあるという気がします。ソニーの中で有機ELテレビみたいなものを商品化と開発をやっていたのですが、そのときにソニーだからということで、大型テレビを目指してしまったのが大きなポイントだった気がします。**技術的にステップを踏むのでしたら、携帯用など小さなサイズから入っていくところが圧倒的に正しくて、そこから入ったサムソンとの差が、現状の違いになっているところと思います。**

幸田　韓国勢がこういう総合電機産業のところでかなりプレゼンスが出てきたのは２０１０年ぐらいですか。

海老澤　２０００年あたりからポジションが取れてきていると思います。実は１９８０年ぐらいのときは韓国企業が日本企業に何でも教えてくれと来ていた時代です。そこから20年間を経て、追いついたのが多分２０００年ぐらいだと思います。良く知られたことですが、サムソンはソニーをベンチマークして追いつくためには何をすればいいかを考え、デザイナーを抱えてデザイン重視とかしながら、最後の最後は、投資力で乗り切る。そのようなやり方だったと思います。

ただ投資力で乗り切るというのは世代交代が起こっていて、今は、サムソンが中国勢に追い上げられています。**規模の経済での勝負は、ほぼ確実に世代交代が起きるものだと思います**。

幸田　そういう意味ではリーマンショックも挟みながら、２０１０年頃から、日本の産業競争力が踊り場に入っていきました。いわゆる**アベノミクスが始まる中で、徐々にベンチャー投資が増えてくる、あるいは大企業のコーポレートガバナンスとかの仕組みと連動しながら収益力向上がメインテーマになり、ポートフォリオをどう考えるかということが、動き出す時代に変わってきた**ことですね。

海老澤　そう思いますね。

幸田　ソニーを去られる前は、電池の関係の売却を手掛けられています。

海老澤　村田製作所へのリチウムイオン電池の売却が最後の仕事でした。ソニーは、本当にいろいろなビジネスモデルの事業を持っていて、プレイステーションはプラットフォームビジネスですし、モバイルはキャリアとの付き合いが中心です。半導体とかデバイスでは長期にわたる投資回収モデルがあり、その他に、家電があって、エンターテインメントと金融とある。それぞれ違ったビジネスモデルを持っていました。リチウムイオン電池は、少なくとも長期的な金食い虫です。ＣＭＯＳイメージセンサーとリチウムイオン電池は投資をし続けないといけなくて、両方の資金需要がまかなえるかというと、そこが厳しかったので片方を手放すという世界だったという気がします。

幸田　海老澤さんは１９８２年から２０１８年までということで、ちょうど36年ソニーで働かれていました。今いろいろとお話出たように、激動の時代ではあったと思います。平成の30年の日本の経済、あるいは産業の停滞が生じて、競争力そのものが、個別企業の競争力は別としても、総合的に言うと落ちてきたということは否めないです。ある意味、停滞の時代でした。私も当事者ではありますけれども、この平成の30年というものが、どこに課題があったのかということについて、ここまでのところのまとめの評価について、コメントをお願いします。

海老澤　ありがとうございます。**私は日本社会の終身雇用というのがベースにあったということが問題だった気がします。**もともと終身雇用という世界で考えたときに、新卒で入社して定年まで勤め上げますが、その間に社会がどんどん進化していってしまうので、それに合わせて企業も進化せざるを得ない。そうすると入社時に必要だったテクノロジーは、当然、何十年も必要なわけではないということです。途中で主力のテクノロジーが世代交代していくときに、自分の専門性を変えていくのか、それとも、新たな専門性を持った人と従来の人との入れ替えをするのか。そう簡単に専門性を変えることはできないので、終身雇用でキープしたがために非効率を生んでいたと思います。古い専門性の技術でも、他の事業会社だと必要だったりする。それを、自社内で回そうとしたのが結構、大きな足かせになっていたような気がします。

今は、若者たちが終身雇用に見向きもしなくなりつつあり、どんどん会社を変わっていけばいいやと思っているところが、もう一度、活力をもたらしはじめていると思います。そのおかげでスタートアップの業界にも優秀な人材がどんどん入ってきています。社会の変換に、つまり全体の組織構造が付いていけてなかったということが、この30年引きずった原因ではないかという気がします。

幸田　今、「人的資本経営」とか、非財務的な価値としての人材について雇用の在り方や人材育成をどうするかなど、随分人材の議論が活発になってきています。そうした雇用面での**日本型雇用形態というもの、そのものが時代に合わなくなってきているところをどう変えていくか、あるいはアジャストしていくのかということが、必要になっている局面だと思います。**プロフェッショナリティーとか専門性みたいなものを、企業の中で時代に合うように構築していくことは、今後、こういう最先端のところにおいては限界があるということですか。

海老澤　そう思います。ですから、一企業が社内で回すのは、無理だと思ったほうがいいと思います。

2．モバイル・インターネットキャピタル㈱（MIC）社長に就任して

幸田　テクノロジーの進展が加速化し、GAFAMのプラットフォームの時代とともに令和を迎えていると思います。そうしたタイミングで海老澤さん自身、モバイル・インターネットキャピタルの社長に、2018年にご就任しました。

ソニーでの経験は、どちらかというと事業モデルとテクノロジーを中心にご経験を積まれてきたということだったと思います。MICは、ベンチャー投資を行うということなので、違いは相当程度あると思います。いわゆるモバイルやインターネットの業務のエリアにおける、ベンチャー企業の投資ということの意味あいについて、VCのトップとなり、どういう印象なのか、まずはお話しいただけますでしょうか。

海老澤　ソニーの中ではスタートアップとかVCとのお付き合いは、ある程度あったのですが、本当に自ら投資をしてという世界は経験したことがなかったので、実際そういう立場になってみて気が付いたのは、自分のお金ではなく、皆さまからお預かりしているお金であるというところがものすごく大きいと思いました。

スタートアップ企業を見ていると、それなりにいい点がそれぞれに持っているので、ぜひ応援したいとは思いますけども、それとは逆に、投資家からお預かりしたお金を大きくして返さなければいけないという使命を持っていて、そこのところで、実は投資のブレーキがかかってくるというか、そこの見極めるは、今までとは違う視点だった気はします。

ソニーにおいては、当然、R&Dにおける投資回収みたいなところも見てみましたけれども、VCにおいては、ファンドの期限があることが、結構大きいかと思っています。

通常のファンドは大体10年ぐらいの期間でやっていますが、技術開発を行って、事業立ち上げ、最後エグジットまでするのを10年でやるというのは、結構、厳しい気がしています。その中で、期間内に回収できるものを、投資先に選ぶ感覚は、一つ大きな違いだった気がします。

もう一つ感じたのは、投資プロセスの不透明さを感じました。私が2018年にこの会社に来たときにソニーのデータサイエンティストが独立する話があって、だったらこの投資プロセス、AIを使ってなんか面白いことできないかなという話をしたのです。その時、うちの会社だけで使えるものを作っても意味ないし、うちだけが使っているのではアップデートも遅くなってしまう。そう思い業界全体で使えるようなものを作らないといけないね、ということで他のファンドの方々に何社か集まって投資プロセスを議論したのです。

そのときに、集まった皆さんから、こういう議論は初めてです。そして、話してみるとみんな評価基準やプロセスがばらばらでした。なので、結局、データとして残っているものがばらばらなので、AI使えないねって話に落ち着くのですが、プロセスがばらばらでいいのかなというのが私の一つの感覚です。製造業とかにおいても、秘匿している部分もありますけど、業界全体として良いと言われるプロセスがあって、それが順にアップデートされていく。競争する場所は、そのプロセスとは違う、別のレイヤーでしましょう。そうすることによって、業界全体が上がってくるという感覚があると思うのです。

ＶＣ業界として対抗しないといけないのは、例えば、バイアウトやセカンダリーとのパフォーマンスの勝負なので、そのためにはプロセスがなるべく一番いいものをみんな使いながら、その中で競争をするみたいな世界の方が良いのではと思うのです。プロセスが共有されていなかったり、個人名で語られたりしている世界の中で、ＶＣ業界全体のレベルアップやノウハウの蓄積は大丈夫か。そうした観点での不安感は持っています。

幸田　投資するにあたって、ＶＣサイドの業界として何を共通的なこととして捉えて、その基本的な部分について、共有することとの認識を業界としての底上げの観点からできればということは確かにあるかもしれません。一方で、結局のところ、投資対象先はスタートアップ企業なので、事業をするトップ、あるいは経営チームなどの評価や、あるいはそのビジネスモデル自体の評価、マーケットニーズがどの程度あるかなどについて総合的に評価していくことかと思います。実際に、投資をするときのポイントは、海老澤さんのＶＣでは、どこに置いていますか。

海老澤　やはりそれぞれ、成長ステージによって大きく違うと思っています。スタートアップの成長ステージの変化によって見るべきものがどんどん変わってきます。最初の頃は、解決しようとする課題の大切さやモデル構築等が大事ですし、成長の度合いが熟すれば熟するほど、今度は数値みたいなものが大事になってくる。**どの成長ステージにあるのかの見極めが最初のポイントです。もう一つが、各事業領域の発展阻害要因です。**事業領域における制限している項目は何か等、マクロ的な視点が、もう一つ必要になります。

投資のための評価項目は、極端に多いわけではないと思います。ただ、どういうものを重視しますかというのはファンドごと違っていてよいと思います。別の視点でみると、スタートアップ企業にとっては、いろんなタイプのVCファンドを回って説明するという世界になっていて、資金調達にコストをかかっていて非効率的です。本来は、VCはサポーターでありスタートアップが主役なので、一度説明してくれれば、その情報を共有して、そのスタートアップ企業にあったVCファンドが、手を挙げたほうが早いというこ とがあっても良いと思っていました。**いくつかの項目の中で、うちはこれ重要視するから、うちにとって得意分野だとか、そういう逆側の発想ができれば、「ベンチャーエコシステム」も効率化されると思います。**

幸田 VCとスタートアップ企業との関係を考えるにあたって、確かに、事業会社ご出身の方からの見方として、こういう観点もありますね。

一方で、金融的な観点で考えると、投資家のお金を預かって投資をしていくことの責任であるとか、ファンドの期限は10年ということがあります。金融的な観点では、ファンド運営の中で、よりポートフォリオ的な概念を重視することが必要になります。モバイルインターネットの分野で、専門的な領域に絞りながら一定程度ポートフォリオ的な投資をするのか、別の分野も含めて考えるのか、その辺りも含めて、ファンドの期限10年という中での投資家との関係性という中で、どこがポイントになっていると感じられていますか。

海老澤　今おっしゃられたように技術だけで勝負していくというのは、あまり成功確率は良くありません。時間もかかりますので、やはり技術とサービスを、いかにミックスしてポートフォリオを組んでいくかも一つのポイントですし、成長ステージでも、やはりシードステージは時間もかかってボラタリティも大きいですから、シードとレイターまでの間をどうミックスするかみたいなところも一つです。

一つ明らかに考え方として、**この世界は因果律で見てはいけないと思っています。原因があって結果があるとの見方ではなくて、確率論で見ていくのだろうと思います。**確率という数字を予想しながら、ポートフォリオを組んでいくというところが一番大事ではないかと思います。

ＩＴ、ＩＣＴっていう世界はもうものすごい勢いで伸びておりますので、我々が、そのＩＴ、ＩＣＴを中心に投資しますと言っても、今は全く意味を持たないです。逆に言うと幅広に見て、周りが見落としている視点を見つけることも、私は重要だと思います。我々は、今でもＥＣのようなところに投資をしています。トレンドワードだけを追っていくと、実はボラタリティが大きくなり、振り回されて終わるというところがあるかと思います。

幸田　海老澤さん、ＭＩＣは、１９９９年に設立されたということで、日本のＶＣの中で言えば、老舗の部類に入ります。また、**エリアを特定したＶＣということで、特化型ファンドとしては、その当時まだまだ少なく、モバイル通信やインターネットでの投資エリアのパイオニア、先駆けとして活動してきたと思います**。その点についてのご自身の評価や今後のポイントは、どう捉えているか、教えてください。また、現在、５号ファンドまで来ていると思いますけれども、ファンドの規模は、比較的中規模で、100億円程度の中で運用されているということで、大きな規模のファンドではありません。この点についていて、どう位置付けているか、お話を伺えますでしょうか。

海老澤　設立されて25年近くになります。１９９９年設立で、その中で、いろんな蓄積が今の弊社をつくりあげています。最初はカッティングエッジ的で、設立当時はｉモードサービスが始まった年であり、ＡＤＳＬという最初のブロードバンドの商業サービスが始まった年でもありました。ですから、そのエリアを、どう広げていくかの勝負から入ったのですが、今となっては、生活インフラの一つになってしまい、投資領域はどんどん広がってきています。

その中、ファンドごとに毛色が違っていて、1号ファンドと2号ファンドはテックをすごく重要視していました。3号ファンドからサービス側も意識した、ポートフォリオ運営に移ってきています。それは経験がなせる技で、やはりわれわれはこの25年間の間に投資した先が、どういうエグジットをしてきたか、ものすごい数あるので、そのフィードバックを投資プロセスに戻せるというのは大きな財産だと思います。

それを見ていくと、**技術に特化してしまいすぎると、全体としてのポートフォリオバランスはあまり良くないということに気が付けるわけですし、投資ステージもいろいろとばらけたほうが安定的だというところに気付ける**というところもあります。そういう意味で、ファンド投資が進むにつれて、オペレーションプロセスも含めて進化してきていると思います。そこがわれわれの一つの大きな強みなので、それをどう積み重ねていくかということを意識しています。

それが、先ほどお話があった中規模ファンドにもつながっていきます。我々の経験を活かして確度が上がってきている部分をキープしながら拡大できる範囲はどのくらいなのだろうということを考えています。前回ファンドが76億円で、今回の5号ファンドが約100億円です。次回のファンドも、最大でも150億円までと考えています。これが200億円まで膨らむと、我々の自信を持っているプロセスの改善だけでは難しく、プロセス上の冒険をしないといけなくなると考えています。それは投資家の方々にとって本当にいいのだろうか。リターンをコミットメントするという意味で、ファンドを大きくする範囲をある程度決めておく必要があると思います。

幸田　ＭＩＣは、スタート時は、株主がみずほ証券、ＮＴＴドコモ、インターネット総研で、３社のジョイントベンチャーの形態で始まっています。その後も基本的にはそういう枠組みを維持する中で、ファンドとしては、中立的な投資家のお金を預かって運営しているという面はありながら、株主という意味で言うと、ややコーポレートベンチャーキャピタルに近い側面もなくはないという部分があります。この辺りは、現在、世の中では、パートナーシップのＶＣファンドも相当増えてきています。ＶＣを経験した方々が、新しいファンドを設立されるという広がりも出てきています。今後のＭＩＣを考えたときに、投資分野と、今後の在り方論について、どういう方向感で考えておくのかに関し、コメントをお願いします。

海老澤　元々の株主3社さんを中心に、ずっとお付き合いいただいています。そうした中で、徐々に、株主さんと投資の関係は希薄になってきています。足元、運営自体は完全独立していると言ってよろしいのではないでしょうか。株主とは良好な関係は維持しつつ、我々の利益を配当として還元する、そういうところで運営しています。経営的な面でいくと、社外取締役を出していただき、オペレーション上の安定性みたいなところはサポートいただいていますが、投資領域においては、より投資家の方々との関係の方を意識しています。

5号ファンドを見たときに、金額ベースだと3分の2が金融機関、機関投資家の方々、3分の1が事業会社ですが、社数でいくと、実は3分の2が事業会社の方々です。事業会社の皆さんは、投資のリターンだけではなくてオープンイノベーションの文脈で期待されている部分があります。そして、日本のオープンイノベーションは、まだまだうまくいっていないと認識しています。その問題は何かというと、オープンイノベーションが目的になっているというのが一番のまずい点だと思っています。**オープンイノベーションというのは手段です。自分たちだけで会社を変えられないので、外とつながって外の力を借りて自社を変えるということなので、そうすると自分たちの変えたい課題は何かというと、皆さん、それぞれ違うはずです。**そこのところの掘り込みなしにオープンイノベーションを進められている方々が多いので、それぞれのLPの方々のオープンイノベーションの課題に、いろんな形のお付き合いをしていくというのが必要だと考えています。また、それを通して、我々の中にも貴重なノウハウがたまっていくと考えています。

もう一つの視点として、社会全体の変革のスピードが、益々、上がってきています。そのような中、1社で戦うのが正しいのかというのがあります。事業会社などのLPの方々とは、オープンイノベーションを通じた協業みたいなことが大事ですし、それとは別に、VCファンド同士の協業もあるのではないかと考えていまして、いろいろな協業を模索していきたいと考えています。

3. DXや生成系AIなどのテクノロジーの進化と並走すること

幸田　VCの付加価値を向上していくためのそういう方向感をお持ちの中で、もともとのモバイル、インターネットの領域というのは、いまや、ある意味、当然のようなプラットフォームであり、ベースの基盤になってきています。足元のデジタルトランスフォーメーション、DX、さらには、生成系AIなど、さまざまなテクノロジーが進化しています。ネット社会の中でのDX、AIが、MICにとってはすごく大きなチャンスでもあり、同時にチャレンジでもあるということと認識をしています。

まずは、DXのほうに話を移したいと思います。日本では、デジタル社会への取り組みが遅れていることがあります。デジタル人材の問題、ITのレガシーの大きさに、ある意味ひるんでいるような部分が相当あると思います。海老澤さんとして、デジタライゼーションのところ、現時点の日本の企業の立ち位置と、どこに課題があって、そこをどう超えていくのか、ポイントを絞ってお話しいただけますか。

海老澤　DXですよね。これは私はやらなきゃいけない、必然だというように捉えています。やはり日本がどうしてできていないかというところは、個別の効率化を求め過ぎたせいだと思います。今まで、効率化によるコストダウンの競争をし過ぎたがために、個社にとって最適なものにいってしまった。皆さんがガラパゴスになっているという気がしています。**一時的な無駄を許容しない限りDXへの移行は難しいという気がします。そこのところの決断を経営陣ができるか、現場が受け入れるかというのが大きいのではないかと思います。**

幸田　今の話を典型的に例えていえば、ウオーターホールなのか、アジャイルなのかの議論だと思います。アジャイルでは、なかなか日本企業の特に大企業においては難しいということがあります。この辺りは、ハードル高いということですか。

海老澤　高いです。なぜかというと風土文化だからです。企業の風土文化は、よほどのことがないと変わらないので、会社全体を変えようというのは強い意志が必要です。しかし、全員が変わるのには多大な時間がかかります。その時の武器の一つが、私は横方向ネットワークだと思っていて、分かっている人同士をつなげて会社を変えていくことができるのではと考えています。オープンイノベーションも同じだと思うのですけども、**分かっている人同士を横方向につなげて縦方向の組織でない形で変えていくのは、大きなチャレンジですが、この方法は有効だと思います。**ＤＸはそちら側からのアプローチの方が早いのではないでしょうか。

幸田　今、投資をされていて、海老澤さんのほうで着目されているＤＸエリアはどの辺りになりますか。

海老澤　ＤＸほど幅広いところはないということで、どこでもネタが転がっています。ですので、みなさんがわざと注目していないようなところに、ゴロゴロとお宝が眠っていますし、例えば、われわれ入れているのは、先ほどあったＥＣ領域みたいなところもありますし、セールス領域みたいなところもあります。

そして、もう一つ、**ＤＸは連鎖すると思っていて、一つのＤＸを入れたおかげで、次**

のＤＸを誘引できる世界なのです。実は、細かなＤＸから始めていただけると、次から次へとＤＸネタが連鎖して全体がより変わっていくのが起こると思っています。なので、何でもいいから小さいところから始めたらいいかがですかって言いたいですね、ＤＸは。

幸田　投資先について、かなり幅広いＤＸエリアの中から、選んで投資をしていくということをされている訳ですが、実際に携われているスタートアップ企業の経営者や、その人材面の広がりなど、かなり以前とは異なってきているような印象はお持ちになられていますか。

海老澤　そこは確実に変わってきています。まず若者が圧倒的に増えている。最初からスタートアップを目指すとか、スタートアップを作るがために、大企業で一時的に経験を積みましたという方々が出てきています。**キャリアの目標が、スタートアップ側に来ていて高い意識を持っているのは確実です。そのような多様な人材が集まってきているので、そこは期待できるのではないか**という気がしています。

幸田　そういう人材が、スタートアップサイドに集まってきている中で、人材自体のスキルや、プロフェッショナリティーなどは、どういう評価ですか。

海老澤　その方々を、どうサポートするかというのは一つの課題です。**個人の成長の中の範囲内というのは限られているので、そこにいかにプロフェッショナルなサポーターが付いてくるかとか、相談相手がいるかが大きいかなと思います。**いろいろなビジネスを見てきた人とか、いろいろな経験をしてきた人等がうまくサポートしないといけないと思います。

逆に、**危ない例としては、投資をされている株主の方々が、必ずしもよく分かっていない為にスタートアップの方々を振り回してしまっているところがあります。**ステージによって明らかにKPIを変えていかないといけない世界なのですが、まだまだ売上・利益つくってはいけない成長ステージなのに、投資したときの事業計画になっていないから、ちゃんと売上・利益を作ってくださいとかですね。どのモデルがあたるかの検証を終えてないのに、売上・利益などを追っ掛けては、逆に遠回りです。スタートアップ企業を取り巻く関係者全体のスキルアップみたいなところも必要だと思っています。

幸田　それから今後のテクノロジーの関係で、もう一つ大きなポイントになってくる生成系AIです。海老澤さんご自身、AIの分野については今までは接点としてはどうでしたか。

海老澤　ソニーはＡＩを昔から手掛けていて、それの一つが、実はＡＩＢＯです。ＡＩＢＯにはＡＩがいっぱい詰まっています。私もソニーのＡＩのメンバーとは、すごく長い間お付き合いをさせて頂いております。ＡＩの変化は、つぶさに見てきたと言えるかと思います。その中で、やはり言われたように生成ＡＩまで来たというのが、今の感想です。ＡＩは何度も浮き沈みがありますが、今一度また盛り上がっている時期かなという気はします。

幸田　10年前ぐらいから、機械学習の取り入れ、また画像認識の組み込みなどを含めたＡＩの一つのブームがありました。いったん、データ分析的なことも含めてＡＩとのリンケージというようなことで、様々な形で組み込まれてきましたが、必ずしもそれが地殻変動のような大きな広がりのところまではいっていないと思います。今回の生成系ＡＩ、いわゆる大規模言語モデル、ＬＬＭの中で、ステージがかなり変わったという評価は、世の中で相当程度、認識は共有されています。海老澤さん自身、今回の生成系ＡＩについてはどう評価されて、その可能性をどう見られていますか。

海老澤　ＬＬＭがもう一度ブームに火をつけたというのは、おっしゃるとおりだと思います。その世界の中で実は基本的なアルゴリズムが大きく進化したというよりは、インターネット上にある膨大なデータを取り込んだという方が大きいと思います。膨大なデータの取り込みにより、文章などの構成力は格段に進歩しています。ただ、入れたデータの元ネタは、全て人間が作ったものです。今回も、実を言うと人間がやったことをＡＩが代替できますということは、ＬＬＭでも大きく変わっていません。

生成ＡＩが作ったものが本当に価値のあるものかどうかはＬＬＭ中では判断できません。それは人間が判断するしかないのです。**この次の世代は、生成ＡＩが作ったものを、それとは別のＡＩが評価する等、複数のＡＩが連携するようになってきて、初めて人間を超えるレベルが到達できる可能性があるかなと思っています。**

幸田　実際にベンチャー投資をされる立場として、このＡＩにかかる投資についてはどんなことで取り組んでいこうとお考えになられていますか。

海老澤　私はこの**ＡＩのテクノロジーは、プラットフォームの時代なのか、アプリケーションの時代なのか。そこを、どのように捉えるかは大きいと思っています。**プラットフォームが作られるときは、大規模でリソース投下、資本投下が起きないとプラットフォームは作りきれないと思うのです。そこでスタートアップがどこまで頑張れますかというと、多分、大資本の中で作られるプラットフォームの要素技術として取り入れられるという世界だと思います。ですから、プラットフォームを作っている段階というのはM&A対象みたいな世界で要素技術の連中とか周辺技術の連中が必要になってきます。これが、プラットフォームが出来上がった後には、それを使ったアプリケーションとかサービスの段階に移ります。ここは、あまりリソースがかからずできるので、スタートアップ百花繚乱の時代が来るのではないでしょうか。プラットフォーム構築時代は要素技術であるとか周辺技術だし、その後は、アプリケーション開発、サービス開発の連中の時代だと思います。**ChatGPT等の生成AIのプラットフォームが、みんなが使えるようになったことによって、アプリケーションやサービスが狙い目の時代になってきたような気がします。**

幸田　そうするとそれなりに投資対象も出てきますね。

海老澤　そうですね。出てくると思います。それこそ、ここは目の付け所です。技術本体ではなくて、アプリケーションです。

4.「ベンチャーエコシステム」について

幸田　それでは、最後、マクロ的な「ベンチャーエコシステム」全体の課題について、話を進めていきます。今年は、ポストコロナ時代、アフターコロナ時代に入ってきていると思います。この3年間のコロナの時代では、モバイルやインターネットという意味においては、コロナの影響は、それなりにプラスに働いた面もあったかと思います。コロナの3年間の影響を含めて、このベンチャー投資というものが、さらに定着していくような時代に入ってきたと思います。海老澤さんの目から見て、このポストコロナを意識した上での、その評価と今後の展開ということでお願いできますか。

海老澤　やはりコロナの一番大きな点は、通常は、ゆっくりした社会の変化を一気に加速させてくれたということだと思います。もともと社会生活においてメリットのあるものは分かってはいたのですが、それを広め、社会にインプリメンテーションするという世界は、ゆっくりでしか進行してなかったと思うのです。それがコロナのおかげで一気に、ここ数年、いや、それこそ1年もたたないうちに、いきなりみんなオンラインになり、このスピード感というのは、ある意味、DXの面も含めても確実に早かったと思います。

ですので、10年後に投資しなければいけないのが、もう今、投資できるようになったと言ったほうがいいかもしれません。そういうところで、オンラインになった瞬間から実はものすごいデジタライゼーションが進化したので、いろんな投資領域が加速度的に増えてきたのは事実だと思います。それをいかにちゃんと捉えていくかというところが大事ですし、そのおかげで、例えば、新しい産業も起こってきていると思います。オンライン営業に変化したがために、営業のツールを使うだけでデジタル化されたみたいなところは、非常に面白い現象だと思います。

幸田　コロナ時代を経たことで、かなり、ベンチャー投資あるいはスタートアップ企業の可能性、ポテンシャリティが広がっていると思います。一方で**日本のスタートアップ企業はなかなかユニコーンが出てこないとか、あるいはグローバルな展開が必ずしもうまくいかない**というようなこと、将来の日本の経済とか産業を担うにはやや力不足のスタートアップ企業が多いのではないかという議論もあります。海老澤さんが取り組んでいらっしゃるようなエリアにおいて、グローバルな展開というものについて、スタートアップ企業の可能性として、どう見えていますか。スタートアップ企業が、日本だけのマーケット、ターゲットではないということを意識しながら、初期的な立上げ段階でも進めていくようなことが、今後、必要になるという気がします。どんなご見解を持っていらっしゃいますか。

海老澤　グローバルという視点で見たときに、二つポイントがあると思っています。**一つは経営人材の問題が一つあると思います**。私がソニーに入って直後は、留学するのだったら欧米でした。米国が圧倒的に多かったですね。そこはグローバルスタンダードの世界に皆さん留学していたので、グローバルに出ていくのを意識せざるを得ない。実を言うと、今の中国のスタートアップビジネスを起こした皆さんも、初代は米国に留学した方々がやっているのと全くそっくりだと思うのです。日本には、そうした人材の絶対数が少ないのは一つの課題です。なので、どうやったらグローバルのところに意識を持ってこれるのか。スタートアップの方は国内志向の内弁慶な方が多い気がするので、いかにして外を意識するように持っていけるかが一つの課題だと思っています。

もう一つは、今度はグローバルを目指したときに、日本のベンチャーエコシステムが、それに対応するようなレベルになっているかということです。グローバルを意識している人たちにとってみると、やはり日本の中でやろうとしているものを、そのまま海外に行ける世界、事業領域は少ないと思います。日本で一段階やってもう一回USで挑戦。メルカリさんがそうですよね。一回、日本で成功してからアメリカに行かなきゃいけないという世界になっているのは、もう一つマイナスポイントです。**最初からマーケットを日本以外の所に設定していくには、トータルのエコシステムが弱い**と思うところはあるので、両面で補強が必要かと思っています。その為にも、我々は、海外のハードルを下げていくような、そういうサポートをどうVCとしてできるかを考えていかないといけないと思っています。

幸田　もう一つの大きな課題というのは、このインタビューにおいて、今までも何回か出ていますけれども、大企業におけるオープンイノベーションの取り組みと、スタートアップ企業サイドが大企業とどうやって連携できるかということが、まだ道途上です。この点について大企業サイドとスタートアップ企業サイドとそれぞれ課題を持っているということだろうと思います。海老澤さんからは、本インタビューの中で、既に厳し目のコメントがありました。方策はありますか。

海老澤　ここは本当に難しいポイントだと思います。日本の場合は、それぞれが相手のことを知らな過ぎます。**スタートアップも大企業のことをよく知っているかというと、知らないですし。大企業もスタートアップのことをよく知らないという、このミスコミュニケーションが、ものすごく大きいと思います。**その中で、私は大企業側の人たちにとってみると、スタートアップ企業がどういう成長ステージにいるかで付き合い方が変わるというのは、これはある意味スタンダードなので、そのあたりは勉強して頂いた方が良いと思います。

同じようにスタートアップも自分の成長ステージによって大企業との付き合い方は大きく異なるので、そこら辺をちゃんと意識して付き合っていく。関係性の築き方を一つ、お互い相互に一緒に作っていく世界は、そこの共通理解は最低限必要かなという気がします。

それともう一つは、**大企業が、大きくなったスタートアップの買収に手を出してくれるか。買収した後に、運営に手を出して、うまくそれをコントロールできるか。これらが抜けていると思います**。大企業は、自分たちで作ったものを自分たちで経営していくのはできるのですが、外から買ってきたものに、経営者とか経営チームを送り込んで、その事業を大きくしていくみたいな世界の経験が乏しいと思います。実際の成功例も、ほとんどないので、そこのところが全く進みません。特に金額が大きくなった数百億レベルのスタートアップ企業については、日本企業は誰も買わないというところで、そこは外から人材を入れてもいいから一つ成功例を作っていただきたい気がします。

幸田 この論点は、なかなか道が遠いということでしょうか。

海老澤 そうですね。

幸田 最後に、「ベンチャーエコシステム」の人材のところを、海老澤さんからのコメントをお願いします。先ほどスタートアップ企業にも、様々な人材が幅広く従前と比べると入るようになってきているという話がありました。一方で、エコシステム的に言うと周辺部分含めてプロフェッショナリティーを持っている人たちとのリンケージは、必ずしもうまくつながっていないというようなところもあります。そうした中で、VCが果たすべき役割というものはそれなりに高機能で付加価値提供が重要です。**人材と「ベンチャーエコシステム」**ということで一言お願いできますでしょうか。

海老澤　人材の流動性という意味でいくと、いい人材も入ってきていますし、レベルも上がってきていると思います。ただ、やはり、まだ足りないというか、もっとダイナミックに人が動いていく世界が必要という気がしていて、中でもやはり**プロフェッショナリティーと言ったときに、飛び込んで経験しているかどうかは、かなり大きいと思うのです。**そこに飛び込んで、スタートアップの経営サポートを経験して、その後にファンドに来るとか投資家側に回るとか、エコシステムの、いろいろな場所に移動する。それから自分で起業をした後、一旦、そこを離れて違うところに行く。その部分をより活性化して、かつ、ネットワークをより使えるようにする。そのようなところが、人材の面でいくと必要になってくると思います。

我々ファンドの人間も、本当はファンドにずっとい続けるのではなくて、ある程度ファ

ンドを経験したら自らどこかのスタートアップに飛び込んで、そこの成長を一緒に経験して、もう一回ファンドに戻ってくるようなサイクルとかが回れば、もっと良くなっていく。そういう感覚を持っています。

幸田　ある種のリボルビングドア（回転ドア）みたいな、そういうことが不足しているというのは確かにあります。

今回、海老澤さんからは、ソニーのご経験からＭＩＣの取り組み、そして今後の「ベンチャーエコシステム」ということで、語っていただきました。最後にまとめとして、今後の期待も含めて一言お話しお願いします。

海老澤　いろいろなことをお話ししたので、どれをまとめ、どれに絞るかは、なかなか難しいと思いますけれども、一つ全体像としてあるのは、多分、私はこれから協業の時代は来るはずだと読んでおります。なので、どういう協業をしたら加速をするのか、誰と誰が連携していくのか。実は競合他社は、単なる競争相手ではないというような視点を持って、新しい協業の在り方を作っていくことが必要だと思います。そのためにも想像力が必要だと思います。イマジネーションを働かせるかどうかが大きなポイントかと考えています。そのあたり、ぜひ推進していきたいと思います。

推薦図書5冊

世界史の針が巻き戻るとき　**マルクス・ガブリエル**

人間の特性、通常の思考の仕方等から、民主主義、資本主義、テクノロジー等の根本的な問題の危機を予測しており、今後の社会変化を考える時のヒントを与えてくれる書。

リベラルアーツ「遊び」を極めて賢者になる　**浦久 俊彦**

イノベーションの種を摘み取ってしまう効率化一辺倒や、ロジック優先の自然科学崇拝主義とは違った世界を志向することへ、背中を押してくれる書。

わかりあえないことから　**平田オリザ**

多数決で決めるのが民主主義ではなく、反対意見を理解し落としどころを探った上で、どうしても相いれないところを多数決する。そのような民主主義の基本において、反対意見の理解の為に必要なものを提示している書。

人類の起源、宗教の誕生　**山極寿一、小原克博**

京都大学総長を退任された山際さんが、専門の人類学者・霊長類学者として、人間／動物の社会性等の観点からＡＩや遺伝子操作の課題等に、現在社会における問題に言及している。

GIVE & TAKE「与える人」こそ成功する時代　**アダム・グラント**

この本に出合ったのは10年以上前だったと思います。自分自身、「搾取されないGiver」であると思うとともに、自分が長年かけて培ってきた考え方や手法が、この本に全部記されていると思った記憶があります。

インタビュー追記

こちらのインタビュー頃は、ちょうどChatGPTや生成ＡＩが注目されて大ブームになっていました。この時のインタビュー中では、ＬＬＭの違いとして、インターネット上などにある大量のデータをＡＩに入力できるようになったことで変化をもたらしたことを指摘しました。ただし、あくまで人間がつくりあげたデータを元にしているので、そこを超えることはできないとお話ししています。今、それは、より鮮明になってきたと思います。

中国ではＡＩペインティングツール（自動彩色）の導入で3割の人員がカットされたというニュースがありました。これにより芸術の世界もＡＩに席巻されると考えてしまう方もいるかもしれません。しかし、私自身は、人々が喜ぶような色付け（ペインティング）というのは、実は芸術ではなく作業であったと捉えています。それに対し、ピカソが生み出したような芸術を考えてみましょう。ピカソが生み出したものは、それまでの延長線上にありません。現状のＡＩは、基本的に過去のデータから類推して確度の高いものを答えとして返します。その為、延長線上にないものを推測するのは苦手です。そして、延長線上ではないものをつくりだすことはできても、そのようなものは無数に存在します。その中から今までにない価値があるものを抜き出すのは、過去に、それを評価したデータがないので、さらに困難なことです。したがって、ＡＩによってピカソのような新しい芸術を創ろうとしても、現状の技術では、ほぼ不可能といえるのではないでしょうか。作業は置き換えられても、新たなる思考は置き換えられない。そこが現在のＡＩの限界かと思います。

ただし、新しいアイデアや企画とかを考える場合、本当に新しいものを考えているのかという点を考えてみます。全く新しいものではなく過去に考えられていたが、自身は知らなかったというものは、たくさんあります。それらでも十分に価値があるとなると、それは知識（情報）の取得です。自身が知らない情報はＡＩに問いかければ答えとして出てきます。人間は、生成ＡＩに何を問いかけるのか。そして、その出てきた答えに対し、どのような評価をするのか。この部分をわかって利用すると、圧倒的な作業効率のアップにつながります。ある意味、一度、この世界を経験すると、もう元には戻れない。そのような状況に陥るのではないかと思います。

ただ、問いかけの仕方も、人それぞれです。単に、このようなクライアントの要望があるのでアイデアや企画を出してくれと問いかけるのと、このようなクライアントの要望があるのだが、これに、このような視点を追加して答えをだしてくれというのでは、ＡＩが出す答えは大きく異なります。ＡＩは、あくまでツールです。それを、どのように使いこなすかは、人それぞれであると思います。

もう一つ、こちらのインタビューの最後に、協業の時代がくるというお話をさせて頂きました。インタビューを見返して、あまりに唐突に語っているので、少々、背景について説明しておきたいと思います。

資本主義というのは、各自が自分たちでは消費しきれない余剰生産を行い、余剰分を他者へ提供することで対価を得る仕組みと捉えることができます。そして、その余剰生産する企業が多数あるので、その中で競争していかないといけない。そのように考えることもできるかと思います。さらに、リソースに余裕があるから、同じことを複数の方が行って競争が起きるととらえることもできます。日本のように人口減少の時代になり、リソースが減少していく中で、現状レベルのサービスレベルの維持していくことを考えると、競争一辺倒からの脱却は急務だと思います。サービスレベルを維持しながら、さらに発展させていく。その為には、リソース投下をする場所を特定する必要があります。元々、リソースが極端に限られているスタートアップでは、リソース分散が命取りになります。例えば、スタートアップが持っている技術は、いくつかのアプリケーションで有用だとします。しかし、一度に複数のアプリケーションを追いかけるというのはリソース分散にあたり、実は遠回りしていることになってしまいます。今、どこにリソース集中するのか。それを常に考えていく必要があるのがスタートアップです。リソースが減少している社会では、大企業でもリソース集中を、より深く考える必要があるかと思います。リソースを集中する方法の一つは、なるべくリソースをかけない領域をつくりだす。その方法が協業だと考えています。

同業の協業では、競争領域と協調領域のすみわけの境界線も、お互い理解しやすいので、うまくすると短時間で成立する可能性があります。また、違う業種の方々による協業は、こちらの常識は、もう一方では全く知られていない。違う領域の方々が話すことで、今まで、誰も思いつかないようなものが発想される。日頃、交差点でイノベーションは起きやすいと考えていますが、異業種間協業は、まさに交差点を作り出しており、イノベーションの種を生み出す可能性があると言えるのではないでしょうか。このインタビューの中でオープンイノベーションへの言及がありますが、大企業同士の協業もオープンイノベーションの一形態です。リソース減少の時代を、どのようにして企業は乗り切るのか。このような背景で、今後は、協業の時代がくるのではないかとお話しさせていただいた次第です。

ベンチャーキャピタルのトップに聞く

（2022年5月31日 収録）

学問の活用を図るスタートアップを創設し、人類社会の進化に貢献する大学発VC

山本 哲也・太田 裕朗

早稲田大学ベンチャーズ株式会社
（WASEDA University Ventures, Inc.（WUV））
共同代表／ジェネラル・パートナー

（インタビュアー　幸田 博人）

山本 哲也

英国オックスフォード大学理学部物理学科卒業（MA Oxon）後、1994年に三井物産株式会社入社、日米でベンチャーキャピタル事業に従事。2008年、株式会社東京大学エッジキャピタル（UTEC）参画。2009年、取締役パートナー就任。Forbes JAPANが日本ベンチャーキャピタル協会（JVCA）の協力のもと、毎年行っている「日本版MIDAS LIST」日本で最も影響力のあるベンチャー投資家ランキング2019年度1位。2020年にUTEC退任後、2021年より早稲田大学総長室参与（イノベーション戦略）。2022年4月、早稲田大学ベンチャーズ株式会社（WUV）を設立し共同代表ジェネラル・パートナーに就任。

太田 裕朗

京都大学大学院工学研究科航空宇宙工学専攻/助教を経て、カリフォルニア大学サンタバーバラ校にて研究に従事。2010年より、マッキンゼー・アンド・カンパニーに参画。2016年より、ドローン関連スタートアップである株式会社自律制御システム研究所（現社名:株式会社ACSL）に参画、代表取締役社長として2018年東証マザーズ上場（CEO、会長を経て2022年3月退任）。2021年、早稲田大学総長室参与（イノベーション戦略）。2022年より、早稲田大学ベンチャーズ（WUV）共同代表。京都大学博士

早稲田大学ベンチャーズ株式会社

早稲田大学ベンチャーズ株式会社（WUV）は、学問の活用を図る新たなスタートアップ企業を創設し、創業投資に特化して2022年4月に設立されたベンチャーキャピタル。学問の知見や研究成果を社会に実装し、人類社会の進化と幸福、ならびに持続可能性に貢献する事業と産業を創出する資本家となることを使命としている。2022年８月にWUV1号ファンドを設立して、83.9億円を調達。早稲田大学の案件を中心に学問の活用を図るスタートアップに創業投資を実行している。

はじめに

幸田　今回は、大学発ベンチャーキャピタル（以下、ＶＣ）として、大学（早稲田大学）からのシーズなどをベースに事業化を進めていくスタートアップ企業に投資を行うことを目指して早稲田大学ベンチャーズ株式会社（以下、ＷＵＶ）を新たに立ち上げた、共同代表の山本哲也さんと太田裕朗さんのお二人をお招きしてインタビューを行います。

内容は、三つのカテゴリーから構成します。第一に大学卒業後の皆さんのご経験、第二に早稲田大学ベンチャーズについて、そして最後に、今後の「リスクマネー供給」について、特に、大学発ベンチャー企業の広がりの可能性について、お二人からのご意見を聞いていきたいと思います。読者の皆さんに、今後の日本の競争力向上を考えた場合に、大学の研究からの事業化をどう考えていくか認識していただき、産学連携の視点での「リスクマネー供給」の今後のあり方について考えていく一つの契機となればと思います。

1. これまでの経緯（主に大学から現在までの経験）

（1）大学卒業後のスタートアップ企業やベンチャーキャピタルとの出会い

幸田　最近までのご経験を、皆さんに語っていただくことで、「日本のベンチャーキャピタルの歴史」をたどることで進めていきます。

最初に、山本さんからお話を伺います。山本さんが海外の大学を卒業されて、ベンチャーキャピタル、スタートアップ企業に関心を持ったことのきっかけを伺えればと思います。大学卒業後、三井物産に入られ、その後、ベンチャーキャピタル、スタートアップ企業に関心を持ったことについて、まずは、お話しいただければと思います。

山本　イギリスのオックスフォード大学を出て、三井物産に94年に就職をしました。新卒の最初は、営業経理と呼ばれるバックオフィス部門に教育配属されました。そこでは海外向けのプラントの輸出プロジェクトの経理税務、ファイナンス関連の仕事に3年ぐらい携わりました。

教育配属を終えて営業に出るタイミングで、何をやろうかなと思っていたところ、私の小・中・高の同級生がジャフコに就職していて、彼からＶＣという仕事があることを初めて知り、いろいろ調べてみると、大変興味深い仕事だなと思いました。VCは投資家という立場で、会社の経営のあらゆることに携わって、会社を成長させていく仕事だということで、非常に面白いなと思ったのがきっかけです。

そんなことを考えている最中、97年に三井物産社内でベンチャーキャピタル要員の公募がありました。これは全社公募で、三井物産としてVC要員とM&A要員をそれぞれ1名ずつ、全社で選抜するというもので、それに応募しました。今では三井物産では、社内公募の仕組みが定着し部門間の異動が起こりますが、その先駆的な社会公募でした。ということで97年に三井物産のVC要員に選ばれることになりました。

そのときに影響を受けたのが『ザ・起業物語』という本でした。**ジェリー・カプラン（Jerry Kaplan）氏が「GO Corporation」というペン・タブレットのデバイスの開発のスタートアップで失敗するという物語です。**GO CorporationにはアメリカのトップVCのクライナー・パーキンスの著名なキャピタリストのジョン・ドア氏が投資し、**一緒に壮大なチャレンジをして最終的には失敗するのですけど、それをVCがあらゆる観点からサポートするという仕事に強く心を惹かれました。**

ちなみにクライナー・パーキンスは90年代後半頃から同VCの投資先のネットワークを「系列」という言葉を用いて表現していました。これは彼らの投資先の会社間でのシナジーを特徴としてうたうもので、系列という言葉をそのままローマ字にして使っていました。これを見て、正に「系列」という概念を創ったのは日本の商社でしたので、**日本の商社は、戦前から日本の産業を創り出すという意味で、実はＶＣと同じような仕事をやってきたのではないか、**という思いもありました。

日本の商社は若い取引先をいろいろな形で支援しながら商売を創って、実際に物が動き出すと、取引に入って口銭を得るという、フローの形で収益を頂きます。一方、ＶＣの場合は、エクイティーを保有しながら、投資先の成長・発展に寄与するあらゆる支援を行い、その成果をキャピタルゲインという形で得る訳です。そのゲインの取り方は違いますが、日本の商社とＶＣが取引先乃至は投資先に対して行う支援に変わりはなく、実は日本の商社の事業はＶＣの源流ではないかという考えをもって内部でもそのような話をしていました。実は、三井物産は、まだＶＣという形態が生まれて間もない１９８０年代後半に、アメリカでＶＣファンドを設立していました。恐らく日本企業としては米国でＶＣファンドを組成するのは最も早い先駆けで、その成果が、日本経済新聞社からの『ベンチャー投資の実務』という本にまとめられています。その後、三井物産内部で一旦ＶＣ事業への取り組みがトーンダウンする期間があり、それを90年代後半に再度取り組もうという動きの中で、三井物産のＶＣ要員に選抜されて関わることになったわけです。

幸田　海外の大学を卒業後、94年に三井物産に入られています。日本の企業の立ち位置でビジネスをしようという、そういう意識があったということでしょうか。

山本　はい。海外にいればいるほど、日本というものをより意識させられます。そういう中で、日本を背負いながら、グローバルな仕事をし、世界に貢献するような仕事に携わりたいと思ったときに、日本の商社は、世界に類を見ない非常にユニークな業態だと思いました。昔からずっと商社不要論がありましたが、商社は日本独特の業態でありながら、グローバルに活躍していくこと、かつ、あらゆることに手を出しているという点で関心を持ちました。イギリスの同級生は、研究者の道を進むか、投資銀行かコンサルか公認会計士などになるのが一般的でしたが、私は、日本に戻り、三井物産に入社しました。

幸田　94年は、ちょうどバブルが崩壊し、さらに97年は、日本では大きな金融危機がありました。一方で、インターネットが勃興してきて、新しいテクノロジーの取り組みなども意識されるタイミングの時代背景だったろうと思います。このときに、97年頃、実際に山本さんが意識されていたのは、インターネットとかＩＴの分野をストレートに意識されていたのか、或いは、ディープテックのような新しいテクノロジー全般ということに関心があったのかなど、どうでしょうか。

山本　97年頃は、インターネットはまさに出始めてビジネスになりつつある段階でした。理系のバックグラウンドということもあり、インターネットも含めて、テクノロジー全般に対して関心がありました。テクノロジーをビジネスとして展開して、世の中を変えていくことに興味がありました。

私は、97年からアメリカに駐在し、アメリカでVC事業に携わりました。まさにドットコムバブルに突入していく時期でしたが、VCの世界はまだ牧歌的でした。今のVCは皆がSaaSとかクラウドとかモバイルとか、同じようなメインストリームの分野にこぞって投資をするようになっていますが、当時のアメリカのVCは、幅広いテクノロジー分野を見ていました。私がアメリカに行って最初に見た案件は、既存の一眼レフのカメラのフィルムの代わりに、デジタル撮影ユニットをはめ込むと、デジタル写真が撮れますというものでしたが、本当にバラエティーに富んだ案件が来ていました。ちなみに私が、最初にアメリカで投資した案件は、バイオインフォマティクスの会社でした。その会社のCEOは、ジョン・カウチ氏という人物で、彼はアップルを辞めてバイオインフォマティクスの会社のCEOをしていたのです。後日、スティーブ・ジョブスの伝記を読むと、アップルの歴史の中に、ジョン・カウチ氏も登場しているのを見て、シリコンバレーの歴史に触れていたことを感じました。

幸田　アメリカで、ＶＣとして投資された際に駐在されていたところは、シリコンバレーでしたか。

山本　当時の三井物産の投資部隊の拠点はニューヨークベースで、シリコンバレーにはまだ拠点がありませんでした。投資先は、基本、シリコンバレーだったので、毎週ニューヨークからシリコンバレーに通勤をしていました。

幸田　そうですか。もうその頃は、東海岸のボストンは凋落し始めていましたか。

山本　ボストンは通信機器等の通信分野が強く、また創薬やバイオ分野は昔から強い地域でした。凋落ということは全くなく、一定のプレゼンスを持っていました。ただ、東海岸はヨーロッパに近いエクスクルーシブなコミュニティー感が強く、なかなか日系には敷居が高い印象がありました。むしろ、西海岸の方がアジア系の人も多く、よりグローバルに開かれていて、また私の担当していたＩＴ分野が盛んでしたので、シリコンバレーへの投資が中心になっていたということです。

幸田　もう一つ、いわゆる産学連携ということを、このアメリカでのご経験のときに、どう意識したかということです。シリコンバレーもボストンも、有力大学があり、産学連携の中心的な位置づけかと思います。当時、産学連携の視点は、どんな感じで意識をされましたか。

山本　商社で、**シリコンバレーで投資をする際のバリュー・プロポジションは、当時まだ日本経済が強い時代で、アメリカのスタートアップにとっても日本は無視できない市場でしたので、それらの日本進出と事業展開を支援するということでした**。今では日本市場の存在感は小さくなり、ジャパン・パッシングされてしまう寂しい時代になりましたが、当時日本はまだ「世界第二の経済大国」で、シリコンバレーのスタートアップにとっても今より大事な市場でした。それでも日本市場への参入は大変面倒でしたので、そこを商社のＶＣとして投資をしつつ、アメリカのスタートアップの日本での事業展開をお手伝いするというバリュー・アッドを売りにしていました。そういう、お金以外の価値を訴求して、良い案件に投資をさせてもらうというのが、日系ＶＣとしてシリコンバレーの優良案件に投資機会を得るための活動でした。

ただ、シリコンバレーのスタートアップが日本の市場を意識しだすのは、スタートアップ企業のステージで言うとシリーズＢ、Ｃ以降であって、本当にＶＣとして一番アップサイドが大きいシードからＡのラウンドでの投資は日系のＶＣでは難しいわけです。**ロー**

カルのインサイダーではない日系VCが、シリコンバレーの創業初期の有望な投資機会を得るのは非常に難しいのは、シード、シリーズAはクラブ・ディールの世界だからです。VC間のギブ・アンド・テイクの関係の中で案件の情報が共有され、自分で案件をオリジネートしてギブできない限り、別の案件の機会を提供してもらうということはできません。ですから、シリコンバレーで、日系で、案件を創出できないということに歯がゆさを感じていました。では、シリコンバレーでも、どういう所から新しい案件が生まれてくるかというと、やはり、大学の周辺からでした。

大学の研究成果を元にしたスタートアップだけではなくて、ビジネススクール等も含めて、大学とその周辺にはスタートアップを志す人がうごめいていて、何らかの形で、大学との接点の中から、ゼロ・イチで会社が生まれてくる現場をシリコンバレーで目の当たりにしていました。それでもローカルでない立場で、その現場に関われないという歯がゆさを感じていましたのがアメリカでの経験でした。

大学が果たす役割が、シリコンバレーが生成する過程ですごく進化したのではないかなと思っています。イノベーションを生み出す拠点として、特にアメリカで大学の役割が大きく変わったのだと思います。大学をハブに、新しいイノベーションがいろんなスタートアップによる水平分業という形で生まれていくことで、アメリカでは新しい産業の創出が起きていました。そのような大学を軸にした変革がアメリカで起きている一方で、日本はそれに気づかずに、日本の大企業の中で基礎研究から量産までの垂直統合が進んでいました。**日本企業が巨大化しつつ中に閉じていったのに対して、アメリカでは大学をハブに、オープンな環境の中で新しい産業を創っていたのです。その違いが、その後の日本の衰退に繋がり、一方で、アメリカではイノベーションが起こり世界を変えていくことに繋がったのだと思います。**そのようなアメリカでのイノベーションの源泉には大学がおり、その果たした役割は本質的であったと思います。この事は中世に生まれた大学という組織が、その歴史上、新しいフェーズに入ったという事だと思っています。そのようなアメリカを発端とする大学の変革を受けて、日本の大学でも、そのミッションにイノベーション創出が加えられるようになり、産学連携へのプレッシャーがより大きくなっています。アメリカではシリコンバレーとかボストンで、大学を軸にして、その周辺に新しいスタートアップが生まれて、それらのスタートアップがイノベーションを起こして世界を変えていった、そういう仕組みができていったことを目の当たりにしていました。

シリコンバレーで大学からのイノベーションの源泉に直接関わるのは難しいが、日本ではそれが出来るのではないかと思ったことが、三井物産を辞めて東京大学エッジキャピタル（以下、ＵＴＥＣ）に参画したことにつながっています。

幸田　それでは、次に、太田さんから、大学卒業後のところから始めたいと思います。太田さん、京都大学の学生を経て、事業会社の研究者、大学での研究者の道へと歩み始められ、その後、アメリカの大学に行かれて、また日本に戻られてマッキンゼーに移られたということです。スタートアップ企業に関心を持った経緯など、お話しいただけますか。

太田　結局、振り返れば、今、山本さんと組んでいるのですけど、私はやっぱりゼロ・イチが好きだと思います。全く新しいものをやるのが好きです。原点は、ロームのときに、実は、30歳ぐらいでしたが、20人ぐらい部下がいて、材料関連について、好きなようになんでも研究していいこともあり、いくつか世界初ということをやって、論文を書いて、それが青色発光ダイオードの中村修二さんの目にも留まりました。ロームから京大という古風な世界に戻ったら、非常にクラシカルな体系化された中での学問をやることは大変で、もちろん、京大にもすごい先生はいるのですが、自分が助手になり、予算も限られ、教授の下で講座制の中でやるのが、少し窮屈に思ったことは事実です。中村修二先生とはローム時代から面識がありまして、そのご縁で、お声掛けをいただきました。中村先生の所では、当時なかった緑色の半導体レーザーの研究をやっていました。アメリカにいて、1年ちょっと過ぎた頃、いろいろ考えて、学者でずっと長くその分野をやりたいのか、転々と新しいものを目指すのかというときに、学者としての根気は残念ながら足りないようで、やはり自分にはゼロ・イチが向いているというような認識をしはじめました。偶然ではあったのですが、新天地をいろいろ探っているうちに、リクルーティングのエージェントのお導きで、マッキンゼーに入る縁をいただきました。

マッキンゼーは半導体とか、製薬とか、グローバルかつ専門知識も必要な大手企業のディールが多いので、Ph.D／博士がたくさんいまして、世の中ではあまり知られていない新しい世界に挑戦できるなら、と思って大きなジョブチェンジを決意しました。

幸田 ロームが出発点という意味では、当時はまだ、大企業の研究分野に魅力的なエリアはあったということですね。

太田 つい最近まではあったと思います。特に、日本の得意な材料、半導体の分野では、イノベーションは企業側で起きていました。今、私が言った分野は企業サイドが強く、お金もかかるので、大学はアイデアレベルではリードできても、半導体分野での本当の最先端の製品開発では、ついて行くことは難くなっていました。大学は、むしろ理論的な裏付けとか、たまに新しいことをやりますけれど、線が細かったのだと思います。そういった中、山本さんがいうように、アメリカでは大学の位置付けが変わっていったのだと思います。

幸田　太田さんが京大からアメリカにいって、サンタバーバラにいらした時期はいつ頃になりますか。

太田　２００８から２０１０年です。

幸田　そうすると、ちょうどリーマンショック直後で、アメリカは難しい時期でしたか。

太田　全く関係ないです。アメリカの先生方は、自らの研究テーマで取った予算で研究していて、経済状況の影響は小さかったと思います。さらには、活発にベンチャー企業を起こしていました。山本さんがいうイノベーションのハブの機能にまさになっていて、その当時でも大学のイノベーションシーズの力は強かったということだと思います。日本企業がこぞって群がって、アメリカの大学に寄付していました。

幸田　日本企業がこぞって寄付して、アメリカの大学を通じて研究に取り組もうとしていたということですね。

太田　日本企業の寄付という点では、イエスではないでしょうか。私のいたところに限っていうと、日亜化学という巨人を追うために、中村先生を頼って日本企業が群がるわけです。でも、その日本企業でその知恵を活用して実用化した会社はないのです。勝ち切れなかったのです。持って帰ろうとするけれど、日本企業の社内に持って帰ると、意思決定やら組織やらが違うためか、結局駄目になります。結局、中村先生のところのベンチャー企業は、この前、京セラに買収されるというニュースがでていましたが、中村先生の発明は、その膝下でつくったベンチャーという形で成就しています。

幸田　アメリカから日本に戻られて、マッキンゼーには何年いらしたのですか。

太田　マッキンゼーは意外と長くて、いまだに自分の最長キャリアなのですが、6年もいました。プロジェクトは、40件程度行ったと記憶しています。

幸田　半導体関連のプロジェクトが中心でもあり、ご自身も長く在籍したということは、当時のその経験は、非常に面白かったということですね。

太田　そうです。私の場合、ドイツに行って案件に取り組むことや韓国のメーカーなどとも案件があり、かなり広範に飛び回っていました。後半は、エネルギー関連会社のような半導体以外の企業様の案件もあり、常に違うことに関わりながら、気づいたら6年も経っていました。

幸田　再度、山本さんからということで、三井物産のアメリカのＶＣ経験後、日本に戻られて、すぐにＵＴＥＣに参画されたのですか。

山本　日本に戻って来たのが２００３年で、それからしばらく、日本でスタートアップの投資を継続し、日本から国内外への投資をしていました。その際に、三井物産のＶＣとして東京大学と共同研究関係を持って、国内の大学発スタートアップへの取り組みも開始しています。その中で私が２００７年頃にＶＣ部隊から三井物産の本店への異動がありまして、ＶＣを離れてクレジット・カード事業の担当になってしまいました。ＶＣという仕事にコミットしていきたいという想いもあり、またちょうど36歳のタイミングだったので、他に機会を見つけようと考えて２００８年にＵＴＥＣに参画しました。

ＵＴＥＣでは郷治さんが２００６年に社長になられてシード投資に注力する戦略をシフトされていましたが、１年近く時間をかけてＵＴＥＣの理念と想いを共有させて頂いた上で、２００８年に参画させて頂きました。２００８年は、またＵＴＥＣの１号ファンドができて４年目に入ったあたりです。

幸田　当時のＵＴＥＣは、リーマンショックなどの金融危機の時期で、難しい時期ではあったと思います。その頃、どういう感じで、取り組み始められたのですか。

山本　まず、そもそもＵＴＥＣに参加させていただいた理由が、先ほど申し上げた、アメリカで本当のゼロ・イチで物が生み出されている現場に携われなかったところ、日本でそれができるのではないかという仮説を私として持っていたためです。

ＵＴＥＣが２００４年に設立されて、いろんな取り組みが始まっていましたけれども、まだ日本の大学では、大学発ベンチャーとよばれるものが華々しく成功しているというフェーズではなくて、試行錯誤が始まった段階でした。ただ、アメリカで、私は、大学からイノベーションが生まれていく現場を見ていた中で、日本の研究成果からそのようなベンチャーを生み出す余地は十分にあるのではないかと思っていました。ＶＣとして、日本の大学からスタートアップ企業を創り出すことに関与できれば、日本のユニークな研究成果を、事業として世に出していくことは、まさにシリコンバレーのＶＣが行なっていることで、これをＵＴＥＣで実現したいという想いでおりました。

そのときの大前提は、日本に、シリコンバレーに比較しても、あるいはアメリカの他のエリアやそれ以外の海外に比較しても、ユニークな研究、優れた研究があるということでした。そうした**優れた研究がないと、そもそもディープテックの良い会社を生み出**

すことはできないのですが、日本の研究は世界的にも優れているとの仮説を立てていました。

UTECの1号ファンドでは、郷治さんが社長となる前は、レーターステージでの分散投資という従来の日本のVCスタイルでの投資がされていました。これを郷治さんが社長となられた後は、**シード、アーリーステージでのリード投資に注力する戦略にシフトされていて、それこそがシリコンバレーで出来ず日本でやるべきと考えていたこと**でもあり、多いに賛同しました。続くUTEC2号ファンドは、最初からシード・アーリーステージに特化し、リード投資家として深く投資先にコミットする前提で立ち上げられました。**2号ファンドの組成が2009年ですから、まさにリーマンショック直後でしたが、市況が厳しい時こそ、投資タイミングとしては最適だと言われている通りなのだと思います。**以降シード/アーリーステージでのリード投資家として特化するUTECの戦略が、その後のUTECのパフォーマンスを産んだのだと思います。

幸田　当時、UTECに入られ、東大のディープテックの優れた研究のエリアで見たときに、どういう分野にポテンシャリティーは感じられましたか。

山本　私はIT分野全般が担当で、2008年からのテーマの一つがロボット分野でした。

日本はその領域が強いといわれていて、ただ、いろいろ見ていたのですが、要素技術しかないのです。センサーの技術とかモーターの技術とか、それぞれ単体では、事業の構築がなかなか難しいものを、いろいろ見ていました。その中でMujinという会社と出会いました。ロボット全般向けの動作生成のアルゴリズムを持った創業者が、彼の技術を日本の産業ロボットに応用したいということでベンチャーを立ち上げました。産業ロボット分野は日本が世界をリードしている領域で、日本でのロボットの稼働台数はとても多く、また日本にはロボットのメーカーが多数存在すること等が、事業として成立し得ると考える大事な要素でした。

ロボットが進化していく過程を考えると、ロボットにはいろいろセンサーが付いていくと、ロボットが環境を認識できるようになり、それに対応した動きをロボットができるようになります。その動作を生成するソフトウエアが必要となります。従来は、ロボットの動作生成は手作業で、事前にいろいろな動作パターンを想定しながらプログラムをしていました。Mujinのコア技術は、従来の時間とコストのかかる手作業の動作生成に代わり、リアルタイムにしかも最適な動作を自動で生成できるアルゴリズムでしたが、これがロボットの進化の上でクリティカルな技術となると考えました。ロボットが進化する過程を考えると、ロボットのハードとしての性能よりも、今後は外部環境を認識できるロボットを如何に動かすかがより大事となり、ハードウエアよりも、ロボットを制御するソフトウエアに価値の源泉がシフトするという投資仮説でした。

幸田　ありがとうございます。ここで今お話しのあった**大学の中に要素技術はあるけど、なかなかビジネスにつながらないとか、事業化に向けてどういう利用の仕方にするかなど、ソフト的なところでボトルネックがある**ということで理解しました。そうした観点で、大学の研究者サイドとＵＴＥＣ、ＶＣサイドで、それなりに連携することで進めていくのは、当時でもある程度は可能だったのかについて、いかがでしょうか。

山本　ちょっとずれた回答になるかもしれませんが、チームというか、人の組み合わせなのです。そのロボットの動作生成を持っていた創業者（Diankov Rosen さん）は、もともと研究者ですが、滝野一征さんという別の共同創業者を見つけてきました。彼はビジネス寄りの人で、その二人がタッグを組んで、実際に世の中にある社会課題をリサーチして、それに対するソリューション、要は、技術を単に持って、それを誰かに使ってもらうということではなく、世の中の課題を解決するような事業として、ビジネスを分かっている経営の人と技術者が組んで始めたというところが大きいと思います。

ともすると、技術者、研究者だけで、自分の技術の優れたところを主張するに留まり、それだけだと会社とか事業は起きないということです。**ディープテック、大学の研究シー**

ズをベンチャー企業として世の中に出すときに一番大事なのは、それを担う経営人材です。その技術を、ビジネスとして展開できるような経営サイドの人間に、いかに来ていただけるかが大事です。太田さんはまさに、ドローンの会社に経営者として来て頂いたのですが、そのような技術と経営を担う人の組み合わせが必須となります。そして市場がきちんと存在するかということが必要です。

ロボットの世界、さきほどの例で言うと、日本にはロボットメーカーがいて、ロボットが使えるという現場はたくさんあって、製造の現場があったということは非常に大きいです。アメリカでも同じようなロボットベンチャーが起きて、100億円以上調達してもうまくいかないケースが多かったですが、それは、物作りの現場がアメリカにないことに起因しています。彼らの理想としては、ロボットを使うことで、製造を海外からアメリカに戻そうということだったのですが、**市場もないアメリカで、ハードウエアの製造まで行こうとしたところに難しさがありました**。一方、日本には、第一に利用の現場が日本にあること、第二にパートナーも日本にいること、第三にニーズと市場機会があったことが大事でした。大学発スタートアップでは、技術だけでなく、経営人材と市場の三つを揃えることがとても大事です。教科書的な当たり前の話ですが、その三つが本当にそろわないと事業は成立しません。

（2）㈱ACSL（旧㈱自律制御システム研究所）での出会いについて

幸田　次に、太田さん、マッキンゼーの後、千葉大発スタートアップということで、㈱ACSL（旧㈱自律制御システム研究所）のほうに入られました。その経緯と、その後の、上場までのポイントをお話しいただければと思います。

太田　UTECの坂本さんがマッキンゼーの同期なのです。直接的にはそこできっかけをもらいました。お話をいただいて、千葉大学に参りましたら、そこに当時社長の教授と当時UTECの山本さんがいらっしゃいました。山本さんには初めてそこでお会いしました。VCにも投資家にもお会いしたのは初めてだったと思います。

山本さんはいろいろと思慮深いと思うけど、当時の記憶は、私に対しては新しい産業をつくろうということを強調しておっしゃられました。ドローンはいろいろあるけど、要するにSaaSとかドローン・アズ・ア・サービスみたいなのではなくて、一番硬派なフライトコントローラーというソフトウエア技術をコアとしてもっているという話を、手短にされて、それを軸に日本で産業をつくろうと、ドローン産業をつくろう、ということでした。私は、面白いと思いまして、会社に入りました。山本さんは、さきほど、重厚にお話しされたけど、そういったもろもろの意図を直感的に感じまして、ほぼ初対面で、おそらく相当先のビジョンまで共鳴したと思います。

私がマッキンゼーを辞めて何をやろうかといろいろと考えていた当時ですが、実はドローンにはそれほど興味はないのですが、ただ、ドローンは世の中にない、騒いでいる割には、全くと言っていいほど社会の一部にはなっていないから、確かに、これを社会に出していくのは難しい仕事だなと思いました。

幸田　ACSLでの上場までの段階で成長に向けたポイントについて、教えてください。

太田　まず、本件については、山本さんが週3か週4ぐらいで、最初の1年は、来ていました。すごく遠いにもかかわらずです。しかも、千葉大発ベンチャー企業としては、かなり大きくなった後で、逆に複雑性が高く、込み入った状況でしたので、そういう意味でも、山本さんはかなりの時間を使う必要があったと思います。

転機は、私の縁で、マッキンゼーから二人ぐらい入り経営チームが一つの形になり、さらに東大からは、CTO（Chief Technology Officer）を採用したこと、つまり、チームが形成できたことだったと思います。CTOは、当時、東大の助手をやっていたクリス・ラーベ博士なのですが、事前調査においては、私の目には日本にいるこの分野の技術者、科学者の中ではダントツに輝いた存在でした。ジョージアテック大出身で、修士を出た後、ボーイングで勤務をし、その後で東大のドクターを取って、当時は東大の任期付きの助手をやっていました。まさに私がサンタバーバラにいたときの姿に似ていました。学者を続けているけれど、アウェーの国で違う環境で、アカデミックに留まっているものの、なかなかパーマネントのポジションを取れない苦労もあった時期だったと思います。今の社長やCFOは私以上に優秀な方々で、もちろん核なのですが、このCTOの参画は転機でした。千葉大学関係者が多勢の状況から、外もののCTOが入り、その後、多様な出身大学、国籍のチームへ発展することにつながっていきます。また、彼を採用したことで、千葉大陣営にはなかったカメラ（目）を使って飛ぶ技術が新たに獲得できました。その直後、Bラウンドの資金調達を20億円規模で組成しています。このチームと資金力、それに付随する組織拡大、技術、製品拡大を経て、IPOまで一気に見通しを持つことができて、点検や物流という分野でドローンが使えるという、当時、いろいろな方がいっていた世界観が具体的に実現されました。

幸田　山本さんから見たACSLと、また太田さんとの出会いを語っていただけますか。

山本　太田さんが言いましたように、まず、このドローンの会社に投資した理由は、日本としてこの産業をつくるべきだと思ったからです。非常に面白い市場で、アメリカは軍事で先行しているけれども、商用ベースだとフランスと中国が先行している。しかも、中国のドローンの部品の半分以上は日本製です。日本の航空産業は、戦後、抑えられてきたけれども、このドローンの領域は日本が強みを持っているから、日本として産業を立てられるのではないかと考えました。かつ、アメリカが民生ではそこまで出ていない、面白い市場だったわけです。

ただ日本は部品を持っているが、実はフライトを制御するコントローラーと呼ばれるソフトウエアの部分が非常に難しくて、そこを開発している千葉大の技術があるということでした。ここに投資をして、日本にドローンの産業をつくっていこう、その長期的な目標の一つに、安倍首相も、ドローン配送は日本の戦略の一つだと言っていましたし、いずれ、そういう世界も来ると思うところに、楽天さんが興味を持って、われわれも投資をしました。

ただ、**シリコンバレーでは教授が社長を務めることは殆どない事で、教授はあくまで研究に専念し、事業とスタートアップを率いるのは経営者とアントレプレナーで、その組み合わせが必須と考えています**。その事もあり、ACSL社への投資の際には、経営人材を採用することが投資条件となっておりました。そこに太田さんに飛び込んできていただいたということです。太田さんのような方にどう飛び込んできていただけるかが、ベンチャーを世の中に大きく羽ばたかせる際に一番大事だと考えています。このドローンの会社に、マッキンゼーで活躍している太田さんのような方に飛び込んできていただける様な、相応のコンペンセーションがオファーできるような投資、そのような人材への投資を投資家はすべきだと思っていました。あとは、使命感が大事です。産業をつくるという大きな、人を駆り立てるようなテーマが非常に大事だと思っています。このドローンの会社については大義があって、太田さんに来ていただけました。また、従来のベンチャーは非常に薄給で、歯を食いしばって耐え忍ぶというイメージがありますが、そういう世界ではないと思います。**本当に一番優秀な方に、一定期間、リスクを取っていただいて、大きなアップサイドも追求していただくというのがシリコンバレーにある世界です**。ですから、太田さん以外の方も含めて、十分な投資資金を投下していくということで、そこにキャピタルが生きる、人に対して投入されて、優秀な人が飛び込んでくる環境をつくることが大切です。

大学の教授も太田さんも産業をつくる、そこに向けてＩＰＯを目指すという、ゴールがアラインされている、そういう環境を、うまくインセンティブを設計して、みんなで頑張るという場をつくるのがＶＣの仕事だと思っています。

2. 早稲田大学ベンチャーズ（WUV）について

幸田　ここから早稲田大学ベンチャーズに話を移していきます。まず、山本さんが早稲田大学ベンチャーズということで、関わり合いを持った経緯と、どういうポテンシャリティーを早稲田大学について感じているのか、お話しいただきたいと思います。

山本　私は２０２０年末にＵＴＥＣを退任しました。ＵＴＥＣに入ってからちょうど12年経って、干支が一つ回った為です。次の12年間、60に向けて何をしようかということを考え直したいと思いました。ＵＴＥＣについては一定のコントリビューションもできたと思いますし、ＵＴＥＣ自体が非常に強い組織になって、新しい方も入って安定したという中で、２０２０年に辞めて、オックスフォード大学のビジネススクールに在籍して勉強しながら、いろいろ考える時間を持ちたいなと思っていました。そうした中で、たまたま早稲田大学の田中総長にお会いする機会がありました。そのときに、素朴な疑問として、「ＵＴＥＣをきっかけにいろいろな大学がＶＣをつくり、今、10社以上、大学関連ＶＣがあるのですけど、ただ、早稲田だけがまだないと。なぜでしょうか」いう話と、早稲田大学の研究をスタートアップとして世に出さないともったいないのではないかという話をしました。田中総長も総長にご就任されてから、VCのことは考えられていて、まさに研究結果を世に出していくディープテックのベンチャーを生み出すようなVCをやりたいと思っておられました。けれどもVC一つとっても多様な考え方、形態がある中で、なかなか明確な答えが見つからなかったところ、UTECでの取り組みと経験を活かして「早稲田でやってくれないか」というお声掛けをいただいたというのがきっかけです。

主要大学の中では最後発になるかもしれないですけど、私としては満を持して、早稲田として始められると思っています。その前提としては、研究も特にAI含め情報科学とかロボットとかの世界は非常に強いですし、かつユニークな研究がされていて、優秀な人材も、当然、多く抱えられています。かつ、例えば、ソニーは早稲田の卒業生である井深さんが創業された会社ですし、他にも日本を象徴するような会社が早稲田の卒業生から生み出されていること、サムソンも、韓国から早稲田に留学された方がつくった会社です。ユニクロの柳井さんなど、そうそうたる起業家を輩出している大学ということで理解しています。人材の面でも、新しい会社を生み出せるのではないか、それを生み出すところにぜひ貢献したいという思いで参画しました。

東京大学もそうでしたけれども、一般的に、国立大学に対して、研究予算なりイノベーションに向けた政策を手厚く政府はされていると思いますが、一方で、民間でイノベーションが起きていくという点では、**現場でいろいろな試行錯誤が自由にされる中で起きていくものが重要で、そういうものを担う観点で、私立の大学が果たすべき役割は非常に大きいと思っています。**

ＵＴＥＣで12年間活動をさせて頂いた間に、東京大学がものすごく変わったのを目の当たりにしました。今、一番優秀な人は皆ベンチャーを志すように、東大は変わってきました。官僚とか大企業ではなくて、スタートアップが、東大生の中では、一番目指したい選択肢になってきています。今年の東大の入学式で、藤井総長が、みんな起業しろと言われて、話題になっていました。もともと国家を担うような人材を輩出する学校としてつくられた東大が、今、スタートアップをしろと総長が言うようになり、本当に変わりました。早稲田について見てみると、まだそこまで火がついてない感じがして、まだまだ大企業に行く普通のキャリアを、優秀な方が目指している印象があります。これが、もし早稲田が変わると、卒業生も60万人ぐらいいて、非常に多いですし、岸田総理も含めて、日本社会に対して、すごくインパクトが大きいと思います。早稲田がイノベーションで動くと、日本全体、国が、いろんな社会的な、あらゆる部分まで変わっていくのではないかと信じています。私立として大隈重信が早稲田を設立された背景には、民間が活躍するという明治維新からの想いがあり、その現代版の象徴として、早稲田でそういうチャレンジをしてみたいと考えています。

幸田　早稲田大学で、例えば、産学連携の流れがどの程度進んでいるか、あるいは、大学サイドの研究者の意識の問題などベースの課題があると思います。また、今までこういうVCファンドが早稲田大学になかったことによって、事業化に取り組む、そういうプロセスが非常に弱かったとすれば、東大と比べて15年、他の大学、京大とか含めて、7、8年ぐらいのギャップがあったことのハンディは、どう意識されていますか。

山本　早稲田の場合、外から分かりづらい印象があるのですけれども、起業やイノベーションの創出に向けて、いろいろな立場の方が、ものすごい数と熱量で取り組まれていて、ハンディは全くないと思います。

これまで単に早稲田に対するリスクマネーの供給量は少なかったのだと思います。それでも、それなりの数のスタートアップが早稲田から生まれています。そこに、さらにリスクマネーの供給を増やしつつ、早稲田大学ベンチャーズが研究者と一緒に事業を構想して、経営者も連れてきて、会社を生み出していくことを進めていきます。そのような早稲田大学ベンチャーズが、早稲田大学のエコシステムに加わると、既に相当な活動量があったところが、早稲田から本当に大きく、爆発的に新しいことが起こってくるのではないか、そういう期待を感じています。

幸田　経産省が発表した「令和3年度大学発ベンチャー実態等調査」によると、大学発ベンチャー数は、基準の取り方自体はいろいろあるので、必ずしもすべて同一基準かどうかということはありますが、東大が329社、京都大学が242社、早稲田大学が100社ということです。ここ3年の増加で言うと、東京理科大学が100社、慶應が90社で、早稲田が15社というデータもありますけれども、この辺りはどう見られますか。

山本　理科大も慶應もファンドをつくられていて、その結果、ベンチャー数が増加しているということだと思いますが、早稲田が、今までファンドはなく、Beyond Next Ventures とウエルインベストメントの2社を提携VCとして取り組んできました。専用ファンドがなく、リスクマネーの供給量が限定的な中でも、1年前の統計では、早稲田は慶應と同じ90社ずつと大学発ベンチャーの数は変わらなかったわけです。すなわち早稲田はリスクマネーの供給が少ないにも関わらずそれなりのベンチャーが設立されていたと見ています。ご指摘の通り、この統計については、大学発ベンチャーの定義が、各大学、それぞれなので、そこを整理されていくといいと思っています。早稲田でのカウントは厳し目のようですので、対象を広げるともっと数は増えるのかなと思います。ただ、ポイントは、慶應も理科大も、VCファンドができた後に数が伸びているというところです。同じように今回、早稲田も早稲田大学ベンチャーズができると今後大きく伸びるということが期待できると思います。尚、**今のフェーズで各大学発ベンチャーの数をＫＰＩとして見るのは良いと思いますが、一方で、設立数だけに注目すると、ベンチャーが粗製乱造される危険性があるとも考えています。**今後はその中身と質を見ることが大事になります。例えば**各大学発ベンチャーの合計の売上高とか利益とか、雇用している社員数などや、上場している会社の合計時価総額とかがより大事なＫＰＩとなるでしょう。**

幸田　産学連携的な視点で一つコメントをいただきたいのですが、東大の場合は、産学連携本部が中心となって、中核になる先生がいらっしゃるとか、あるいはアントレプレナーシップ道場での教育が長年行われているなど、大学サイドとしての取り組みも、地道に、粘り強く、相当やってきたと、私は理解をしています。早稲田大学の場合、産学連携本部みたいなものとか、アントレプレナーシップ教育の広がりなど、どう見られていますか。

山本　早稲田もリサーチイノベーションセンターという組織が、イノベーションと産学連携を統括していて、そういう体制は既にあります。早稲田では起業家教育も、いろいろな先生方が、本当に熱烈に、ものすごく高い熱を持って取り組まれています。ＵＴＥＣが東京大学でのイノベーションのエコシステムの形成に大きく貢献したように、この新しいＶＣの設立が、すでに熱い早稲田大学でのイノベーションに向けた体制の更なる発展にも貢献できればと考えております。

幸田　東大など他大学と早稲田を比較してみたときに、東大などには医学部があるけど、早稲田には医学部がないということ、一方で、早稲田にはビジネススクールがあるけど、東大にはビジネススクールがないということがあります。また、東大の場合は、いわゆるスタートアップ企業に対して本郷などでオフィスを提供するとか、学内にある種の「エコシステム」が整備されているということがあると思います。早稲田も大きな大学ですが、どんな感じでしょうか。

山本　医学部がないというのは、慶應との比較でも言われる事が多いですね。早稲田大学では代わりに医科系の大学と連携をしていて、その中で多くの医工連携領域の研究が行われています。工学的な要素を医療の分野に応用する辺りはわれわれの興味分野でもありまして、その領域での投資を行なっていきます。一方で、純粋な創薬案件はあまり想定していません。独自の病院もありませんが、一方で、これは外に開けて、もっと広い連携もしていける立場にあると考えております。

また、東大との比較では、ビジネススクールがあるのは大事だと思っています。シリコンバレーを見ると、エンジニアスクールとビジネススクールが一緒にいる中でスタートアップが生まれてくる環境があります。東大は、違う形でそれを補完されようとしていると思いますが、早稲田ではビジネススクールと密に連携していくことは非常に大事であると思います。**ビジネススクールの方にベンチャーに飛び込んできていただくような、まさに経営人材のソースになる流れもつくっていきたいと思っています。**慶応と違い、早稲田のビジネススクールは社会人向けにも開かれておりますので、早稲田で学ばれている社会人の方々とも密にコミュニケーションを図って、そういう方にも、ぜひベンチャーに飛び込んできていただきたいと思っています。

幸田　太田さん、早稲田大学内の連携などの観点、いかがですか。

太田　非常に活発だと思います。アントレプレナー精神を養うことで、スタートアップが自然発生的な観点で、ベンチャーへの挑戦が増えることは大事だと思います。ユニクロやメルカリ級の会社、それを担う経営者がもっともっとでてくるのでないでしょうか。そういった土壌の発展とともに、WUVは、ある意味トップダウン的に、光る学術シーズを発掘して、すごく可能性がありながら、そのままでは創業につながっていない案件について、経営者をもってきて事業構想を立てるところを含めて創業にこぎつけていきます。大学を舞台に、多様な取り組みがなされ、大きなエコシステムになっていくことが理想です。

山本　われわれも、ＶＣをつくるだけでなくて、早稲田周辺を新しいスタートアップのエコシステムとして発展させるところに寄与したいと思っていますし、そのために、そういう場所、場の存在も大事だと思います。東大は恵まれていて、キャンパスの内部にインキュベーション施設がありますし、本郷なら本郷の周辺にスタートアップがたくさん集積しています。同じことを早稲田周辺や高田馬場で仕掛けていきたいと思っていて、そういう話も大学の方とさせていただいています。

結局、この街を、どうつくっていくかということだと思います。早稲田が面白いのは、キャンパスに囲まれた大学ではなくて、街の中に大学が存在する形態で、私が行っていたオックスフォードみたいな形に、400年後とかにはなるのではないかと思っています。**早稲田を、一つ、ディープテックの生まれる拠点とし、学生もここに住み、スタートアップもここに集まっていくきっかけに、われわれの活動がなればなと思っています。**

3．日本の大学発スタートアップ企業の拡大に向けた可能性

幸田　最後に、まとめ的なことで、マクロ的な日本における「リスクマネー供給」について、特に、大学発ベンチャー企業とＶＣに関し、今後の可能性についてのご意見をお願

いします。

大学発ベンチャーと大学発VCについて、2013年の文科省の1、000億円の、国立4大学に対する投資の資金拠出からかなり広がり、また私立大学で東京理科大や慶應義塾大学なども VC を展開し、2010年前後に比べると、かなり様変わりだと思います。

そこに早稲田大学が本格的に、ようやく動いたということで、非常に期待感はあります。しかしながら、日本の研究力とか、あるいは日本の大学のポテンシャリティーからすると、大学発VCの広がりは、まだ不十分なのかと思います。大学発スタートアップ企業への投資額は、昨年、ちょうど1、000億円になったということで、10年前は100億円ぐらいでしたら、10倍にはなりました。こうした点も踏まえていただきながら、今後、大学発ベンチャー企業の広がりを進めていくためには、何に取り組むことが必要かなどについて、マクロ的な視点からお二人からコメントをお願いします。

山本　岸田総理の「新しい資本主義」とは何だろうと思っていましたら、実は、その柱が大学発ベンチャーだということをおっしゃっています。まさに、われわれの取り組みを含め、ここに関わっている方の取り組みは、日本の将来を担う、大事なことなのだろうと思っています。

実は、**大学発ベンチャーという言い方は、アメリカでは殆ど聞きません。これは大学発であることが最早特殊なことではないからです。**冒頭のほうでも申し上げました通り、大学を軸に、自由にいろいろな研究と、事業化に向けたトライ・アンド・エラーがされていることが大事です。それを支えるような民間のリスクマネーが集まっていて、人も集まってくることです。その結果が、やはり資本主義にドライブされてくるので、それなりに資産を得られるというアップサイドだけではなく、社会にとっての事業の価値があるからこそ、いろいろな要素が集まって、取り組みがされる環境があると考えています。

それがイノベーションを起こすキーだと思うのです。**資本主義の悪いところもあるけれども、イノベーションを起こす、誘発するという意味では非常に大事な仕組みで、それを、大学をコアに、本当に自由に研究して、自由に試行錯誤するところに、いろいろなリスクマネーが供給されて、**うまくいくこともあるし、うまくいかないこともある。**うまくいかないものもきちんと、それで終わりではなくて、その失敗を評価して、再起、再チャレンジできるような環境があることが大事**で、それをどのように造っていくかだと思っています。

大学発ベンチャーに注力しても、そもそも日本の研究レベルが低下してしまいますと、もう日本からイノベーションは起こりません。これまでノーベル賞を取ってきたのは昔の研究の成果であり、近年日本の研究力が国際的に低下した世の中で、今後日本がどれだけ研究という分野で輝いていけるかどうかが深刻な懸念です。

日本の国として一番大事で最も注力すべきは、本当に世界に通用するような研究をし続けることだと思います。それをちゃんと実現しないといけないと思っています。それがなければ、ベンチャーもそもそも生まれてこないので、逆説的なのですが、**懸念は、大学発ベンチャー、事業化ということを言い過ぎるあまり、すぐに実業につながるような研究ばかりに大学を誘導することに陥ってしまうことです。本当は、研究は研究で、事業化とか一切、考慮いただかずに、本当に自由に、創意工夫をもってしていただきたいと思っています。**そこには自由が大事だと思うのです。創意工夫をもって、独創的なユニークな研究をすることが必要です。それをわれわれみたいな者が見て、いいシーズがあれば、ビジネス展開していきます。一方で、研究者と大学の本望は研究なのに、研究を始めるときから事業化を考えてしまいますと、ものすごく研究のスコープが狭まってしまいます。その結果、日本の研究力は本当になくなってしまい、最早日本にイノベーションの源泉が何も残らないということになってしまいます。それを防ぐ一番大事なことは、事業化など考えずに自由な研究ができる環境を整備することです。

そのような自由な研究ができる環境がまずあった上で、その上でビジネスの世界でもより多くの試行錯誤を可能とするリスクマネーの供給を増やすことが大事です。**リスクマネー供給を増やすためには、アップサイドが追求できる環境を整備しないといけません。**

これまでの日本のスタートアップのEXITはIPOが主な手段でしたが、ディープテックの領域では従来のIPO以外のEXIT機会を模索する必要があると考えています。

というのも、時間もお金もかかるディープテックのスタートアップは、上場時に個人投資家の方に遡及し辛い側面もあり、そんなに価格が跳ねないから、IPOをしても儲からないということになりかねない可能性があります。またディープテックをやる意義というのは、その技術をどう世界に普及させるかにあり、海外に向けた展開が大前提、必須になります。我々が目指さないといけないのは、国内のIPOだけではなく、グローバルなM&Aも視野に入れて、大きなアップサイドを実現することで、リスクマネーは付いてくると思っています。それを実現するためには、太田さんのような経営人材が必須となります。技術のことも分かって、日本国内の市場だけではなくて、グローバルな市場でも戦えるような経営人材を、日本がいかに生み出していけるか、その点がボトルネックなのではないかと思います。日本国内では営業できて、ビジネスはつくれても、先端技術を持って、世界で勝負できるような人をどれだけ育てているのか、そういう観点で、ビジネススクールの役割は、非常に大きいと思います。

幸田　ありがとうございます。太田さん、お願いします。

太田　山本さんの話、すごく大事だと思っていて、ベンチャー企業のこの数年のIPO、私のACSLの2018年の時と、現在の2022年の今では、たった数年ですが、状況は全く違っています。日本のマザーズ市場（現在のグロース市場）への上場の仕方は、あくまで個人の意見ですが、持続性がなかったのではないかと思います。一方で、ユニコーン級のスタートアップ企業のM&Aについて、私の知っている限り、日本でマザーズIPO市場の代わりに買収された事例は見ていません。多分、ここ数年についてのIPOブームは、これはこれでいい経験だったわけですが、今は、どんなベンチャー企業をつくるかということに明らかに変わってきていると思います。**どんなベンチャー企業をつくるかということ、もう一回やり直しで、フェーズ2なのだと思います。**

私は、IPOも選択肢にありつつも、買収されるような会社をどうやってつくるかに主眼をシフトした方がいいと思います。**IPOをふまえた、VC主導の少し乱暴な企業価値評価から離れて、きちんと大企業が買収したときを想定した事業価値、それに見合う企業価値をもつ会社をどうやってつくるかが、必要だと思います。**投資ラウンドも再考する必要があると思っています。IPOストーリーをつくるような目先の小さい売上ではなく、経営チームの重要性だったり海外展開の重要性だったり、そういうスタートアップ成長への取り組み、VCのアドバイスのあり方も再考が必要だろうと感じます。そういった中で、そのベンチャーの事業が独立して運営できるところは、独立企業としてＩＰＯに行けばいいと思います。このような日本版スタートアップのフェーズ２への進化は、数年かかると思います。それを山本さんと少しでも実践できたらという思いです。

幸田　日本の投資家は、スタートアップ投資に対する意義とか位置付けも踏まえつつも、規模面では、まだまだ低水準だと思います。実際に、今回、資金を集められる中で、いろいろ壁にぶつかることも多いと思います。日本の資産運用会社、機関投資家も変わらなければいけないということもあると思います。

山本　おっしゃるとおりでしょう。

山本　**機関投資家の方にも、もう一度、明治維新時代に戻っていただきたいです**。今日本に渋沢栄一のスピリットを持つ方がどれだけいるのか。大隈重信のスピリットを持つ人がどれだけいるのか。日本は今、明治維新の時に増して大きな岐路にいると思います。日本全体、そういう意識を持った上で、大所高所で議論して、「リスクマネー供給」を広げられることを期待します。

太田　そのためにも成功例をつくる。誰かが成功例をやることで、ＬＰ投資をしている機関投資家のスタンダードも変えていかないといけません。

幸田　ありがとうございます。早稲田大学VCについて言うと、先ほど、満を持して出てきたっていう話でしたけど、私自身は、今更感もあって、やや、ななめに見ていたのですが、今、お二人のお話をお伺いしながら、ディープテックの世界で日本の競争力等を考えていくと、非常に大事だと思います。早稲田のポテンシャリティーもあるので、私自身はこの早稲田VCに期待したいところです。最後に、全体を通してお伝えしたいこと、まとめとして一言、お二人からそれぞれお願いします。

山本　全体を通して、やはり、もう一度ソニーみたいな会社をつくりたいですね。井深さん、盛田さん、戦後、自由にいろいろな試行錯誤をされて、磁気テープを自作するところから始まって、トランジスタをラジオに使おうという、ある意味で斬新な応用を先にトライしたり、ウォークマンという新しい文化をMADE IN JAPANで世界に広められました。そういう技術を使いながら工夫して、世界に打って出る。それができないと、日本の将来に夢が持てず不安しかありません。いい研究をしながら、創意工夫をして、次の日本を牽引できるような新しい会社をまた早稲田から生み出していきたいとVCとして思っています。

太田　山本さんと一緒なのですけど、そういう新しい会社をつくりたいということです。日本の転機になるような会社、スタートアップ企業をつくりたいですね。いい案件に投資したいという姿勢ではなくて、そういう日本を変えるような会社をゼロ・イチでつくりたい。ＷＵＶは、そういう思想の２人が組んだということで、頑張って参ります。

推薦図書5冊

山本哲也氏推薦図書

「シリコンバレー・アドベンチャー　―ザ・起業物語」　**ジェリー・カプラン（著）**

ペン・タブレットの開発に挑み失敗する起業ドラマです。フルサービスで起業と事業を支援するベンチャーキャピタリストの活躍に心を踊らされました。

「ベンチャー投資の実務　―発掘、選別から回収まで」

エムヴィーシー（編集）、三井物産業務部（編集）

三井物産が１９８０年代後半に米国で設立したＶＣファンドでの経験をもとにまとめたＶＣ投資の実務に関する草分け的な名著です。

太田裕朗氏推薦図書

「イノベーションの不確定性原理 Uncertainty Principle of Innovation 不確定な世界を生き延びる」

太田裕朗、山本哲也 著

早稲田大学ベンチャーズ創設に関わる我々二人が、イノベーションという現象に対する分析と、それを引き起こすために必要な要素を解説しています。VC投資、スタートアップに対する姿勢も述べております。

「ローマ人の物語（13）最後の努力（ローマ人の物語 13）」

塩野七生 著

ローマを守り最後の試みをする時代の物語。皇帝を2名、さらに4名にしたり、首都を移したり、統治の仕組みを変えて、ローマを守るべく施策を打つことが、逆にローマらしさを失うことにつながる。現代の最前線で奮闘する方々こそ、先を見据えることがいかに難しいかということを学ぶため、この時代を俯瞰することはヒントになる。

「全品現代語訳 法華経」

大角修 著

寺社仏閣に囲まれ、法事を身近にもち、日本文化を理解しているつもりの知識人でも、日本仏教を深めた大元にある天台宗の経典は、実はほとんど知らないのではないでしょうか。私自身は多くの時間は物理の本に使うものの、あるとき立ち止まり、このような経典に触れる時間をつくっている。

おわりに

幸田博人

2025年がスタートし、米国トランプ第2次政権の出方に、世界中が注視しています。関税問題だけではなく、化石燃料シフトによる地球環境問題への影響なども睨みつつ、世界は身構えざるを得ないところは強く、暫くは、トランプ大統領の一挙手一投足に、一喜一憂することも多いと思われます。日本は、昨年は、元日から能登半島地震という大きな惨事に見舞われ、その被害の大きさに、たじろいでしまい、その後、未だに、能登地方の復興がスムーズにいっていない現状には大変心を痛めています。被災者の皆様のご苦労はいかばかりかと思います。こうした災害が今後も頻発するのではと心配されるところであり、米国カリフォルニアのロサンゼルス山林火災被害の大きさからも、文明発達の加速化に伴う足場のもろさが見えてきている気がします。このように地球環境が悲鳴をあげている中で、そういう時代だからこそ、将来や中長期的なことに思いを巡らせて、全体像を俯瞰しつつ、社会課題解決型アプローチやサステナビリティを意識した取り組みを一歩でも踏み出して行うことが求められると考えています。そういう観点でも、本書のテーマである「スタートアップエコシステム」が、今後重要度が一層高まるものと思います。

ウリケ・シェーデ氏（注）によると、日本経済へのメッセージとして「遅いのは停滞ではない。日本の先行企業は改革を重ねて現在、再浮上している。遅いのは安定と引き換えに日本が支払っている代償である」と述べています。１９８０年代のようにMade in Japanの有名な商品は少なくなったが、先端科学品、素材、部品などサプライチェーンの川上部分で日本企業の存在感は大きいところです。また、同氏は、「シリコンバレーやユニコーンなどは日本のイノベーションのお手本にはならない。日本独自のスタートアップ創出の試みが注目される」と述べています。

本書籍を題材に、こうした日本の今後の大きな変化に向けて、皆様とともに新たな時代を考える題材にしていければと思います。

（２０２５年１月26日記）

（注）ウリケ・シェーデ著、渡部典子訳『シン・日本の経営 悲観バイアスを排す』（日経ＢＰ 日本経済新聞出版、２０２４年）12－13頁より引用。

新時代に向けたスタートアップのチャレンジ

2025年３月28日　初版第１刷発行

編著者　幸田　博人
発行者　幸田　博人
印刷所　株式会社ワコー

〒100-6738　東京都千代田区丸の内１丁目９－１
グラントウキョウノースタワー
発行所　株式会社イノベーション・インテリジェンス研究所
TEL：03-6259-1680
編集部　URL：https://www.iiri.co.jp/
Mail：info@iiri.co.jp
※本書の内容についてはこちらのメールアドレスにお問い合わせください
販売元　日販アイ・ピー・エス株式会社
〒113-0034　東京都文京区湯島１－３－４
販売受付　TEL：03-5802-1859　FAX：03-5802-1891

ISBN978-４-910551-96-８

既刊紹介

資本市場とリスク管理
～新たなリスクが広がる中で
わかりやすくリスク管理を学ぶ～

藤井健司　著

新NISAスタート、
日本株バブル越えの
史上最高値。
あなたの資産は、
今の知識で守れるのか

IPOファイナンスの視点
～基礎から応用まで制度と実務を解説～

山岸洋一　著

IPOの全てが分かる
決定版。
IPOやM&Aに使える
充実した用語集付き

産業の変革をリードする
プライベート・エクイティ

木村雄治　編著

プライベート・エクイティと
企業はどう付き合うか